创业英雄

2017年第六届中国创新创业大赛纪实

《创业英雄》编委会 编

科学技术文献出版社
SCIENTIFIC AND TECHNICAL DOCUMENTATION PRESS
·北京·

图书在版编目（CIP）数据

创业英雄：2017年第六届中国创新创业大赛纪实 / 《创业英雄》编委会编. —北京：科学技术文献出版社，2018.1

ISBN 978-7-5189-3945-9

Ⅰ. ①创… Ⅱ. ①创… Ⅲ. ①创业—研究—中国 Ⅳ. ① F249.214

中国版本图书馆 CIP 数据核字（2018）第 024562 号

创业英雄：2017年第六届中国创新创业大赛纪实

策划编辑：李　蕊　责任编辑：李　晴　责任校对：文　浩　责任出版：张志平

出 版 者　科学技术文献出版社
地　　址　北京市复兴路15号　邮编　100038
编 务 部　（010）58882938，58882087（传真）
发 行 部　（010）58882868，58882874（传真）
邮 购 部　（010）58882873
官方网址　www.stdp.com.cn
发 行 者　科学技术文献出版社发行　全国各地新华书店经销
印 刷 者　北京时尚印佳彩色印刷有限公司
版　　次　2018 年 1 月第 1 版　2018 年 1 月第 1 次印刷
开　　本　710×1000　1/16
字　　数　267千
印　　张　20.25
书　　号　ISBN 978-7-5189-3945-9
定　　价　98.00元

编委会

序　言

科技创新，成就大业。

顺应时代潮流，响应“大众创业、万众创新”的号召，中国创新创业大赛已经成功举办了六届，成为我国创新创业领域规模最大、参与度最高、影响最广和质量最好的赛事，也是最能体现我国创新创业发展态势的赛事，成为创新成果对接市场资源的平台，成为引领大众创业万众创新的旗帜。

六年来，科技部联合财政部、教育部、国家网信办、全国工商联等相关部委，在共青团中央、致公党中央、国家外国专家局、招商银行等单位的支持下，坚持“政府引导、公益支持、市场机制”的办赛理念，采用“赛马场上选骏马，市场对接配资源”的模式，为全国创新创业者提供了一个对接资源、提升价值、促进成长和展示实力的大平台，推动了一大批科技型中小企业茁壮成长，带动形成了全社会参与创新创业的热潮。从这一点来说，中国创新创业大赛对全国双创活动的蓬勃发展，功不可没。国务院李克强总理、刘延东副总理也专门对大赛做出批示，充分肯定大赛取得的成绩，并希望继续办好大赛，促进大众创新创业，助推创新驱动发展战略的实施。

六年来，我亲身参与了大赛，也多次和创新创业者交流，亲眼见证了大赛从无到有、从小到大、逐步完善的不平凡历程，真实感受到了创新创业者勇于挑战、不怕失败的坚定和执着，更深深体会到了创新创业对国家富强、民族复兴的巨大作用。我为中国创新创业大赛取得的重要成就，感到高兴。

尤其是2017年举行的第六届中国创新创业大赛，在党的十九大东风的助推下，无论是参与程度，还是项目质量，都迈上了一个新台阶。《创业英雄——2017年第六届中国创新创业大赛纪实》这本书，充分展现了创新创业大潮涌动、千帆竞发的壮美景象。这既是对本届大赛的回顾与总结，也是继续办好大赛的重要参考，同时也会让更多的创新创业者看到希望，进而坚定前行。

"潮平两岸阔，风正一帆悬。"伫立在中国改革开放40年的潮头，我们感到重任在肩。在这个伟大的时代，我们要高举习近平新时代中国特色社会主义思想的伟大旗帜，坚定不移地实施创新驱动发展战略，进一步促进产学研深度融合，打造双创升级版，以高端化、生态化、融通化、国际化为方向，促进大众创业万众创新上水平，形成具有全球吸引力的创新创业生态，培育新动能，促进实体经济转型升级和经济高质量发展。

办好中国创新创业大赛是推进双创升级版的一项重要工作。我们不仅要继续将大赛办下去，而且要以更高标准办赛，以服务创新创业者为出发点和落脚点，汇聚各类资源和要素，创新服务方式和内容，提高服务能力和水平，使大赛成为中国最大的众创空间和最强的众扶平台。也希望国家各有关部门、机构进一步支持和参与中国创新创业大赛，为早日实现创新型国家和科技强国目标、为实现中华民族伟大复兴的中国梦贡献力量。

全国政协副主席、科技部部长

前　言

2017 年第六届中国创新创业大赛自 4 月 7 日启动，经过 8 个月的地方赛和全国行业赛，于 11 月 24 日圆满落下帷幕。

在“政府引导、公益支持、市场机制”的办赛理念下，本届大赛继续保持国赛的影响力，进一步提高办赛质量和水平，不断创新为参赛企业服务的方式和内容，充分体现了价值发现、培训辅导和融资对接功能，让全社会的目光聚焦到广大科技型中小企业上来，为创新创业者提供了集中展示的舞台、搭建了多元服务的平台、创造了交流共勉的场所，进而推动了大赛标准化、品牌化发展，成为打造双创升级版的一大亮点。

大赛成为发现和展示企业价值的权威平台。本届大赛共收到 28 147 家企业报名参赛，同比增长 26%，再创历史新高，使大赛成为吸引力强、覆盖面广的全国性众创空间。这些参赛企业的总体人才素质和科技含量不断攀升，项目水平持续提高。其中，留学归国人员 8876 人，国家“千人计划”人才 509 人，高新技术企业 3321 家，大学生科技创业企业 6300 多个。

大赛成为各级政府促进大众创新创业上水平的一项公共政策。各级政府和科技管理部门高度重视、大力支持，都将举办中国创新创业大赛及其地方赛作为实施创新驱动发展战略、促进大众创新创业上水平的重要抓手，配套了许多支持政策，使大赛成为各级政府支持中小企业创新发展的政策集成平台，极大地增强了创新创业者参与大赛的积极性。据统计，今年地方科技计划等各类财政资金对参赛企业的支持超过 10 亿元，参与培训的创新创业者超过3000人。

大赛成为资源汇聚、服务多元的常态化众扶平台。本届大赛围绕企业在融资、市场、技术、落户、宣传等方面的需求，除了在参赛期间为企业提供高质量服务外，还通过创新服务方式和内容，在赛后持续为企业提供各类服务，包括大企业对接会、人才培训辅导、实地考察及参加各类展览会议等，科技部火炬中心还推荐企业参加“万人计划”和《财富》中国创新奖等评选、清洁能源部长级会议、深圳高交会及世界互联网大会，为企业提供了进一步展示产品和风采的广阔舞台。

大赛成为参赛企业学习交流、开阔视野、不断提升的互动平台。“参赛过程是学习过程，也是改进提高的过程。”这是参赛企业普遍的心声。同时，通过参加大赛，众多企业获得了投融资机构的青睐。本届大赛平台上共促成银行贷款授信额度超过120亿元，创业投资意向额度超过71亿元。参与大赛的创投评委实际投资307家企业，总金额达到83亿元。

本书虽然只是第六届中国创新创业大赛的一个缩影，但其中包含了大赛所有参与方的心血与汗水、包含了各级领导的关怀与支持、包含了社会各界的推动与帮助，让我们看到了创新创业的活力、看到了创业者的坚韧，更看到了创新时代的希望。

党的十九大吹响了加快建设创新型国家的号角。站在新时代的起点上，中国创新创业大赛将以促进双创活动提质增效、打造双创升级版为目标，不忘“弘扬文化、服务企业”初心，牢记“科技创新、成就大业”使命，进一步加强大赛的品牌建设，优化大赛流程，保障办赛质量，加大宣传力度，不断扩大影响，树立“国赛”的权威地位，使中国创新创业大赛真正成为全国创新创业者的向往之地，成为发现优质创新创业企业、检验大众创新创业成果的平台。

第六届中国创新创业大赛启动会

第六届中国创新创业大赛行业总决赛开幕式

第六届中国创新创业大赛生物医药行业总决赛颁奖仪式

第六届中国创新创业大赛先进制造行业总决赛颁奖仪式

第六届中国创新创业大赛新能源及节能环保行业总决赛颁奖仪式

第六届中国创新创业大赛互联网及移动互联网行业总决赛颁奖仪式

第六届中国创新创业大赛电子信息行业总决赛颁奖仪式

第六届中国创新创业大赛新材料行业总决赛颁奖仪式

第六届中国创新创业大赛生物医药行业总决赛现场

第六届中国创新创业大赛先进制造行业总决赛现场

第六届中国创新创业大赛新能源及节能环保行业总决赛现场

第六届中国创新创业大赛互联网及移动互联网行业总决赛现场

第六届中国创新创业大赛电子信息行业总决赛现场

第六届中国创新创业大赛新材料行业总决赛现场

第六届中国创新创业大赛大企业创新需求对接服务现场

考察企业现场

专家寄语

创业如登山，要心怀敬畏，敬天、敬地、敬人、敬万物。

登山需要征服的其实不是高山，创业需要征服的也不是项目与竞争对手。真正需要征服的，是我们自己。

松禾资本创始合伙人　厉伟

创新创业，人才辈出。

科技引领，推动产业发展，惠及民生。

贝达药业股份有限公司董事长　丁列明

激情成就梦想！

创新驱动创业！

不忘初心，执着信念，矢志前行！

深圳市三诺集团董事长　刘志雄

创新推动时代进步，绽放激情才华；

创业成就中华腾飞，升华生命价值！

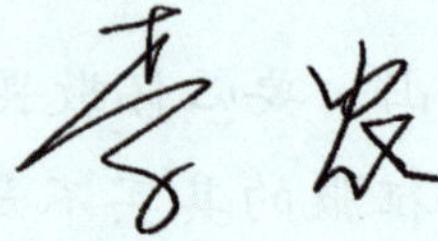

成都德同银科创投基金创始合伙人、总裁　李农

连续参加了三次新材料行业的总决赛，感觉项目的质量越来越高，大赛的影响力也越来越大。

期待大赛越办越火，成为中国创新创业的窗口和重要支持平台！！！

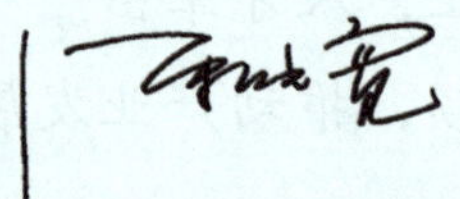

深圳市启赋资本管理有限公司董事长　傅哲宽

未来五年至十年，我们相信在今天参与创新创业大赛的企业里，一定会成就一批非常优秀乃至全球领先的伟大企业。

我们为能有机会见证他们的成长历程而感到自豪。

江苏毅达股权投资基金管理有限公司创始合伙人　史云中

通过大赛搭建起民族产业的脊梁，助推民族伟大复兴！

上海支点投资管理有限公司董事长　潘建臣

创新是一个国家和民族发展与进步的核心动力。创业将极大激发创新的发生。中国创新创业大赛是创新和创业的引擎！

启明创投合伙人　胡旭波

愿所有医疗大健康领域的创业者，通过你们的热情和努力，为人类的福祉添砖加瓦！

祝中国创新创业大赛成为创业者不断成长的平台！

中卫基金创始合伙人、董事总经理　李文罡

连续多年担任大赛安徽赛区的评委，第一次担任全国总决赛的评委。

大赛的影响力越来越大，参赛者既有海归，也有央企和地方国企的创业者。既有长三角、珠三角等经济发达地区的，也有新疆等地的创业者。大赛不仅是发现创新创业价值的重要平台，也是创业者相互学习的重要平台。

祝大赛越办越好！

上海杰事杰新材料集团董事长　杨桂生

长期坚持，做大平台，做好品牌，形成气氛，动员全民，影响社会，鼓励创新，助力国家。

金发科技股份有限公司副董事长、首席战略官　李建军

中国创新创业大赛提供了很好的平台。希望在评选过程中做好行业细分，这样才能更加专业、公平和促进创新型企业发展。

深圳微芯生物科技有限责任公司董事长　鲁先平

目 录
CONTENTS

第一章 创业英雄篇

第二章　创业伯乐篇

第三章　创业服务篇

附 录

第一章 创业英雄篇

创新创业，数风流人物还看今朝

大风起兮云飞扬。对于众多创新创业者们来说，中国创新创业大赛是一个可以尽情追逐的“风口”，是一个可以让他们创业梦想起飞的地方。无论是来自大洋彼岸的海归，还是土生土长的“草根”；无论是初出茅庐、意气风发的青年学子，还是老骥伏枥、白发苍苍的老者，他们都怀揣着产业报国的理想，有着“敢为天下新”“敢为天下先”的勇气和智慧，在创新创业大赛的舞台上展现自己的风采，在创新创业的大路上向巅峰发起冲锋。这些创新创业的英雄，让我们看到了中国的未来和希望。

第六届
中国创新创业大赛

新材料
new materials

新能源及
节能环保
Clean energy and
low-carbon technology

电子信息

互联网及移动互联网

生物医药
Medicine

先进制造
Advanced

移动互联网
Internet and
mobile

要做老百姓用得起的治愈性创新药

——记歌礼生物科技（杭州）有限公司董事长吴劲梓

“要做就是做老百姓用得起的治愈性创新药！”第六届中国创新创业大赛生物医药行业总决赛上，歌礼生物科技（杭州）有限公司董事长吴劲梓掷地有声地表示，“创新创业，特别是医药领域的创新创业首先要有一份家国情怀。中国是丙肝大国，但是一般情况下，欧美药企研发的丙肝新药在国内上市会滞后 5 ～ 8 年，我希望能够让国人与国外同步用上治疗丙肝的新药。”

“参加此次国赛主要是抱着学习的心态来感受浓厚的创新创业氛围，同时也希望通过参赛能引发业界、投资界给予歌礼生物更多关注。”作为中央“千人计划”特聘专家的吴劲梓表示。

经历了生物医药行业浙江赛区半决赛、决赛，以及全国生物医药行业半决赛、总决赛等比赛的演讲与答辩，歌礼生物最终脱颖而出获得 2017 年第六届中国创新创业大赛生物医药行业总决赛成长组一等奖。“歌礼生物首先是来学习，其次是来感受这里浓厚的创新创业氛围，最后是希望同行、投资人能够给予指导。”

赤子浓浓报国情

回国创立歌礼生物之前，吴劲梓已在欧美知名医药企业拥有 20 多年的工作经历，曾在法国安万特和瑞士诺华等全球性制药企业担任要职。2011 年，吴劲梓辞去跨国医药企业葛兰素史克全球副总裁的职务，选择回国创业，开始投身于创新药物的研发，目标是将先进的研发技术和一流的创新药物带给中国患者。

“2011年，世界制药行业发生了一个振奋人心的并购事件，美国一家抗病毒医药企业用110亿美元收购了刚刚做完临床二期的小分子抗丙肝新药，天价的交易额使我敏锐地意识到，慢性丙肝药行业取得了革命性突破。由于此前在国外药企主要负责抗病毒研究，因此选择了回国在该领域进行创业。”吴劲梓表示，慢性丙肝属于重大传染病，没有疫苗，一旦导致肝癌将无药可救。歌礼生物希望能治愈更多的慢性丙肝患者。“新药显示，用药短短12周，不到3个月，可以达到97%的治愈率。”

据悉，丙型肝炎是一种由丙型肝炎病毒（HCV）感染引起的病毒性肝炎，主要经输血、针刺、吸毒等传播。据世界卫生组织统计，全球HCV的感染率约为3%，大约有1.8亿人感染HCV，每年新发丙型肝炎病例约3.5万例。丙型肝炎可导致肝脏慢性炎症坏死和纤维化，部分患者可发展为肝硬化甚至肝细胞癌（HCC）。

吴劲梓坦言：“未来20年内，与HCV感染相关的死亡率（肝衰竭及肝细胞癌导致的死亡）将继续增加，对患者的健康和生命危害极大，已成为严重的社会和公共卫生问题。”

当前，就整体发展水平而言，我国的新药创新研发能力距离欧美发达国家还存在一定距离，因此，一定要在加强创新的同时寻求局部突破。基于此，歌礼生物从慢性丙肝这一领域寻求突破，研发出达到世界先进水平的药品，实现了局部突破。

“此前国内丙肝患者多是打干扰素，治疗周期长达 1 年以上。同时，不少人购买进口药，但价格非常贵，甚至有人花了 50 万元才把病治好。而歌礼生物的相关新药价格只是国外的 1/10。”吴劲梓说。

在吴劲梓带领下，基于抗病毒核心技术平台，歌礼生物以为患者提供用得起的治愈性创新药物为己任，已在丙肝领域凭借丹诺瑞韦、瑞维达韦、利达布韦 3 代系列丙肝创新药物完成全面布局，其产品涵盖了 NS3/4A、NS5A、核苷类 NS5B 3 个靶点。另外，在艾滋病领域，歌礼开发的 1 类新药 ASC09 有望成为国内第一个口服抗艾滋病药物。

吴劲梓表示，目前歌礼生物的产品管线已有 7 个 1 类新药，涵盖丙肝、乙肝、艾滋病、肝癌、脂肪肝五大疾病领域，2020 年之前还会上市 3 个 1 类新药。

誓言打造创新药领军企业

健康是促进人的全面发展的必然要求，是经济社会发展的基础条件。2016 年，中共中央、国务院印发的《“健康中国 2030”规划纲要》明确指出，到 2030 年，个人卫生支出占卫生总费用的比重要降到 25% 左右。

《纲要》提出，到 2020 年，建立覆盖城乡居民的中国特色基本医疗卫生制度，健康素养水平持续提高，健康服务体系完善高效，人人享有基本医疗卫生服务和基本体育健身服务，基本形成内涵丰富、结构合理的健康产业体系，主要健康指标居于中高收入国家前列。到 2030 年，促进全民健康的制度体系更加完善，健康领域发展更加协调，健康生活方式得到普及，健康服务质量和健康保障水平不断提高，健康产业繁荣发展，基本实现健康公平，主要健康指标进入高收入国家行列。到 2050 年，建成与社会主义现代化国家相适应的健康国家。“这是歌礼生物提出‘要做就是做老百姓用得起的治愈性创新药’的动力所在。”吴劲梓说。

2017年，浙江省医学会、传染病诊治国家重点实验室，以及歌礼生物共同合作发起“浙江无丙肝行动计划”，努力推动浙江成为全国第一个无丙肝省份。

据了解，世界卫生组织提出2030年在全球范围内消除病毒性肝炎（乙肝和丙肝），而浙江“无丙肝行动计划”的目标是截至2020年年底，丙肝治疗覆盖面达到50%，获得治疗的丙肝感染人群中90%获得治愈。

根据浙江省卫计委法定传染病报告统计，浙江每月丙肝新报告病例数270左右，全年新发病例约3000人。丙肝的治疗方案今后发展方向是，抗病毒活性更强、耐药屏障更高、疗程更短、全基因型覆盖。

歌礼生物研制的获国家重大新药创制科技专项课题支持的丙肝治疗药物——丹诺瑞韦，有望成为2017年上市的第一个中国原研创新药，并在重大疾病领域创造本土原研药物与跨国巨头同类产品同步上市的纪录。

吴劲梓表示，这一新药的创制和上市将用较快的速度把优秀的丙肝治疗药物送达患者手中，满足迫切的临床需求，加快浙江丙肝患者的治愈周期，使“浙江无丙肝”的目标尽早实现。“一次消灭一种疾病，汇聚治愈丙肝的‘中国力量’！”吴劲梓说。

据介绍，歌礼生物已建成符合cGMP规范的生产基地，并在2016年9月获得药品生产许可证。出色的研发实力，以及良好的发展前景，也使得歌礼生物获得了投资界的青睐。2015年和2017年，歌礼生物进行了两轮融资，融资额度超过10亿元，投资者包括康桥资本、高盛集团、前海母基金和天士力集团。

与此同时，在与罗氏、杨森等国际药业巨头建立战略合作关系后，2017年8月，歌礼生物又与瑞典著名制药企业麦德维达成合作，从而使歌礼生物成为中国唯一一家拥有3个不同靶点抗慢性丙型肝炎创新药项目的企业，可为中国丙肝患者提供更多联合方案的选择，并将疗程缩短疗程到6～8周，全基因型覆盖更广泛的患者人群，以及各种特殊患者和难治人群。

“歌礼生物将通过自主开发，临床验证，以及全球合作的战略开发新药，确保在短期内成长为一家具有可持续发展性的创新药领军企业。2018

年，将启动上市计划；2019年，歌礼生物的国内销售额将达到5亿元；2020年，将达到10亿元。歌礼生物立志成为中国抗病毒领域 No.1！”吴劲梓信心满满地表示，没有比人更高的山，没有比脚更长的路。再高的山，再长的路，只要锲而不舍前进，就有达到目的的那一天。

（于大勇／文）

浙江歌礼生物科技（杭州）有限公司获第六届中国创新创业大赛生物医药行业总决赛成长组一等奖

做中国外周血管介植入领域的领跑者

——记浙江归创医疗器械有限公司创业团队

“今天很高兴来到江宁参加大赛。江宁对我来说是一个特殊的城市，因为我的籍贯是南京江宁，所以今天就是回到了家乡。在这里参加双创大赛，具有特别的意义。”2017 年 9 月 20 日，第六届中国创新创业大赛生物医药行业总决赛在南京江宁举行，浙江归创医疗器械有限公司 CEO 谢阳代表归创医疗参赛，在大赛总决赛舞台上的这一番开场白，获得了现场热烈掌声。

经历生物医药行业浙江赛区半决赛、决赛，全国生物医药业行业半决赛、总决赛 4 场演讲与答辩，一路过关斩将，归创医疗获得 2017 年第六届中国创新创业大赛生物医药行业总决赛成长组二等奖，并拿到了大赛评委、松禾资本董事长罗飞的“邀约卡”。

关注人类医疗健康事业

“我们公司以创始人赵中博士等一批海归作为核心管理团队，均有在美国强生公司担任高管的履历。为了表达回归创业、报效祖国之心，所以取名为‘归创医疗’。”谢阳说。

“我们身处大健康行业，愿意为人类的健康而奋斗。关爱患者，关注人类医疗健康是我们创办企业的初衷。”谢阳表示，“包括中国人群在内的亚洲人群的特性与美国人群的特性是不一致的。美国的医疗器械到了中国，一部分能用，但是有一部分还需要适应亚洲人群的特性。所以，我们自己的医疗产品能够为十几亿中国人服务，是一件非常有意义的事情。”

除了拳拳赤子的报国之心，促使归创医疗的创业团队回国创业的另一个重要原因是中国的创新创业环境越来越好。“近年来，国家对创新创业的支持力度越来越大，各地也出台了多项措施鼓励创新创业。因此，我们认为，回国创业正当其时，而医疗器械企业也一定能够有所作为。” 谢阳说。

回国后去哪创业，这是一个首要问题。为此，归创医疗董事长赵中博士回国后，花了大半年时间到全国各地考察，最终选择在浙江创业。“因为浙江的民营经济比较发达，同时杭州也给了我们很大支持。”

2012 年 11 月，归创医疗在杭州未来科技城成立，注册资金 9042 万元，主要研发填补国内空白的药物洗脱外周血管支架系统和药物洗脱 PTA 球囊扩张导管等血管类高端医疗器械。

“我们在这个行业已经工作了 20 多年，对这个行业的发展非常了解。”谢阳介绍说，心血管科和骨科两类应用产品在全球生物材料中的需求最大，分别占全球医疗器械高端耗材市场的第一位和第二位。生物医用材料与生物系统的相互接触，因疗效卓越，目前成为各国科学家竞相研究和开发的热点。

生物医学材料的巨大需求和市场来自中国。相关报告显示，中国现有的肢体不自由患者、冠心病患者、牙缺损和牙缺失患者的数量非常大。尤其是随着社会老龄化人口的逐年攀升，老年人的机体组织和器官病变需要大量优质的生物医学材料制品。

但是，中国的生物医用材料主要依赖进口，外周血管、颅内血管支架及部分心血管高端支架产品的国内市场更是被跨国公司产品占据，中国企业少有自主知识产权，大多以仿制为主。尽管有专家呼吁加强生物医用材料的临床应用研究和推广应用，却因各种现实因素制约了生物医用材料的发展。

正是看到了这样的市场现实，归创医疗决定以研发和生产具有全球知识产权的药物洗脱外周血管支架系统和药物洗脱 PTA 球囊扩张导管为主。这两款产品均可填补国内空白，替代进口产品。

创新产品世界领先

"归创医疗的愿景是致力成为全球领先的医疗器械创新企业。以创新为企业的生命力，做百年企业。" 谢阳表示，归创医疗非常重视研发工作，目前已累计投入6200万元研发资金，建有2100平方米的万级GMP车间和实验室，自行设计或引进的研发设备1856万元，配备了37名专职研发人员，其中海归博士6人（国家"千人计划"1人、浙江省"千人计划"2人、美籍专家3人），已经获得6项国内发明专利、6项实用新型专利和2项外观设计专利。该公司开发的前两个产品均获得国家食药医药总局"创新产品"（绿色通道）认证。目前，该公司的研发项目已经扩展到治疗动静脉血管疾病的全线产品。

说起归创医疗的创新产品，谢阳如数家珍："我们的创新产品药物洗脱外周血管支架系统取得关键专利技术，通过 CFDA 创新评审，将是中国第一家外周 DES 的供应商。"

"创新产品药物洗脱 PTA 球囊扩张导管也取得关键专利技术，通过 CFDA 创新评审，临床试验入组完毕，效果明显优于对照组，将成为中国第二家 PTA DCB 的供应商。"

“外周血管支架产品2016年12月获得CE认证，2017年上半年海外销售已实现正式订单和试订单1000套，客户主要分布在法国、意大利、比利时、希腊、阿根廷、埃及等国家，同时瑞典、巴西和东南亚地区代理商正在沟通过程中。”

“创新产品纤维环缝合器于2016年12月获得产品许可证，2017年上半年已销售3000套。”

……

“我们的产品价格明显比进口产品低，但是功能绝对不比他们差。”谢阳对归创医疗的产品非常有信心。现在，我们距离致力打造中国外周血管介植入领域产品与服务的整体解决方案的目标更近了。

“企业的发展壮大需要资金的支持，单靠创始人的投入是不现实的，也不应该这样做，因为有更好的解决方案。可以引入好的投资伙伴，为企业的发展保驾护航。”谢阳说，归创医疗成立以来，已累计吸引了5家风险投资机构加入，曾获得1997年诺贝尔经济学奖的斯坦福大学 Myron Scholes 教授也以现金入股了该公司。此外，归创医疗还将目光转向资本市场，2016年12月在浙江股权交易中心国际人才创新创业板正式挂牌。

在产学研合作上，2013年5月，归创医疗联合浙江清华长三角研究院成立了“归创清华研发中心”；2014年7月，与浙江大学联合实施“心血管介入医用涂层材料”国际科技合作专项，成为中国—葡萄牙先进医用材料联合创新中心。

创业要做充分准备

“创业是非常艰苦的，也是一个成长的过程。”谈到创业者需要关注的问题，谢阳表示，创业者首先要做好充分的思想准备，要做好面临各种困难的准备。其次，选准市场角度进入很重要。有一些创业者在行业里打拼多年，对这个细分行业很熟悉，创业的时候就会选择这个行业，但实际上你熟悉的行业在这个时候进入未必是最好的时机。细分行业太热，竞争者很多也不行；在行业太冷门的早期进入，初创期生存与发展会很困难，所以选择行业很重要，如果你有资源也可以去看看其他的行业。最后，一定要做好顶层设计。市场前景、公司构架、人员配置、融资等方方面面都要考虑，每一个环节做不好都会影响到长远发展，因此，要提前做好规划。“人无远虑，必有近忧。公司的顶层设计做好了，企业的发展也就有了保障。”

“我们现在最具挑战的一个问题是人才。”谢阳说，一个公司应该包括高管、中层骨干、基层工作人员，现在归创医疗的问题是高管比较稳定，细分市场的专业人才的需求量大，流动性高。

“我们在国内相对算是领先的，在人才培养方面也有一定机制，但员工能不能突破自己成才是一方面，员工成才后流动性高又是另一方面。因此，人才永远是一个挑战，如何吸引人才、培养人才、留住人才，需要解决好这个问题。”

“参加此次生物医药行业总决赛收获良多，超过了我们当初的预期。”谢阳表示，第六届中国创新创业大赛的形式非常好，体现了国家对双创的重视，大赛聚集和整合各种创新创业资源，搭建服务创新创业的平台，企业都感觉到很振奋。

“此次大赛邀请投资机构担任评委，这个设置非常好。完全是由市场来检验企业的项目，由市场来决定。评委很专业，评审尺度越来越严格，对我们参赛企业的要求也越来越高，而企业的得分越高代表行业内对我们的认可越高。” 谢阳表示，“参加此次大赛，坚定了我们创业的自信，认识了行业内的伙伴，扩大了创新的朋友圈，相信未来我们的发展会更好。”

（李辉／文）

浙江归创医疗器械有限公司获第六届中国创新创业大赛生物医药行业总决赛成长组二等奖

让基层医院用上手术机器人

——记杭州妙手机器人有限公司技术总监余维淼

“没想到能拿到这么好的成绩。我们参赛的初衷，只是想借助这个平台多认识些医疗行业的业内人士。”2017年9月20日，第六届中国创新创业大赛生物医药行业总决赛结束后，杭州妙手机器人有限公司技术总监余维淼博士感慨地说，“这次参赛所得完全超过预期。”

这家2016年11月才成立的年轻公司，在大赛的舞台上表现亮眼，一路过关斩将，最终拿到了第六届中国创新创业大赛生物医药行业总决赛初创组三等奖。

让基层用上手术机器人

“我们主要做3D腹腔镜辅助手术机器人，我们非常希望国内的基层医院都能用得上手术机器人。”余维淼说。

说到手术机器人，大家首先想到的是它一定很贵，普通人能用得起吗？确实如此。目前国内市场上用的大多是进口产品，名声在外的达芬奇机器人价格高昂，一台动辄上千万元，基层医院只能望而却步。

浙江省人民医院副院长、泌尿外科主任、手术机器人中心主任张大宏是妙手机器人项目的总设计师，他已完成达芬奇机器人泌尿外科手术超800例，深知手术机器人在外科手术中的重要作用。但由于价格昂贵，只有大城市的大医院才能使用手术机器人。因此，张大宏希望更多基层医生能用上更加便捷好用的手术机器人，为基层广大患者提供更好的医疗服务。

余维淼之前一直研究生物医学图像处理研究及产业化，一次机缘巧合，他和另外一个合伙人碰到了张大宏院长，了解了达芬奇机器人的使用情况。

当时，浙江省人民医院使用的达芬奇机器人，购买时的价格是1800多万元。虽然，浙江省人民医院一年有几千例病人需要做相关手术，但由于机器人手术价格昂贵，因此，并没有得到广泛使用。

据介绍，达芬奇机器人手臂仅打开电源就要3万元，而机器人手臂一个臂要10万元，并且有使用次数限制，一般使用10次后手臂就不能用了，需要重新购买。实际上，开一次机最少使用两个手臂，复杂的手术需要3～5个手臂，再加上住院、医生、药物等费用，普通人根本负担不了。

“正是因为达芬奇机器人价格高，使其市场占有率不到百分之一，在基层医院更是空白。张大宏院长一直希望，能让基层医院也用得上手术机器人。”余维淼说。

于是，怀抱着让基层医院用得上手术机器人的梦想，杭州妙手机器人有限公司应运而生。

妙手机器人其实是医学牛人和技术牛人的一次碰撞合作。“刚开始时，我们说的术语，医生听不懂；医生说的话，我们听不懂。”余维淼坦言，经过一段时间磨合，大家才有顺畅合作。

“妙手机器人能实现达芬奇机器人的部分功能，也能达到达芬奇机器人的稳定性和高分辨率。它可以取代持镜人，让腹腔镜手术的窥镜视野完全由主刀医生自我控制，做到手眼合一，进而提高持镜的可靠性、稳定性。”余维淼说。

对于妙手机器人的市场前景，余维淼很有信心。“根据我国《2015年我国卫生和计划生育事业发展统计公报》，全国三级医院2123个，二级医院7494家，如果各家医院平均采购3台，需求为2.89万台。如果按单价50万元计算，则市场规模约为145亿元。这是一个庞大的市场。”

有技术，讲情怀

“现在我们已经申请了5个专利、1个著作权，还有1个正在申请。”余维淼坦言，到目前为止，妙手机器人的创业资金均是创业团队集体出资，还没有接受投资机构的投资。“随着公司的快速发展，融资是必不可少的，希望通过这次大赛能够获得投资机构的青睐。”

对于投资，妙手机器人的创业团队有自己的理解。“做企业是要有情怀的，情怀一直在我们心里。因此，我们也希望能找到有情怀的投资机构，把公司发展好。” 余维淼表示，之前国内有很多好的项目，最后没有成功的原因，大多是被资本逼得跑偏了。

“我们关注的是人类健康事业，因此，从事这个行业的人要有情怀，否则就会做不好。”余维淼认为，一个公司只要实现了社会价值，就不需要太担心市场价值，因为实现了社会价值，得到社会的认同了，市场价值自然也就有了。“当然，商业模式、战略布局也同样重要。”

“为什么我们的产品定价是50万元，说实话，这个价格是十分低的。有投资方曾建议让我们把价格翻一倍两倍，因为我们的设备与进口产品在价格上相差30倍。”余维淼坦言，之所以把价格降低，目的就是要让基层医院都能用得上。现在国家正在进行医改，鼓励医疗资源共享，但目前医疗资源还是集中在大城市，基层的医疗资源还是相对较少。“如果我们这样的设备在二线城市、三线城市甚至是区县都能使用，这会让整个国家的医疗资源分配合理很多。”

“企业发展是要考虑利润，但不能仅考虑利润，病人才是我们最主要考虑的。”余维淼说。

创业要围绕市场需求做文章

“创业除了要有情怀，还得有耐心。创业很辛苦，因为企业的运营不单单是要有技术，还要懂市场、懂团队管理、懂资金运作、懂营销，这都需要巨大的付出。没有耐心，难以成功。”

按照余维淼的理解，术业有专攻，隔行如隔山，企业要想长远发展，必须要引入资本，进而帮助企业完成整个团队的构造。目前，妙手机器人还没有聘请职业经理人，而是由一个合伙人兼任。“他虽然有丰富的医疗市场经验，但不是完全做医疗设备出身的。做企业光有好的技术、好的产品还不够，还需要有好的营销、好的商业布局。技术不是全部，市场需要什么，企业就应该围绕市场需求做文章。”

近年来，国内风投资本的运作越来越成熟。“一些第一轮已经成功退出的投资机构，对我们的指导帮助是十分有价值的，因为他们已经有了成功的经验。”余维淼认为，这样的投资机构不仅了解创业者心态，而且可以在多方面帮助企业快速发展。

余维淼坦言，参加此次中国创新创业大赛生物医药行业总决赛，收获超过预期。“大赛是一个很好的平台，通过参加比赛，我们了解了整个医疗行业的情况，也从其他企业身上学到不少东西，开阔了自己的创新思路。”

“另外，大赛为资本的合理投入提供了很好的平台。投资机构不可能一个一个项目去看，但通过大赛这个平台可以更便捷地寻找到好企业、好项目。”余维淼表示，参加此次大赛，不仅扩大了妙手机器人的知名度，更重要的是得到了评委和相关各方的指点。“希望中国创新创业大赛越办越好，帮助更多的创新创业者成长。”

（李辉／文）

杭州妙手机器人有限公司获第六届中国创新创业大赛生物医药行业总决赛初创组三等奖

实现诊断革命　打造数字扫描民族品牌

——记宁波江丰生物信息技术有限公司董事长兼总经理刘炳宪

“非常荣幸能参加第六届中国创新创业大赛生物医药行业总决赛。通过参加此次国赛，与优秀同行进行了深入的交流，对行业未来发展趋势，有了更深一步的认识。”宁波江丰生物信息技术有限公司董事长兼总经理刘炳宪表示，将以此次生物医药行业总决赛为契机，找出差距，加快企业发展。

刻苦奋进只身东瀛

20 世纪 70 年代末，刘炳宪以优异成绩考入清华大学无线电系，成为当地“名人”。然而，“成名”的背后是不懈的努力：白天做农活，夜间刻苦学习，数年如一日。

进入清华大学之后，刘炳宪加倍珍惜来之不易的学习机会。因为他深知，只有刻苦努力学习知识，才能更好地回报生养自己的黑土地。

大学毕业之后的刘炳宪被分配到黑龙江省计算中心。由于专业知识扎实、业务精进，刘炳宪很快获得了黑龙江省科委科技进步奖。

工作 8 年后，出于对先进技术的渴求，刘炳宪选择去日本继续深造，先后在佳能、富士胶卷等企业任职，积累了丰富的研发及管理经验。深造期间，刘炳宪参与了佳能半导体芯片光刻机（20 纳米）、京三制作所列车信号控制系统、富士胶卷液晶显示板扫描式光刻机、佳能磁悬浮马达生产线等系统的研发工作。

“当时出国就是为了学习别人的先进技术和经验。”刘炳宪说。

在掌握了丰富的专业知识，熟悉了相关业务流程之后，2005 年，刘炳宪创办了日本株式会社微创系统并担任董事长兼总经理。在其不懈努力

下，企业经营取得了不俗的成绩，成为佳能、富士胶卷、东芝等企业在通信、马达控制、图像处理等领域的解决方案提供商。

“企业初创时，虽然名为‘董事长’，但同时也是财务、开发人员和销售。白天见客户，晚上做研发，非常辛苦。”刘炳宪感慨道。

老友力荐笃定创业方向

2010年，一位老朋友的来电让刘炳宪选择了回国创业。这位老朋友就是江丰电子董事长姚力军。

姚力军于2005年归国创立了宁波江丰电子材料有限公司。经过多年发展，江丰电子是目前国内规模较大、设备先进、技术领先的超高纯度金属溅射靶材研发生产企业，其产品已成功进入国际主流半导体制造企业，如IBM、东芝、台积电、NEC、日立、UMC、Hynix、SMIC、英飞凌等。而姚力军也成为中央‘千人计划’专家。

“他的学识与能力，我非常钦佩。2010年，他认为数字病理领域前景非常好，邀请我回国创业。”刘炳宪表示，在好友的力邀及对国内创业环境、数字病理领域进行调研后，毅然舍弃在日本舒适的生活，选择回国创业，创办了宁波江丰生物信息技术有限公司，立志成为国内顶尖的数字病理专业性设备及解决方案提供商。

在刘炳宪看来，信息化技术的快速发展带来了病理诊断思路的革命性变化，数字化病理和远程诊断成为各国医疗诊断界的不二之选。

据了解，数字化病理系统的应用最早始于1985年，20世纪90年代在美国开始被应用于商业领域，并从 2000 年开始在医学院校逐步取代传统显微镜。此后，美国及全世界范围内有 50% 的医学院校都已经或正在筹备引进数字化病理系统。

数字化病理是将传统的玻璃病理切片，通过扫描获得优质的可视化数据，以应用于病理学的各个领域。数字化病理解决了玻璃切片不易储存保管、易褪色、易损坏和切片检索困难等问题，并且实现了同一张切片可在不同地点同时被多人浏览，为远程诊断提供了传输和共享的渠道和平台。

由于数字化病理系统可以使病理资源数字化、网络化，实现了可视化数据的永久储存和不受时空限制的同步浏览处理，其在病理的各个领域得到广泛应用。例如，可应用于病理学等形态学相关学科的教学与考试、病理学科读片交流会议、医院病理科信息管理、临床上重大病例诊断中的远程会诊与咨询、科研成果的分析与交流、病理专科医师的培训、建立常规和疑难病例的可视化资源数据库、图像的标准化分析和统计分析等诸多工作中。

“随着技术的进步，应用全自动病理切片扫描技术可以对整张切片进行扫描，并转化为电脑图片保存下来，还能对图像进行多倍放大，就好像在电脑上看显微镜一般。有了这项技术，大大改善了远程病理会诊、病理教学等方面的不便。”在看到数字病理巨大发展前景的同时，刘炳宪也坦言，与世界上其他国家相比，我国医疗水平区域发展不均衡，病理医生不足，对数字病理的需求可能比发达国家更为迫切。

创业艰难初心不改

“创业前 3 年，由于处于研发状态，企业始终在‘烧钱’，但我们选择了坚持。”刘炳宪表示，创业之所以能够成功，主要是因为拥有一支优秀的创业团队，而技术的积累是成功的根本。

江丰生物核心团队大部分都有在日本工作的经历。

江丰生物联合创始人姚力军，是哈尔滨工业大学及日本广岛大学的双博士，曾就职于世界 500 强的 Honeywell 公司，担任 Honeywell 公司电子材料部门日本生产基地总执行官，2004年出任Honeywell公司电子材料事业部大中华区总裁。2005年，带领多名海外博士、日本及美国籍的专家回国创业，创立宁波江丰电子材料有限公司，担任董事长兼总经理。2009年，入选中央“千人计划”。

江丰生物常务副总经理谢菊元，曾在富士胶卷工作8年，参与开发CT、超声波、磁共振及辅助诊断系统等多个项目，且有多项图像处理方面成果被日本NHK电视台、日本气象厅、日本宇航局等机构所应用，是彼时富士胶卷在医疗影像领域的技术骨干。

江丰生物副总经理胡学斌，在富士胶卷工作期间，完成了基于CT图像的肝脏外科手术方案支援系统、脾脏体积测定、肾脏分肾比测定等系统，是图像方面的资深专家。

江丰生物副总经理王炎辉，在富士胶卷长期从事嵌入式系统及医疗管理系统架构及数据系统建模等方面的研发工作，曾主持富士胶卷内镜等项目。

江丰生物技术总监王克惠，在富士胶卷工作期间，曾主持开发了网络视频会议系统、基于人脸识别的刑侦系统、在线自动测试框架（AT）研究、人体行为轨迹的跟踪识别等项目。

“最困难的时候，我们连工资都发不出。因为是轻资产公司，从银行也贷不到款，这种状态持续好几年，但核心创业团队一句怨言都没有，任劳任怨。”刘炳宪坦言，“虽然核心创业团队人才济济，此前的工作经历与医疗行业实际上完全不沾边，回国创业之后才涉入病理行业，跨领域的难度可想而知。”

创业艰难，需要胆识更需要恒心。从2011年创立到2014年，刘炳宪和他的创业团队用了3年的时间专注于技术突破和基础研究，最终拿到了医疗器械的二类注册证，实现了高处理速度、高画质、低成本、小屏化，在世界主流市场争取到了一席之地。

经过不懈努力，江丰生物在创业第4年就研发出了全自动数字病理切片扫描仪整机。目前，江丰生物生产的全自动数字切片扫描仪的市场份额，占国内整个细分市场的1/3。

“数字病理在我国刚刚起步，但发展很快，市场需求在急剧扩大。随着病理学界对数字病理的深入研究和不断了解，预期在近几年将出现一个爆发性的推广和普及高峰，数字病理将成为病理诊断的一个必然的发展趋势。”刘炳宪认为，目前我国数字病理设备的普及率小于5%，未来10年设备的需求量大于2万台，设备销售市场规模为120亿元。

对于未来，刘炳宪表示，江丰生物近期的目标是筹建一个全国性的数字病理的数据分析平台。“我们的战略就是先建立各个地域性的区域病理诊断平台，再由点到面连片成网，把全国性的数字病理网统一起来，这样就建成了对数字切片等数据积累的最基础的设施。有了这样的设施，就可以把过去医院积累的大量切片包括一些病历信息放到这个数据中心，经过长期的积累形成一个庞大的病理数据库。而经过数据中心计算机的处理，就可以对某些病情进行自动化分析、自动化诊断。”

（于大勇／文）

宁波江丰生物信息技术有限公司获第六届中国创新创业大赛生物医药行业总决赛成长组优秀企业

打通基因测序行业的“最后一公里”

——记广州暨赛万德基因科技有限公司董事长吴琨

“暨赛万德成为第一家进入第六届中国创新创业大赛生物医药行业总决赛的广东省企业，虽然最终名次不甚理想，但已是中国创新创业大赛生物医药行业总决赛举行6年以来，广东企业在生物医药领域取得的最好成绩。暨赛万德将以此次生物医药行业总决赛为契机，专注全基因组学分析和解读，专注做好打通基因测序行业的‘最后一公里’，立志成为全基因检测分析解读的行业权威，造福社会，造福国人！”广州暨赛万德基因科技有限公司董事长吴琨如此评价参加中国创新创业大赛生物医药行业总决赛之行。

百年基因学探究生命之谜

基因支持着生命的基本构造和性能，储存着生命的种族、血型、孕育、生长、凋亡等过程的全部信息。生物体的生、长、衰、病、老、死等一切生命现象都与基因有关，也是决定生命健康的内在因素。

19世纪60年代，遗传学家孟德尔就提出了生物的性状是由遗传因子控制的观点，但这仅仅是一种逻辑推理。20世纪初期，遗传学家摩尔根通过果蝇的遗传实验，认识到基因存在于染色体上，并且在染色体上呈线性排列，从而得出了染色体是基因载体的结论。1909年，丹麦遗传学家约翰逊在《精密遗传学原理》一书中正式提出“基因”的概念。20世纪50年代，随着分子遗传学的发展，尤其是美国生物学家沃森和克里克提出DNA（脱氧核糖核酸）双螺旋结构之后，人们进一步认识了基因的本质，即具有遗传效应的DNA片段。

“基因科学经过百年发展，特别是最近二三十年科学技术的快速进步，使得人们可以通过基因监测预知未来可能罹患的疾病。”吴琨表示。

现代医学研究证明，除外伤外，几乎所有的疾病都和基因有关系。而基因检测则是通过血液、其他体液或细胞对DNA进行检测的技术。通过特定设备对被检测者细胞中的DNA分子信息作检测，预知身体患疾病的风险，分析其所含有的各种基因情况，从而使人们能够了解自己的基因信息，进而通过改善生活环境和生活习惯，避免或延缓疾病的发生。

对于选择基因检测领域作为创业方向，吴琨表示，最重要的原因是看到了基因检测行业良好的发展前景。“预计未来国内肿瘤、慢性病、药物基因检测，以及临床体验，市场规模将达千亿元规模。除此之外，还与我此前的经历有关。”

情有独钟立志成为“独角兽”

在进入基因检测行业之前，吴琨担任暨赛国际再生医学科技集团董事长。该企业从事许可类医疗器械的经营、生物医疗技术的研究及推广服务。

“偶然的机会，我了解到基因检测行业拥有潜力巨大的发展前景。加之暨赛已有的成熟市场渠道，因此，与业内一家知名企业——广州万德基因医学科技有限公司合作，于2017年成立暨赛万德，正式进军基因检测领域。”吴琨表示，基因检测与细胞治疗的有机结合，不仅是当下全球的热门领域，也是未来医学科技发展的大势所趋。

暨赛万德以分子诊断技术为主导，目前建有独立医学实验室，集高通量基因测序技术、细胞研究技术于一体，立志打造国内第一家真正拥有精准医疗技术的企业。

“暨赛万德虽是一家初创企业，但拥有超强的研发团队。”吴琨表示。

暨赛万德的科学顾问委员会由2005年诺贝尔生理学或医学奖获得者巴里·马歇尔和中央“千人计划”专家徐家科领衔，负责企业重大技术决策及技术引进。暨赛万德首席技术官陈梦麟是美国加州大学伯克利分校生物信息方面的资深专家，长期从事生物信息分析领域，是全球高通量测序技术研发和产业化方面的先行者，长期深入研究肿瘤疾病相关基因，发表SCI论文20余篇。

目前，暨赛万德核心研发团队共有13人，其中博士7人，70%以上的技术人员为海外留学归国人才。

“暨赛国际旗下拥有多家子公司，之所以要兼任暨赛万德董事长，主要是因为想为中国的基因检测行业的发展贡献一分力量。”吴琨表示。

2015年，国家卫生和计划生育委员会相继批准了高通量测序在遗传病诊断、产前筛查与诊断、植入前胚胎遗传学诊断、神经与肿瘤诊断与治疗领域的临床应用。随着政策上的开放和鼓励，基因检测行业迎来了快速发展期。“然而在快速发展的同时，也出现了良莠不齐，暨赛国际力图通过自身努力，贡献一分力量。”

据了解，暨赛万德已通过GMP厂房认证，拥有基因工程、干细胞、免疫细胞与健康中心，建有国际最高标准，整体万级、局部百级的cGMP无菌实验室。同时，引进国际先进的基因及干细胞全自动化制备及储存设备，具备二代高通量基因测序、干细胞研发、免疫细胞研发、人类生命银行存储等先进技术。基因检测方面涵盖全基因组、肿瘤易感、个性化美容三大方面。其中，全基因组可检测包括慢性病易感、罕见遗传病等4000多项。

“暨赛万德通过与美国哈佛大学、加州大学伯克利分校、澳大利亚西澳大学等国际一流高校的科研学术平台的深入合作，有能力、有实力成为国内齐全、专业的基因检测和细胞研究机构。同时，利用自己掌握的核心技术，为人类健康做出自己的贡献，在行业内牢牢树立起‘精准健康带领者’的品牌形象。”吴琨介绍说，暨赛万德研发的全球首创的rAAV靶向细胞免疫治疗技术，以基因检测为基础，以细胞疗法为核心，可针对病毒感染为肿瘤患者提供有效的综合防治方案。

“作为一项目标市场容量大、临床应用前景广的高新生物医学技术，rAAV靶向细胞免疫治疗技术精确转染率高，疗效评价明确，治疗疾病谱广，受到行业专家的一致认可。”吴琨表示，作为获得美国国立卫生研究院（NIH）和美国食品药品监督管理局（FDA）认证的RG1类病毒载体，rAAV靶向细胞免疫治疗技术已获得欧美及国内专利授权13项。“截至目前，国内临床应用已达10 000余例，无1例发生严重不良反应。”

目前，国内对基因组与疾病间的关系认识不到20%的比例。“不是不可以做（用基因组测序结果做预防和诊断），只有进行基于基因组测序结果的相关性分析，才能发现更多的信息，希望7年后这一比例能提高到50%。”吴琨坦言，任何一个数据对个体而言并没有足够的价值，只有数据“集体化”——大数据，才能产生大的价值。同时，只有数据还不够，只有临床信息及基因测序数据得到大数据的计算与分析，进一步找出生命特征和衰老趋势，再采取干预手段、改变生活方式，才能达到健康长寿的目的。

基因数据可以帮助人们“预知”患某种疾病的危险性。通过关联性的分析，这些数据将使得精准医疗方面的信息得到极大丰富；通过基因检测，可以找到身体里存在的突变位点，从而利用这些数据信息，指导人们在生活习惯上做出改变，从而避免疾病的发生。

“暨赛万德的目标是建立属于中国人的基因数据库，找出真正符合中国人的治疗靶点！”吴琨表示，目前国内多数基因检测采用国外引进的致病位点数据。“中国人与白种人在基因上存在一定差异，而这种差异性也意味着外来的数据并不能完全适用于中国人。”

吴琨表示，作为国内第一家同时拥有个体基因测序及深度临床体验数据的企业，暨赛万德计划和中科院广州生物医药与健康研究院联合制定国家级细胞精准医疗健康标准。“暨赛万德的目标是要成为中国基因组学分析的权威结构，以及基因测序数据分析与解读服务的独角兽企业。”

（于大勇 / 文）

广州暨赛万德基因科技有限公司获第六届中国创新创业大赛生物医药行业总决赛初创组优秀企业

物联网世界里的弄潮儿

——记北京升哲科技有限公司 CEO 赵武阳

随着线上与线下结合的需求越来越迫切，物联网开启了一个新时代。

“科技让生活更美好。”以这样的初衷，北京升哲科技有限公司（SENSORO）投身于物联网技术的研究、建立。从一枚枚小的智能蓝牙传感器开始，结合升哲科技的云子 scrm 数据平台，升哲科技打开了物联网的大门。

随着升哲科技低功耗蓝牙智能传感器逐渐在全球 65 个国家及地区成功部署，升哲科技物联网技术实现突破升级，并已经在物联网消防远程预警、智能导览、智慧交通、智慧楼宇等众多领域让物联网智能科技服务于人们生活。

作为第六届中国创新创业大赛先进制造行业总决赛成长组一等奖的北京升哲科技有限公司的 CEO 赵武阳表示，作为一个物联网公司，升哲目前拥有极为完整的“端到端”物联网产品线，并已经实现城市级物联网部署，为全球客户提供超低功耗的物联网解决方案，助力打造智慧城市，连接物理与数字的世界。

打造全球最小双通道芯片

升哲科技生产的低功耗蓝牙传感器曾被业内称为“最美传感器”。

据赵武阳介绍，传统的传感器交互功耗大，是因为必须保持持续通讯，而按需进行的数据包传递，大幅度地降低了功耗。于是升哲科技团队自己编写了一套 α 通信协议，改变了通讯原理，在实现数据的实时采集基础上，按需进行数据传输。

在此基础上，升哲科技团队自主研发出全球最小双通道 LPWAN 芯片——α 芯片，1 平方厘米大小的芯片可实现 10 公里范围的通信，内嵌近场和远场数据通信协议。

“α 芯片作为全球最小的一个双通道的通讯芯片。它具有低功耗、双网模式、全球最小的特点。”赵武阳表示，这个通讯芯片搭载在各种消防包括环境监测终端探头和传感器当中，当环境中发生了烟雾的泄漏，或者温度发生了过高的变化，或可燃气体浓度过高的一个变化时，及时地上传到公司自主研发的基站。再通过基站上传到云端，实现实时预警、远程预警的功能。

这是智慧消防的典型案例，也是一个典型的应用场景。

目前，升哲科技已成为全球前三的蓝牙信标传感器（iBeacon）运营商，产品部署在 65 个国家和地区，拥有世界上最大的低功耗蓝牙传感器网络。与此同时，升哲科技依托 α 芯片，正在打造一个包含前端传感器、α 物联网基站，以及大数据分析和营销为一体的覆盖全球的超低成本、远距离的低功耗广域网络。

德国博世是“德国三大最具创新精神的公司”，而升哲科技是德国博世在成立百年来投资的第一个中国创业企业。在博世看来，一个中国的创业公司，能够实现端到端的完整技术解决方案，所达到的技术创新是他们所欣赏的。

站在世界最高工业设计之巅

2017 年 8 月，升哲科技设计研发的 α 物联网基站摘得 2017 美国工业设计优秀奖最高奖项。作为一款由升哲科技独立研发、自主设计的产品，升哲科技 α 物联网基站从来自六大洲、54 个国家和地区中的上万件作品中脱颖而出，成为美国 IDEA 奖自 1980 年成立以来评选的唯一一个通信基站作品，并将被福特博物馆正式收藏在杰出工业设计产品之列。

据赵武阳介绍，α 物联网基站整体设计风格简洁、流畅，其主体采用圆锥角矩形空心柱设计，再加上通体采用的高等级金属材质散发银色光芒，向人们传递出黑科技的质感。

整个基站设备零件收纳在一个黑色器材箱中，具备开箱即用的特点。基站器材箱可随身携带，并可以用 15 分钟组装完毕，30 分钟架设完成，45 分钟内投入运转。整个组装过程只需 1 名工程师即可完成，省时省力，帮助用户节约了大量时间和运输成本。

而在性能方面，α 物联网基站也同样出色。基站的信号覆盖半径可达 10 公里，具备超远距离、超大覆盖的特点。同时，信号无源传输的实现，允许其进行城市级大规模的部署。得益于其模块化设计，满足定制化需求，为基站的全球化市场服务。

在遥远的西伯利亚，气温常年在零下二三十摄氏度徘徊，热水瞬间成冰，手机锂电池 1 分钟冻结失效；又或者在阿拉伯国家的沙漠之中，风沙高热对电子设备的损害更甚。面对这些环境，α 物联网基站都可以运转自如。因其 IP67 工业级防护等级的设计，SENSORO α 物联网基站能够应对 −40 ~ 65℃的温度，在诸多极端环境中正常使用。

在得知 α 物联网基站相继赢得 2017 年德国红点奖和美国 IDEA 奖最高奖项之后，赵武阳表示："这次获奖不仅是评审团对 α 物联网基站工业设计的肯定，也是对我们产品传达出的创新理念和商业价值的肯定。"

据悉，以 α 物联网基站为核心所搭建的物联网络已经在英国曼彻斯特、中国南京、上海等地完成部署，并在安防、市政等领域已完成标杆性的案例。

让城市更加智慧

“保护城市安全，保护人们生命财产安全是升哲科技的发展重心。”赵武阳表示，标杆性案例是在千年古都南京的物联网消防应用。

2017年2月22日是中国的元宵佳节，当天各地都有举办灯会的习俗。灯会期间，用电用火达到峰值，大量游客挤在几平方公里的空间内，大大增加了安防隐患。

南京的元宵节灯会总人流量超过60万，堪比国内之首。但元宵节当天，南京夫子庙灯会地区未曾发生任何一起火灾。这得益于南京消防搭建的物联网智能消防火灾预警系统：使用升哲科技提供的一体化物联网智能化消防预警安全系统，在350个存在火灾隐患位置安放传感器监测温度及可燃气体，一旦超出预设值，传感器便可在60秒内向平台报警，第一时间通过各种方式推送给工作人员。南京消防首次启动物联网消防智慧指挥平台，解放了大量巡检人力。在拥挤的60万游客中难以进行人力巡检，而升哲科技的物联网技术，为智能巡检、分秒必争发现火情，提供了极大的科学帮助。

此外，升哲科技还走出国门，将100多个传感器信标安装在了英国曼彻斯特市内的公交车、艺术馆、博物馆、图书馆及当地各类商店，搭配具有大数据处理能力的云端平台，依托“云—管—端”三位一体的物联网技术，搭建了感知半径为10公里范围的物联网通信网络。

当用户在某知名展览中心附近旅行的时候，随着步伐的移动，他们会实时收到面前展览品的相关背景信息，以及中心内部特殊建筑物的历史信息。曼彻斯特工艺设计中心的数字信息经理克里斯汀·希钦斯说：“在场馆安装的物联网系统打破了传统观览体验，中国制造带来了更为智慧的参观感受。”

就在 2017 年 10 月，北京的整个城区中布满了物联网信号，上万台物联网设备在北京开始运行。这是国内目前实现的最大规模 ISM 物联网应用，是由升哲科技实现的。

赵武阳表示，升哲科技是我国首家实现物联网城市级落地应用的创新企业。带有国际化基因的升哲科技，产品目前已遍布全球 65 个国家和地区，更已与“一带一路”沿线 31 个国家和地区展开了合作，包括印度、阿联酋、俄罗斯、荷兰等国家。连接物理世界的布局已经逐渐铺开。

（李争粉 / 文）

北京升哲科技有限公司获第六届中国创新创业大赛先进制造行业总决赛成长组一等奖

打造中国人自己的高端智能机器视觉设备

——记杭州乔戈里科技有限公司总经理朱国宏

“智能制造分为 3 个环节：生产、检测、包装，乔戈里从事中间最重要环节——智能检测。比如在大众变速箱生产线上生产一款设备，该工件有 60 个齿，它要检测上面、下面、侧面，一共包含 180 多个部位，人眼根本无法完成，我们用机器手代表人手，用机器识别代表人眼，乔戈里设备完全可以做得到。”在 2017 年第六届中国创新创业大赛先进制造行业总决赛现场，杭州乔戈里科技有限公司总经理朱国宏的 8 分钟演讲先声夺人，其带来的参赛项目“智能机器视觉检测设备”赢得在座评委一致好评。最终，杭州乔戈里科技有限公司获得 2017 年第六届中国创新创业大赛先进制造行业总决赛成长组二等奖。

杭州乔戈里科技有限公司专注于机器视觉技术在工业领域的研发与应用，以自主研发先进的软件技术为依托，致力于成为全球高端智能自动化检测设备生产商。此次他们带来的参赛项目是“智能机器视觉检测设备”，其中的“滚动体外观缺陷光学自动检测设备”，填补了国内外市场该细分领域的空白，所检工件累计超 10 亿粒。

创业之源

21 世纪初，“机器视觉”在中国还是一个崭新的名词，搜索引擎也只有几条中文目录。机器视觉行业本身是一个新兴领域，智能制造这一行业在国内处于无人问津的“真空”状态。那时，一些有识之士即中国的企业家们正热衷于投身房地产市场，并未察觉到“机器视觉”将会是一个朝阳产业。

两个毕业于南京航空航天大学的青年凭借对智能制造的热爱及对国内市

场的深入调查，发现“机器视觉”仅在半导体等几个行业应用，其他行业基本空白，航空领域更是无人涉足。他们独具慧眼，将目光瞄准到机器视觉市场并萌生了自主创业的念头，决定以机器视觉技术为起点，打造中国人自己的高端智能机器视觉自动化设备品牌，填补这一领域的空白。

这两个毕业于南京航空航天大学的青年，其中一个就是朱国宏。

“公司的定位确定之后，取一个铿锵有力的名字至关重要。”朱国宏说，我们将“破万卷书、行万里路”作为人生座右铭，工作研究之余热衷旅行，爱好攀登雪山。众山之中，唯独钟情于乔戈里峰。乔戈里峰，又名 K2，位于中国和巴基斯坦边界。在全世界 8000 米以上山峰中乔戈里峰是独体山峰中最小的，但是其攀登难度堪称世界之最。乔戈里峰高大雄伟、山势险峻、风景优美，藏语意为白色女神，又被登山专家称为举世无双的“雪山王子”，2005 年更被评为中国最美十大名山之一。乔戈里峰的小而险、美而特、高而精与两位青年的理想高度契合，他们灵机一动，公司名字应运而生，2009 年 9 月杭州乔戈里科技有限公司正式成立。

发展之本

成立之初，公司还是个只有几名员工的小公司。经过多年发展，公司快速成长，国内现已拥有专业的研发团队、销售团队、管理团队及售后服务团队；国外拥有独立的海外办事处，可以为客户提供专业、全面的解决方案。

“创造改变生活”是公司的立业之本。以机械手、工业 CCD 代替传统的人手、人眼，一方面可以为企业提高工作效率，降低生产成本，实现利润最大化；另一方面可以帮助人类从繁重的生产线上解放出来，实现生产自由。“多年来，乔戈里一直秉承着创业之初的小、精、高、特的立业理念，在发展中勇于创新，在创新中追求卓越。每年投入研发经费多达利润额的 1/3，大大激发了全体员工的研发创新热情。”朱国宏介绍说，截至 2016 年，乔戈里获得软件著作权及各项专利 30 余项；每年承担国防军工任务 2 项以上；被认定为“国家重点支持高新技术企业”和“国家级软件企业”；

并为我们的轴承行业研发了滚子、滚针、轴承外观缺陷光学自动全检机，得到行业知名客户高度认可。

产品是一家企业的命脉，产品的好坏决定企业的发展。乔戈里的精益求精在产品上做到了极致。新推出的滚子外观缺陷光学自动检测机获得国际PCT专利认证，不仅解决了行业多年亟待解决的360度检测和检测速度之间的矛盾，更是新增倒角检测工位和倒角检测等5项功能。目前，检测速度已达到1万件／小时，领先同行企业设备3倍水平；而且开发的参数设置功能，可直接调整每个检测项的严格程度。旧问题的解决及新功能的研发使滚子检测领域达到一个新高度，在汽车制造行业、轴承滚子行业、医疗食品行业、国防军工行业、电子制造行业也创造着中国奇迹。

诚信之道

诚信，是中华民族五千年文化的精髓；诚信，是一个人安身立命的根本；诚信，更是一个企业长期发展壮大的灵魂。“坚持诚信经营，坚守一诺千金；敢于创新、惠及社会；以用户为中心绝不偷工减料；追求合理利润，不进行商业行贿，这不仅仅是乔戈里提出的响亮口号，更是乔戈里一直坚守的承诺。”朱国宏表示。

几年来，乔戈里通过精心经营发展，已在行业内站稳了脚跟。与此同时，乔戈里深刻地意识到自己的成功并不是真正的成功。站在整个商业生态系统的角度来看，乔戈里只是一个渺小的个体，从产品制造、检测、推广、销售再到售后服务，哪个环节出错都会影响到乔戈里的长远发展。认识到这一点后，乔戈里在全心全意服务市场、服务顾客的同时，对自己提出了更高的要求，即“想顾客之未想，做市场之未有”，将服务理念提升到更高的境界——客户的成功才是乔戈里真正的成功。正因为如此，乔戈里才能在智能自动化行业内历经风雨、独领风骚，做到了驾驭市场、引领市场，在平凡中追求自我、超越自我，并成为行业内独一无二的“乔戈里峰”。

乔戈里打破常规，从传统的大批量生产到小批量的客制化生产，实现成功转型。与乔戈里合作的几十家客户从汽车制造业的大众、博世到航空、航天，再到轴承滚子、医药食品行业，纷纷向乔戈里伸出大拇指。而这代表的不仅仅是精湛的产品，还有便捷快速的服务。7×24 小时热线电话、7×12 小时远程支持以及点对点上门服务是客户满意乔戈里的另外一大原因。

万向钱潮是万向集团控股的子公司，经营圆锥滚子轴承、圆柱滚子轴承、球轴承、微型轴等系列产品，也是乔戈里的客户之一。虽然万向钱潮已是行业明星，但在滚子外观检测方面仍存在一些缺陷，大大影响了工作效率及客户关系：一是人工成本高，且人工检测容易出现主观误判和疲劳漏检；二是客户投诉 NG 品多。

为解决以上两个问题，乔戈里自主研发了滚子外观缺陷光学自动检测机。1 台设备可替代 4 ～ 5 名外观检测人员。不仅检测质量得到了有效的保障，而且客户的投诉量大幅降低，乔戈里研发的产品帮助万向钱潮公司提高了产品质量，稳定了他们的客户群，改善了与客户的和谐关系，经济效益明显提高。

宁波海亚特滚子有限公司是美国通用轴承（General Bearing Corporation，GBC）旗下的一家专注于轴承滚子生产制造的子公司，是行业明星企业。在清楚地了解到客户需求之后，乔戈里专注于滚子外观缺陷光学自动检测机的功能开发。该设备采用自主研发技术，攻克了 360 度检测和检测速度之间的矛盾；完善新增型号的配置功能，提高了配型的易用性；增加挡料缓冲机构及防撞减震材料，避免了工件的二次损伤；定制基面缺陷检测的专用光源，改善了成像效果并提高检测的准确性。

功能新增、功能完善及机构部件的整改，效率是以前旧设备的 3 倍。在试采购 1 台设备后，海亚特决定全部替换原有滚子检测设备。通过一天三班的方式，设备 7×24 小时连续运行，1 台设备可以替代 8 ～ 10 名外观检测人员，既减少了时间成本、人工成本、物料成本，又提高了客户满意度。

创业的道路艰难又曲折，乔戈里为了自己的目标——成为全球“小而精”“高而特”的高端智能工业自动化设备制造商，在努力探索着、坚持着。在这条路上，需要的不仅是乔戈里的坚持、创新、服务、诚信，还有您的关心与支持。因为乔戈里深深地知道：一个企业的成功不是真正的成功，客户的成功才是乔戈里真正的成功。

（晁毓山 / 文）

杭州乔戈里科技有限公司获第六届中国创新创业大赛先进制造行业总决赛成长组二等奖

弥补国内大型精密结构件固相增材制造技术的空白

——记陕西智拓固相增材制造技术公司创业团队

曾经在3D打印产业创下多个全国第一的陕西省渭南市，这几年开始聚焦“3D打印+”产业孵化。来自渭南高新区的陕西智拓固相增材制造技术公司就是“3D打印+”的产业孵化企业之一。在2017年第六届中国创新创业大赛先进制造行业总决赛上，陕西智拓固相增材制造技术公司以优异的成绩获得初创组企业三等奖。

“‘陕西智拓’聚焦制造技术国际前沿，以‘2025智能制造、绿色制造、中国制造’为指引方向，专注于集成、高效、复杂结构零件的扩散焊技术的开发、孵化、推广。目前公司已为航空、航天、航海、轨道交通、新能源汽车、核能、太阳能热电、火电、石油化工、电子信息、注塑模具、仪器仪表等诸多领域提供关键技术和产品。”陕西智拓固相增材制造技术公司项目经理张昊在2017年第六届中国创新创业大赛先进制造行业总决赛上表示。

弥补国内固相增材制造技术空白

在2017中国（西安）国际增材制造博览会暨技术高峰论坛展会上，一项3D打印新技术——固相增材制造技术，弥补了国内大型精密结构件固相增材制造技术的空白。该技术由陕西智拓固相增材制造技术有限公司研发。

“‘陕西智拓’设计研制了4代具备自主知识产权的真空扩散焊设备用于固相增材制造。这4代设备的设计工作温度为1250～1500 ℃；其结构由单轴、单缸加压，发展到4轴、4缸加压，加压吨位也从最初的12 t发展到600 t；均温区尺寸涵盖了300 mm × 300 mm × 300 mm ～

600 mm×600 mm×600 mm。不仅能够满足研究的需要，而且能够满足 600 mm×600 mm 以下的冷板、微流道集成高压换热器等大尺寸结构开发和批量焊接制造的需要。目前，‘陕西智拓’正在研制 1 台大温区（800 mm×800 mm×1200 mm）、大吨位（1200 t）、多轴、多缸加压的真空扩散焊设备，该设备将弥补国内大型精密结构件固相增材制造技术的空白。”张昊介绍说。

据了解，固相增材制造技术具有结构尺寸更精密、力学性能更优异、成型材料更广泛、更适于工业化批量生产等特点。“‘陕西智拓’在材料焊接性上开展了广泛、深入的研究，目前已经开展的同质和异质材料研究涉及 7 个系列：钢铁材料，有高强钢、模具钢、不锈钢等；高温合金，有固溶强化高温合金、沉淀强化高温合金、铁镍合金等；钛合金，有工业纯钛、双相钛合金等；铜合金，有无氧铜、黄铜、镍白铜、锡青铜等；铝合金，有 1 系列纯铝、2 系列硬铝、5 系列防锈铝、6 系列锻铝、7 系列高强铝合金等；其他合金，有钼合金、铌合金、银镍合金、镁合金等；陶瓷、非金属，有 C/C 复合材料、氧化铝陶瓷、玻璃、单晶硅、石墨等。”张昊表示。

据介绍，该公司所研究的材料体系及其焊接性配伍，这些材料涵盖了目前技术市场上冷板、微流道集成换热器、5G 天线、随形冷却模具等绝大多数固相增材制造产品，也为海上浮动核电站高压换热器、航空叶片等未来多个先进结构的制造、应用做好了技术储备。在材料焊接性研究基础上，开发、获得了以下六大类工艺设计与控制技术，包括：焊前处理与清洗技术，中间层材料、结构设计技术，微流道屈曲变形控制技术，300 mm 以上大尺寸工件温控与变形控制技术，焊接质量在线监测控制技术，冷板、热沉、热管设计技术。这些工艺成果为多种材料、结构产品的开发、制造提供了技术保障，也为产品的质量控制提供了理论支撑。

优点多多的扩散焊技术

扩散焊是一种固态连接方法，是在一定温度和压力下，使待焊表面发生微小的塑性变形实现大面积的紧密接触，并经一定时间的保温，通过接触面间原子的互扩散及界面迁移从而实现零件的冶金结合。扩散焊大致可分为 3 个阶段：

第 1 阶段为初始塑性变形阶段。在高温和压力下，粗糙表面的微观凸起首先接触，并发生塑性变形，实际接触面积大大增加，并伴随表面附着层和氧化膜的破碎，使界面实现紧密接触，形成大量金属键，为原子的扩散提供条件。

第 2 阶段为界面原子的互扩散和迁移。在连接温度下，原子处于较高的激活状态，待焊表面变形形成的大量空位、位错和晶格畸变等缺陷，使得原子扩散系数大大增加。此外，此阶段还伴随着再结晶的发生，以实现更加牢固的冶金结合和界面孔洞的收缩及消失。

第 3 阶段为界面及孔洞的消失。该阶段原子继续扩散，最终使原始界面和孔洞完全消失，达到良好的冶金结合。

张昊说，该技术具有以下几大优点。

一是接头性能优异。扩散焊接头强度高，真空密封性好，质量稳定。对于同质材料，焊接接头的微观组织及性能与母材相似，且母材在焊后其物理、化学性能基本不发生改变。

二是焊接变形小。扩散连接是一种固相连接技术，焊接过程中没有金属的熔化和凝固，且所施加的压力一般较低，能很好地抑制宏观变形的产生，保证零件的高精度尺寸和几何形状。

三是可连接其他方法难以焊接的材料，如低塑性或高熔点的同质材料，容易产生金属间化合物的异质材料，或者是金属与非金属等，扩散连接都具有很大的优势。

四是可实现大面积连接。对于大尺寸截面，扩散连接时压力均匀分布于整个界面上，实现其良好接触，从而达到有效连接。

五是焊接过程安全、整洁、无污染，整个焊接过程没有飞溅、辐射等有害物质，且焊接过程易于实现自动化控制。

扩散焊专家系统是一个智能计算机程序系统，其内部含有大量的扩散焊领域专家水平的知识与经验，能够利用人类专家的知识和解决问题的方法来处理该领域问题。也就是说，扩散焊专家系统是一个具有大量的专业知识与经验的程序系统，它应用人工智能技术和计算机技术，根据扩散焊领域一个或多个专家提供的知识和经验，进行推理和判断，模拟人类专家的决策过程，以便解决那些需要人类专家处理的复杂问题。扩散焊专家系统通常由人机交互界面、知识库、推理机、解释器、综合数据库、知识获取6个部分构成。

陕西智拓扩散焊专家系统的建立是基于长期收集在技术研发和工业生产中的大量专业知识和生产经验数据，如焊接材料、物性参数、焊前状态、结构尺寸、界面数量、焊前清理工艺、焊接工艺参数、焊后变形量、焊后组织成分分析和力学性能等。

“3D 打印 +”加出产业新集群

“如今我们不再单纯地发展3D打印技术，而是以3D打印设备生产、

3D打印金属材料研发及生产、3D打印应用型人才培养为抓手，主动将3D打印技术植根当地主导产业，重点围绕实施3D打印产业化示范应用，加快3D打印与传统产业结合，'3D打印+'加出产业发展新动能。"渭南3D打印产业培育基地负责人说。

渭南高新区主要领导一直强调：3D打印技术本身为社会进步带来的效应，可谓"牵一发而动全身"，在研究3D打印项目时，应该跳出3D打印看3D打印，对于好的项目，要在政策允许范围内，给予最大的支持，让它成为行业领军，打造属于它的生态链条，推动它成为一个产业集群。

陕西智拓固相增材制造技术公司是2016年9月进驻园区，主要以3D打印固相增材制造技术研究和产业化为主。渭南高新区在5天时间，完成了企业前期手续办理，1个月时间完成厂房装修改造后，积极联系中广核集团、商飞、徐工、时代新能源公司等应用客户，安排创投基金跟进，及时将这项技术汇报衔接工信部赛迪研究院，推动该企业成为中国增材制造产业联盟理事单位，推广该项先进技术。通过系统推动，坚定了企业负责人扎根园区发展的理念，短短2个月，企业实现产值700万元。该企业负责人还积极协助园区引进了上下游应用客户，引进电池软连接项目，提供了包括热交换器、精密模具、5G天线、军用特种服装等多项目信息，预计实现产值10亿元以上，一个以固相增材制造技术为主的产业集群正在逐步形成。

（晁毓山／文）

陕西智拓固相增材制造技术公司获第六届中国创新创业大赛先进制造行业总决赛初创组三等奖

从天山脚下走向全国的绿色品牌

——记新疆艾力努尔农业科技开发有限公司创业团队

2017年9月底，在第六届中国创新创业大赛先进制造行业总决赛举办地洛阳，入围中国创新创业大赛先进制造行业全国总决赛的273项目，代表了我国创新创业浪潮中最前沿的“制造力量”，也是传统制造业吸纳高新技术成果，转型升级为先进制造的行业典范。新疆艾力努尔农业科技开发有限公司就是其中之一的佼佼者。

艾力努尔的两项核心创新技术专利——低温低速低压碾磨技术专利，以及在有机小麦种植方面的有机水溶肥技术专利，引起了成长组半决赛专家评委和参会企业的高度关注。这两项专利都是促进人类健康为主题的技术专利，技术创新方面处在国内领先水平。

新疆艾力努尔农业科技开发有限公司董事长阿地力江·尼亚孜表示：“艾力努尔这次能够在国家级大赛上展示，是新疆企业在创新领域快速发展的结果。

三代传承　创新发展迎新时代

艾力努尔的前身是从1930年，尼亚孜·毛拉和肉孜·毛拉兄弟俩在新疆柯坪县阿恰乡启浪村音干小队建立的一台传统石磨开始的。

随着国家改革开放和惠民政策的贯彻落实，人民群众生活水平的不断提高，阿地力江·尼亚孜、阿力木·尼亚孜兄弟俩意识到传统的石磨磨坊加工面粉工艺已经不能满足日益增长的消费需求。

1988年，阿地力江·尼亚孜与其兄弟阿力木·尼亚孜两人在同样的地方，开办了一家具有一台电动石磨的磨坊。

1995年，兄弟俩筹集资金在柯坪县阿恰乡组建了柯坪县第一家半自动化小型面粉加工厂，随后的1998年、2003年又相继在柯坪县启浪乡、盖孜力乡新建两座中小型设备配置的面粉加工厂，业务也从单纯的代农加工发展到小麦收购、加工、成品销售业务。

2003年申请注册了“艾力努尔”商标，为“艾力努尔”纯天然有机面粉走出柯坪、走出阿克苏、走向全国奠定了坚实的基础。

2007年新疆艾力努尔农业科技开发有限公司注册成立，从个体户转型升级到了具有现代化管理体制的科技型综合企业。2008年公司在柯坪县阿恰乡开辟了1000亩的生态农场；2014年，开始投资发展有机农业，并在两处建设1300多公顷的有机小麦生产基地……

经过3代人近百年的发展经营，如今的艾力努尔从当初的石磨磨坊发展成为集生态农业开发，有机农产品种植，粮食收购、加工、销售，高新技术成果转换，对外出口贸易，旅游开发，房地产投资，酒店经营管理，餐饮服务等一二三产业融合发展、年产值近6000万元的多元化综合企业。现有员工56人，其中，高级技术人员3人；中级技术人员5人；专业技术人员9人；大中专毕业人员29人。

2016年，艾力努尔在由新疆维吾尔自治区农业厅和攒劲网联合举办的“一县一品”新疆特优农产品投票活动中获得“最受网民欢迎的特优新农产品”生产企业一等奖。2017年12月在第八届新疆农产品北京交易会上，艾力努尔的“土各曼”品牌面粉荣获金奖称号，为新疆优秀农产品增光添彩。

深耕细作　主导健康新生活

“艾力努尔纯天然有机面粉之所以大受好评，与艾力努尔在近百年的发展历程中，始终秉持将主食回归自然，倡导消费者健康生产理念分不开的。”负责研发和创新的艾力努尔行政总监刘春永表示。

艾力努尔率先在新疆建立了20 000亩[①]（阿瓦提县19 000亩、柯坪县阿恰乡1000亩）有机小麦示范基地，通过“企业＋农户”合作方式，严格按照　“有机小麦生产技术规程”要求进行种植管理，严禁使用任何化学肥料及农药，用独有的氨基酸水溶肥灌溉技术和有机农家肥进行种植，为原料的有机绿色提供了保证。

刘春永介绍，比如小麦的种植土壤，艾力努尔就有自己独有的配方。首先利用新疆当地的牛粪、马粪、羊粪等原料，按照一定的配比，经过艾力努尔独有的创新性的发酵生产技术，制成液体肥料，从源头上为小麦提供了特定的营养，也解决了化肥农药问题，保证了绿色有机生产。

同时艾力努尔在多年研究、试验、总结传统面粉石磨加工工艺的基础上，创新发明了“面粉低温低速低压加工技术”，有效解决了由于面粉加工过程中的高温对小麦营养成分的破坏，最大限度地保留了小麦所含各种营养元素，实现了种植到加工一体化的有机标准。

刘春永表示，基于新疆柯坪县独有的远离空气污染、远离水污染、远离转基因劣质小麦、远离化学添加剂、远离营养元素流失这“五个远离”特定条件生产的“艾力努尔”牌“五无”（无空气污染、无水污染、无转基因劣质小麦、无化学添加剂、无营养元素流失）系列面粉，因其原料品质纯正、生产加工技术独特、营养成分保存程度高而受到了广大消费者的喜爱和好评。

2015—2016年，艾力努尔连续两年获得新疆农产品北京展览会产品金奖；2016年被中国中小企业协会委员会和中国名牌认证服务中心评为中国

① 1亩≈667平方米。

著名品牌；2016 年 9 月，“艾力努尔”系列“五无”面粉通过了中国绿色食品发展中心检测，荣获绿色产品荣誉称号。

“发展产业化是艾力努尔的必经之路。”刘春永表示，艾力努尔专注于有机绿色面粉的生产经营外，正在从小麦的土壤配方到小麦后续深加工，积极延伸产业链加大产业化。比如面粉加工的副产品麸皮，一直都是很便宜地处理掉，觉得非常可惜，现在艾力努尔正在联合新疆农科院研制麸皮加工醋技术。同时，用艾力努尔的特色有机面粉制作的新疆馕标准正在研制中。届时，按照标准制作的新疆馕将走出新疆，走向广大市场。

“艾力努尔目前正立足新疆，扩大进入内地市场的发展步伐，希望通过合作、连锁等多种现代化的经营模式，拓展内地和国际市场，不断努力为新疆的绿色、有机食品发展做出贡献，让新疆的绿色有机农产品走向全世界。”阿地力江·尼亚孜表示。

回馈社会 不忘初心报党恩

中国创新创业大赛并不仅仅是个比赛，余热更是“撩人”。刘春永表示，“这次来参加全国大赛，收获很大，看到了来自全国各地的几百家现代企业的创新，把他们的创新思想和发展思路，带回我们新疆、带回我们阿克苏，为我们基层的企业引入创新的理念和发展思路，把我们新疆建设得更加美好”。

“对于刚毕业的大学生，参加大赛是一次锻炼，大开了眼界，同时也向全国选手展示了新疆青年的风采，也通过我让更多的人了解了新疆，希望把内地大型企业先进的创新创业思路带回新疆，把家乡建设得更美好，让更多的人在现代化企业就业，这也是我的梦想。”艾力努尔的参赛选手尼亚孜艾力表示。

“每一位参赛选手都在追求一种最原始的‘创业初心’，就是造福社会、普惠大众。艾力努尔也不例外。”阿地力江·尼亚孜表示，自成立以来，始终坚持党的领导，政治立场坚定，认真贯彻落实党的各项方针政策，发展壮大后不忘初心，牢记企业肩负社会责任，积极参与各项公益性活动，累计捐款捐物达797万元，得到了各级党委、政府和全疆各族人民的高度评价。

2006年2月艾力努尔被共青团阿克苏地区委员会评为“青年创业之星”；2009年2月3日被中共柯坪县委员会评为2008年度“服务‘三农’先进企业”；2010年2月被授予“阿克苏地区非公有制经济界民族团结模范个人”荣誉称号；2010年9月被疆维吾尔自治区农业厅农业资源与环境保护站评定为“新疆无公害粮油生产基地”……

一系列荣誉代表了艾力努尔在发展的同时不忘反哺社会、贡献爱心。阿地力江·尼亚孜表示，未来的艾力努尔会继续坚持实施品牌战略，借助中国绿色有机食品、中国著名品牌和自治区农业产业化重点龙头企业优势，依托“艾力努尔”“五无”系列面粉主业，开拓创新，加快“一、二、三产业”融合发展步伐，辐射带动农民自主创业、带动经济发展，在“一带一路”上贡献自己的力量。

（李争粉／文）

让残疾人“奔跑”起来

——记广西贺州市迪朗电子科技有限公司总经理李新光

随着经济的发展，私人轿车的快速普及对人们的出行发生了很大的改变，但这种改变是属于正常人群的。大部分残疾人仍然只能止于脚下，活在自己的世界里，而“世界这么大，我也想去看一看”是众多残疾人的心声；随着C5驾照政策的开放，许多的残疾人都实现了“世界那么大，我想去看看的梦”。

正是有了国家对待弱势群体的重视和法律的支持，广西贺州市迪朗电子科技有限公司的总经理李新光怀着帮助更多残疾人能够看看祖国的大好河山，不止于脚下的梦自主研发了“迪朗残疾人汽车驾驶操纵装置”。

2017年9月底，第六届中国创新创业大赛先进制造行业总决赛举办地洛阳，李新光带来的“D-RUN（迪朗）助我行天下”项目在半决赛得到了众多好评。遗憾的是，李新光的项目以0.2分的落差未能进入最后的决赛。但是李新光以“让残疾人也能像健全人一样自由驾驶，在梦想的路上‘奔跑’起来”的理念，让他赢得了众多赞誉。经观众投票还以71 585票荣获“最受观众欢迎项目奖”。

矢志不渝的创业路

身体上的残疾，并没有使他丧失对生活积极的上进心，对生活仍然充满了希望。“努力、乐观、积极才会看到花开”这是李新光用以砥砺自己的口头禅。

功夫不负有心人。转折发生在这一天，也就是2015年12月3日，贺州首个获得残疾人驾驶培训资格的驾校挂牌成立，首批有25名残疾人领到机

动车驾驶证，李新光便是其中的一个。

“当车动起来的一刹那，我的手都在颤抖。”终于可以开车了，李新光欣喜若狂。可就在体验过车上的辅助装置后，李新光有了些疑惑，这套装置设计有一些不合理，刹车和油门都需要通过手掌旋转来控制，容易操作失误从而引发危险，长时间使用人体容易感觉不适。

他认为应该发明一套更适合残疾人使用的辅助装置。开车不只是让车动起来，而应该有一种舒适感和乐趣。这个念头从他的脑海中冒出来，并一发不可收拾。

文化程度不高的李新光，开始收集国内外关于汽车辅助器具的资料，自己分析研究，边研究边做实验。

终于，李新光和朋友一起研发出了一款适合残疾人使用的辅助装置。这个装置刹车和油门，一个是正面的方向，一个是反面的方向，这样可以减少操作失误。当需要加油的时候，只要往后拉就会加油，而往前推就是刹车。遇到紧急情况的时候，人都会因惯性向前倾，这个时候手也往前推，车马上就刹住了。

设计完成后，李新光要让这个模型变为实物。找到东莞有一家工厂可以制作这个器具后，2016 年 3 月，李新光将自己的设计草图快递到东莞准备制作，可是对方却不理解他的设计理念。经过与对方不断的沟通与反复调试，李新光研发的残疾人驾驶操纵装置终于可以生产了。

这是一段富有激情与梦想的时光，短暂的几个月，李新光就付出了20多万元的成本。可是李新光认为，所有的付出都是值得的。产品的研发可以让更多的残疾人朋友能像正常人一样，出得了远门。“世界这么大，也要让残疾人朋友去看看。”

据李新光介绍，他研发的这套驾驶辅助系统分为下肢缺失、上肢无力、上肢无指和右下肢辅助装置，对不同部位残疾的人来说无疑是一个福音。更让人惊喜的是价格，功能相同的进口辅助装置售价七八万元，而李新光具有相同功能的产品仅售4800元，价格之所以这么低廉，一方面主要是因为李新光拥有了属于自己的加工厂，生产制造成本的降低；另一方面是李新光想为残疾人谋福利的强烈愿望。

反哺社会献爱心

低价的装置还满足不了李新光想为残疾人做贡献的心愿。2017年6月8日，李新光为10辆汽车免费安装残疾人汽车驾驶辅助系统，让残疾人士也能正常地驾驶汽车。

当对捐赠的残疾人汽车驾驶辅助系统进行安装时，根本没有预想到李新光竟然独自一人亲手完成了组装。李新光表示，自己要多坚强一些，才能更好地帮助到他人，才能让更多的残疾人知道自己其实并不比健全人差。下一步，李新光和他的团队仍会专注于辅助器具的研发、个性化定制辅助器具，在产品实用的前提下，能够让产品更加个性化。

李新光希望能够通过自己与团队的努力帮助更多像他一样身体有缺陷的人，让他们可以有机会看看祖国的大好河山，亲身感受祖国的繁荣与社会的进步。愿每一位残疾人都能拥有一颗更炽热的心。推动我国残疾人事业的发展，需要大家一起共同奋斗。

（李争粉 / 文）

找准行业痛点　圆梦新能源汽车核心零部件

——记深圳市依思普林科技有限公司董事长张杰夫

“创新创业并不是那么容易，首先要确定目标，想要做什么，想要解决什么。当时我看到中国新能源汽车开始快速爆发，坚定地认为这是一个没有天花板的超级市场。”第二次参加中国创新创业大赛的深圳市依思普林科技有限公司董事长张杰夫感慨，“创业是非常困难的，需要投入所有激情、精力、资金和资源。如果不这么干，肯定不会成功。”

大赛场上的老手

在第六届中国创新创业大赛新能源及节能环保行业赛总决赛上，深圳市依思普林科技有限公司带来的电机电控变速箱一体化集成方案项目，经过多轮角逐、脱颖而出，斩获成长组一等奖。在决赛现场，听完张杰夫介绍后，担任总决赛评委的浙科投资董事长顾斌竖起了大拇指，对这家在新能源汽车领域打拼的创业企业连连称赞。

“此次前来参加大赛，一方面展示我们在新能源汽车产品上的创新能力，另一方面向大家介绍电机电控变速箱一体化集成产品。真没想到无心插柳柳成荫，能拿到大奖我确实是挺高兴。”张杰夫说，“我心态很平和，在台上我很随意地讲完，能获得评委们的青睐，我觉得评委们看得懂我的项目。”

张杰夫说，电机电控变速箱一体化集成，是一款高混合性、高混合密度的产品，具有四大特色功能：①高可靠性。一体化设计，采用物理直连，减少高低压信号互扰，电磁兼容性强；功耗低，散热效率高，系统稳定。②高性价比。动力总成系统集成化开发，采用不同规格的功率模块组合，节约成本，可选择性高，具有出众的性价比。③高功率密度。自主研发全球最小尺寸600A/650V六单元IGBT驱动模块，体积小、重量轻、高功率密度17KW/L，达到国际领先水平。④全定制化方案。灵活的控制模块功率(400A–600A/650V,300A/1200V)设计，可根据电机型号的不同进行选型，进而匹配不同车型，实现全定制化模式。“它将代表着中国新能源电动汽车核心零部件最高水平。”

如果说2017年获得的一等奖是“锦上添花”，那么2014年获奖就是“雪中送炭”。“我是第二次参加中国创新创业大赛。这次我是怀着感恩的心前来参赛的，感谢大赛对公司发展带来的帮助。”张杰夫说。

据介绍，深圳市依思普林科技有限公司在2012年9月成立，是专业从事新能源汽车(HEV/EV)用电机控制器及其核心IGBT模块和MOSFET模块，以及工业级电力电子产品的研发和生产的高新技术企业，实现电动汽车电机控制器的自主化及产业化，成为国内唯一一家掌握IGBT模块设计及生产技术的电机控制器厂家。张杰夫在创立公司初期，由于资金链不充沛、规模较小，公司发展一度陷入困境。他说：“作为创业公司，遇到的最大困难是资本缺乏，2011—2014年我花完全部积蓄，抵押了房产。没了资金，意味着没有团队、设备，什么事都办不成。”

所幸的是，2014年张杰夫有机会参加了第三届全国创新创业大赛。“2014年参加大赛，让我收获了投资方的关注。在这关键时刻，把关键资金引进来了。”他说，“通过参加第三届全国创新创业大赛，我成功拿到A轮融资975万元，可以说，这些资金的注入帮助公司起死回生。要不然，公司的发展就不会这么快，或许发展得磕磕碰碰，甚至走向死亡。”

创新创业不是简单的几句话

“站在大赛的舞台，我只用了15分钟，简简单单的几句话就把此次参加项目介绍完了。事实上，研发电机电控变速箱一体化集成产品，花费了我和团队很多心血，其中开发IGBT模块，我们团队连续3个月都没能弄出来。”张杰夫表示，一次我出差回来，突发奇想，改变设计模式，不再走传统的设计方案，“思路一开，一切迎刃而解，一个星期的时间就把设计方案定下来了”。

那么，电机电控变速箱一体化集成产品难点在哪里？张杰夫说，怎么将电机控制器、电机、变速箱连接起来，其中的技术难度非常大。功夫不负有心人，在张杰夫的带领，终于做到了。“为什么外企没能连接起来，我们公司能连接起来。外企做IGBT模块的企业，基本上做不了控制器，做控制器的企业，却做不了IGBT模块，刚好给了我们一个很好的机会。”张杰夫表示，我们公司既能设计生产IGBT模块，又能做控制器。“现在或许很多人看不到其中的分量，但在未来5～10年国内车企、科技部门会看到这款产品的技术含量，在连接方式、功率密度等方面都是中国人自己的发明创造。”

在创业的历程中，他有过心酸，也有过喜悦。2008年，张杰夫受比亚迪公司邀请，从江西九江一家国有企业来到比亚迪IGBT模块厂担任厂长，专攻IGBT模块的生产。2010年，他带领着部分团队成员从比亚迪离职，由此踏上创业之路。

“现在看似创业走得很顺利，其实走了很多弯路，碰到很多困难。”他说，比如说，2011～2013年新能源汽车没有上量，产品卖不出去，到了2015年，好不容易上量了，国家在查骗补，2017年6月新能源汽车上量，因为标准提高了，好多东西不能做。

虽然创业路布满了荆棘，但张杰夫始终坚持。在他带领的团队努力下，深圳市依思普林科技有限公司依靠在IGBT模块设计及生产技术的优势，转化为在新能源汽车电机控制器上的优势，目前拥有7项发明专利、9项实用新型专利、4项软件著作权、2项PCT；该公司目前估值8亿元，正在进行第4轮融资。

做企业要有企业家情怀

如今，新能源汽车被列入战略性新兴产业。国务院在2016年年底印发的《“十三五”国家战略性新兴产业发展规划》中指出，要实现新能源汽车规模应用，提升关键零部件技术水平、配套能力与整车性能。在政策利好与市场的牵引下，2016年，中国新能源汽车产量为51.7万辆，同比增长约38%。站在这一风口，作为新能源汽车零部件企业的深圳市依思普林科技有限公司迎来发展的契机。

“现在我快成大忙人了。2016年我一天只需要去一个地方，今年我需要一天去两个地方，与客户谈合作。”张杰夫自豪地说，“我很欣慰，我开发的产品获得了客户和市场的认可，没有比这更令人兴奋的事了。”2017年10月14日晚上，张杰天见完客户才赶到山东德州参加大赛比赛，计划15日上午参加完比赛，下午到北京见客户。没想到在半决赛拿到小组第一名，晋级16日的决赛，不得不将约好的北京客户推到17日。“顺利获得第一名后，顺势也拿下北京客户的这单生意。”他难掩心中的喜悦心情。

张杰夫说：“卖出产品很重要，但不仅仅如此，作为新能源汽车零部件企业，我们有义务帮助国内车商提升产品品质，提升核心竞争力，并参与国际竞争。希望通过我们的努力，让中国新能源汽车品牌像中国高铁一样‘走出去’，成为一张中国制造名片。”

这句话朴素的话语很好地诠释了张杰夫身上的企业家情怀。创业者只有拥有企业家的精神，才能将业创得更好，张杰夫说：“创新创业，要站得高，看得远，走得踏实。”

“中国新能源汽车是超级大的市场，看不到天花板，中国新能源汽车领域的从业者要有家国情怀，有责任为这一行业的发展壮大做点事。比如以前的中国乘用车市场，专利、技术等各大领域差不多全被外企拿走了，我们只是做个盒子而已。对于刚兴起不久的新能源汽车行业，我们不能再失去机会，让国内这么大的市场白白让给外企。”张杰夫说，我能在新能源汽车的IGBT模块、动力总成等领域有所突破，一方面，离不开我带领团队的不断创新，研发的电机电控变速箱一体化集成这款产品可以说新能源汽车最核心的部分，占领技术的制高点；另一方面，新能源汽车市场不是一个很大的市场，所以外企在专利布局、技术研发方面还不如我们走得快，“我带领团队研发的电机电控变速箱一体化集成能代表中国新能源汽车核心零部件的最高水平，完全可以与国外同类产品PK”。

当然，企业做大做强，关键在人，关键在人才。“我们公司的研发人才目前基本还是创业时从比亚迪公司带出来的工程师。”张杰夫意味深长地说，下一步，将目光聚焦国际高端人才，进行人才的储备、技术的跟进。“新能源汽车市场刚起来不久，企业稍微停滞不前，别人就会超过，要时刻保持创新。”

（叶伟 / 文）

深圳市依思普林科技有限公司获第六届中国创新创业大赛新能源及节能环保行业总决赛成长组一等奖

让天更蓝、水更清、土更沃，人民幸福感更强

——记格丰科技材料有限公司董事长奉向东

2017 年 10 月 12–16 日，第六届中国创新创业大赛新能源及节能环保行业总决赛在山东省德州市举行，来自江西的参赛企业格丰科技材料有限公司获成长组企业二等奖。

“这次到德州参加中国创新创业大赛新能源及节能环保行业总决赛有两个目的：一是进一步扩大企业的影响，二是寻求创投机构的支持。”格丰科技材料有限公司董事长奉向东表示。

格丰科技材料有限公司此次参赛的项目是“森美思农田重金属污染修复技术”，它可以像肥料般投入受污染的土壤，能靶向吸附土壤中的镉、铅、汞、砷等重金属。奉向东介绍说：“森美思可解决常规情况下使用生物碳吸附周期长，以及石灰破坏土壤结构的弊病，土壤污染治理过程安全、高效。”很难想象，眼前这位谦逊、儒雅的企业家，是一名成天与泥土为伴的科研工作者。

我国土壤污染已到非治不可地步

“据有关部门统计，目前我国重污染土壤有5000万亩，恢复需要三四十年的时间。”谈到为什么要从事土壤污染治理，奉向东表示，土壤污染不仅会导致农作物减产、农产品品质降低、污染地下水和地表水，更重要的是危害人体健康，我国土壤污染已到了非治不可的地步。

相关统计资料显示，目前我国土壤总的超标率为16.1%，其中轻微、轻度、中度和重度污染点位比例分别为11.2%、2.3%、1.5%和1.1%。从污染分布情况看，南方土壤污染重于北方；长江三角洲、珠江三角洲、东北老工业基地等部分区域土壤污染问题较为突出，西南、中南地区土壤重金属超标范围较大；镉、汞、砷、铅4种无机污染物含量分布呈现从西北到东南、从东北到西南方向逐渐升高的态势。

根据有关调查统计，广东省珠三角多地蔬菜重金属超标率达10%～20%；湖北省受三废污染的耕地面积约40万公顷，占全省耕地面积的10%；湖南被重金属污染的耕地占全省耕地面积的25%。工矿企业的废渣随意堆放，工业企业的污水直排，以及农业生产中污水灌溉、化肥的不合理使用、畜禽养殖等人类活动造成或加剧了这些地区耕地重金属污染，其中，广东耕地以化工、电镀、印染等行业企业发展造成污染为主；江西、湖北、湖南、广西、四川、贵州、云南等省份重金属本底值本来就比较高，长期的重有色金属、磷矿等矿产资源开发、重化工业发展是耕地严重污染的重要原因。

据奉向东介绍，土壤污染物大概可以分为4类：一是化学污染物，包括无机污染物和有机污染物，前者如汞、镉、铅、砷等重金属，过量的氮、磷植物营养元素及氧化物和硫化物等；后者如各种化学农药、石油及其裂解产物，以及其他各类有机合成产物等。二是物理污染物，指来自工厂、矿山的固体废弃物如尾矿、废石、粉煤灰和工业垃圾等。三是生物污染物，指带有各种病菌的城市垃圾和由卫生设施（包括医院）排出的废水、废物及厩肥等。四是放射性污染物。主要存在于核原料开采和大气层核爆炸地区，以锶和铯等在土壤中生存期长的放射性元素为主。

“土壤的污染物不同，治理的方式方法也不相同。格丰科技的技术主要是对土壤中的镉、铅、汞、砷等重金属进行治理。”奉向东强调。

放弃 500 万年薪回国治“镉”

“你知道吗？ 1982 年，我作为中国首届公费出国研究生赴美，从此开启了 30 年的美国生涯，先后成为美国太平洋西北国家实验室首席科学家、美国 500 强跨国公司高管、亚太地区首席技术总监，物质生活优越。”奉向东谈起他的“出身”。“有一次奥运会期间，我们全家人看电视直播。看着在美国出生的孩子为美国运动员获奖而欢欣雀跃，我和爱人为之愕然：“你们怎么会这样？”而孩子们面对我们的疑问感到不解：“我们是美国人，美国赢了当然开心。”一语惊醒梦中人。“我是中国人，是祖国送我到美国读书的，我应该报效祖国。”

“什么，你要辞去美国福禄集团亚太区首席技术总裁及公司核心技术总裁一职，放弃 500 万元的年薪回国治‘镉’？”家人感到不可思议。不能说家人的不理解和不赞成不无道理。但祖国土壤污染治理到了刻不容缓的现状，促使他下定了把自己最新的科研成果带回国、为土壤“刮毒疗伤”的决心。奉向东说：“由于工业造成的点源污染、农业投入品滥用造成的面源污染，我国重金属污染尤为严重，成为土壤中长期存在的“毒瘤”，给食品安全保障带来困难，土壤与大气、水等自然资源相互作用，加剧污染速度和范围，土壤污染导致的食品安全事故，造成更严重的公众健康危害。”

奉向东双手交叉在胸前，抬起头沉默了一会儿说：“中国作为农业大国，不仅有几千年悠久的农耕文明，而且农业人口众多，占世界总人口的 22%，但耕地只占世界的 9%，人多地少的国情要求我们必须把关系十几亿人吃饭的耕地保护好、利用好。我一定要攻克这一土壤重金属污染尤其是镉污染这一世界性的难题。”

作为中央“千人计划”引进专家，奉向东带回的不仅是报国情怀，更是国际领先的科研成果。2012年6月，格丰科技材料有限公司在江西萍乡筹备成立。

交出一张土壤污染防治的漂亮“成绩单”

相对于其他环境治理工作来说，土壤污染的修复具有治理难度大、修复周期长、研发难度高等特点。

奉向东治“镉”有底气。因为他先后获得美国发明创造奖、美国能源部材料研究奖、美国高科技产品100项奖，拥有20项美国发明专利和15项中国发明，其中由他20世纪90年代在美国发明的森美思技术，是应用于“三废”污染治理的具有国际领先水平的新型高自组装、密集功能单分子、有序可控多孔纳米复合材料技术，曾获得多项国际大奖。

奉向东以具有靶向键合功能的陶瓷纳米材料专利技术为核心，创新性地开发了“森美思农田重金属污染修复技术”，破解了困扰我国土壤重金属污染治理的难题，填补了国际、国内行业空白，被江西省科技厅鉴定为国际领先水平。

虽然技术了得，但并不代表创业就会一帆风顺。没基础、没资金、没人脉，奉向东在创业初期吃尽了苦头。“吃的是快餐，住的是最便宜的宾馆。”他回忆说，“有时为了保护设备，干脆和设备睡在一起。”

“高科技企业的培养是需要时间的。归国创业初期，最缺的是资金。”奉向东说。但他不曾动摇，“人在国外越久，对祖国就更加热爱。我想将先进的科技成果运用到祖国的环境治理，让民众享受生态红利。”

“当地政府专门为我们的项目进行调研，不仅解决了4000万元的流动资金，还在厂房建设、土地、环评、办证等环节开辟绿色通道。”奉向东说。

奉向东“借风”使力，努力让更多受污染的农田得到治理。在江西、湖南、安徽等地，格丰科技建立了面积超过1万亩的农田重金属污染修复示范工程，大量实验对比发现，使用森美思技术，可使本来生产“镉大米”的农田，当季转换成生产安全大米的土壤。他研发的技术被农业部评价为国际领先水平。

承担大气专项及创新基金等 3 项国家科技项目，建设省、市级工程研究中心和院士工作站科研平台 4 个……格丰科技创新势头迅猛，推动企业快速裂变。2015 年销售额 192 万元，2016 年增至 6000 万元，今年有望达到 5 亿元。

“我要培养更多研发人员，让这项技术在中国的土地上发挥更大作用。”奉向东说，自己是带着梦想和使命回到故土的。“让天更蓝、水更清、土更沃，人民幸福感更强，是我的中国梦。”

（晁毓山 / 文）

格丰科技材料有限公司获得第六届中国创新创业大赛新能源及节能环保行业总决赛成长组二等奖

用先进技术温暖百姓生活

——记深圳市一窗科技有限责任公司 CEO 周宇

“比赛有胜负，但创业是没有胜负的。比赛可以帮助我们更快成长，也可以更好地审视公司项目；评委提到的一些我们认识不到的问题，将对公司今后产品的发展有很大帮助。”深圳市一窗科技有限责任公司 CEO 周宇说。深圳市一窗科技有限责任公司的“智能天窗”——室内阳光模拟系统打动了比赛评委，最终以 93.14 分的成绩夺得第六届中国创新创业大赛新能源及节能环保行业总决赛初创组的二等奖。

阳光照明作为一种全新的照明方式，其社会意义、市场价值都获得了参赛评委的高度肯定，评委表示：“阳光是人类的生活之源，室内阳光模拟系统，意义重大，能为更多的人提供更优质的照明方式，解决人们生活的实际需求问题。”而周宇的“用我们的技术，温暖您的生活”也给与会嘉宾留下深刻的印象。

深圳市一窗科技是一家创新型的科技企业，公司于 2016 年在深圳成立，专注于室内阳光模拟系统的开发。公司开发的第一代产品：智能天窗，完美地结合现代最新的 LED 新材料、光学设计及智能控制技术。能够真实地模拟阳光照明的场景，既有蓝天白云所发出的柔和的天空光，又有像太阳一样温暖的阳光，还能模拟日升日落不同阶段的光色变化。最大限度地接近真实的阳光感受。为采光不足的室内空间，阳光不足的季节、地区，提供温暖的阳光照明。

项目来自自己的需求

“2016 年我在深圳购置了一套新房，三室一厅，而且户型很好，三室有两室是朝南，客厅也朝南，这已经算是很好的户型了，但美中不足的还是有一室是朝北的，并且这一间房我又是用来准备做儿童房的。我此前是做照明工程的，于是我就想，如何才能让北面的这间房子采光好点。我就问装修师傅，装修师傅回答我，你自己就是做照明设计的，你都解决不了，我们就更解决不了了，我们的办法就是将墙体刷白。装修师傅的话对我产生很大的启发。我一直在做照明工程，在做各种光，其实各种光中，最好的光是阳光，这也是所有照明工程工作者最高的追求。”周宇说，一窗科技的“智能天窗”——室内阳光模拟系统项目最初其实是来自自己的需求。

说到室内阳光模拟系统、说到阳光，周宇娓娓道来。“太阳能不会像煤和石油一样在燃烧时产生废气来污染环境，更不会像煤和石油一样有耗尽的一天，更不会有用核能发电所带来的危险性和后遗症。所以如果用太阳能来取代现有的煤、石油、天然气等能源，环境污染的问题便可大大地减少。”周宇说，不仅如此，太阳光还能促进消化，阳光照在我们的皮肤上，会使皮下血管扩张，血流旺盛，增加有毒物质的排泄和抵抗力，还会使唾液和胃液的分泌增加，肠胃蠕动加强，促进食欲和消化。当然，阳光对小孩子来说就更为重要了，因为他们正在快速地成长发育，而骨骼的发展是支持全身的重要角色，一旦缺乏阳光让身体形成维生素 D，那么小孩的发育一定会产生严重的问题。

如何才能在室内以人工的手段，模拟阳光照明的场景，让每个人在家都能随心所欲地享受阳光，沐浴在温暖的阳光之中呢？为采光不足的室内补充阳光、为气候恶劣的天气补充阳光、为日照时间短的地区补充阳光。“一窗科技于 2016 年在深圳成立，其实在一窗科技成立之前，我已经在做这方面的调研，并与业内几位同行进行过多次论证，最终确认该项目可以做、值得去做。”周宇介绍说。

许多研究显示，阳光是我们最好的光源、最健康的光源，能改善我们的身心健康。随着城市化的发展和气候的变化，阳光已经越来越成为一种稀缺资源。一窗科技应用科技的手段，把阳光重新带回人们的身边。

一窗科技就是一窗阳光

“‘一窗’就是第一扇智能窗户，‘一窗科技’就是一窗阳光。”谈到公司的名字，周宇感慨良多，“当时离职创业，是下了很大决心的，妻子怀孕，再加上高额的房贷，这一切都要求我必须成功，不能失败。但我相信，上帝关闭一扇门的同时也为你打开一扇窗。截至目前，上帝的这扇窗还是为我打开着的。”周宇的幽默让人们感受到了他的自信，但创业者背后的心酸也只有创过业的人才能明白。

周宇说，这是他第一次参加这样的全国性大赛。“先是参加深圳市宝安区的比赛，接着又参加深圳市的选拔赛。深圳市有4000多家企业参加比赛，我们能一路走过来，进入中国创新创业大赛新能源及节能环保行业总决赛，我感到十分的荣幸。”周宇调侃说，“我是理工科出身，在公司被通知要参加中国创新创业大赛时，就与公司一帮人核算过概率，最后大家得出：公司能进入中国创新创业大赛决赛并取得名次，和中国福利彩票中500万元的概率大致相同。能进入决赛就已经是奇迹，但是最后我们认为还是要来试一试，比赛可以帮助我们更快成长。这样一路走来，给我最深的感受是，做事的时候，真的不要去想概率，要认认真真去做，在绝望中寻找希望，才能实现自己的目标、取得好的成绩。”

谈到创业的准备，周宇表示，开始创业前，一定要花一定的时间去准备，技术储备、市场调研、资金来源等，一个都不能少。“室内阳光模拟系统项目我花了近两年的时间去准备，但到真正去做时，还是感觉准备不足。”周宇同时表示，虽然目前我国创业环境是历史上最好的，政府大力提倡大众创业、万众创新，但是具体到每个创业者，条件是不是适合，有的人具备创业的条件，但有的人就不具备创业的条件。所以，在创业之前，一定要花大量的时间去做一些认证、去做一些尝试，如果认为可行，就要坚定地走下去。但周宇还是提醒创业者，创业一定要谨慎，谨慎一点没坏处。

提供更高质量的照明解决方案

谈到一窗科技未来的发展，周宇表示，一窗科技非常荣幸能参与到中国创新创业大赛的大舞台，获得大赛的高度认可和社会的广泛好评。一窗科技将更加坚定信念，一如既往，专注于为人们提供更高质量的照明解决方案。

周宇说，公司的第一代产品是智能天窗。智能天窗是全球首款室内阳光模拟系统。产品的理念是：在室内以人工的手段，模拟阳光照明的场景。让每个人在家都能随心所欲地享受阳光，沐浴在温暖的阳光之中。为采光不足的室内补充阳光，为气候恶劣的天气补充阳光，为日照时间短的地区补充阳光。

“阳光是太阳上的热核聚变反应‘燃烧’发出的光，经很长的距离射向地球，再经大气层过滤后到地面，它的可见光谱段能量分布均匀，所以是白光。由各种光源发出的光，光波的长短、强弱、比例性质不同，形成了不同的色光，称为光源色。光源色是影响，决定物体色彩的重要因素。1666年，英国的科学家萨克 ·牛顿做了人类首次用三棱镜分离太阳光束的实验，并由此证明，太阳的白光是由各种色光组合而成。除了太阳光之外，还有其他各种光源，例如，我们日常生活中使用的灯光，它是人工光源，比阳光弱得多，而且所含的可见光比例也和阳光不同。一般白炽灯发出的光常偏红，黄色光，而日光灯发出的光则偏蓝色光。”说到阳光，周宇滔滔不绝。他表示，一窗科技将进一步加大技术研发，未来的目标就是让室内阳光模拟系统散发出更类似阳光的光——具有天窗一样的外形、能够发射柔和的天空光、能够发射明媚的阳光，并且能够智能控制每天阳光的周期性变化。

（晁毓山 / 文）

深圳市一窗科技有限责任公司获第六届中国创新创业大赛新能源及节能环保行业总决赛初创组二等奖

追梦十余载　LED 照亮创业路

——记瑞芙贝（武汉）光电科技发展有限公司 CEO 张进

从草根创业者到独当一面的公司 CEO，从做防盗门、开食品厂生意到创办聚焦 LED 照明的高新技术企业瑞芙贝光电……自小就“不安生”的“70 后”创业者张进，在创业路上跋涉 14 年，其研发的节能环保照明亮化系统——LED 中央变频智慧照明系统在第六届中国创新创业大赛新能源及节能环保行业总决赛上获得成长组第 9 名。

“此次带着项目前来参赛是为了检验自己 14 年来的努力成果。此次能获得第 9 名的成绩，就是对我努力的肯定。”瑞芙贝（武汉）光电科技发展有限公司 CEO 张进难掩心中的兴奋，“创业路上每一点进步和荣誉都显得弥足珍贵。” 经过 14 年的努力才做出产品，张进的创业可谓是“十年磨一剑”。

“创业真的不容易。”一句简单朴实的话语道出了张进创新创业的心酸历程。

LED 照亮创业路

瑞芙贝光电科技发展有限公司成立于 2015 年 12 月，是一家专业从事全数字化分布式照明电源及配套照明，集产品研发、生产、销售为一体的高新科技企业。此次携带最新的项目——LED 中央变频智慧照明亮化系统前来参赛。该系统成功地解决了一直困扰 LED 行业的电源技术问题，实现省电 15% ~ 30%，并延长灯的使用寿命，为国内智慧城市改造中智慧照明系统的同步升级提供了有力保障。

张进带着 LED 中央变频智慧照明系统在第六届中国创新创业大赛新能源及节能环保行业总决赛甫一亮相，便获得评委青睐。“在半决赛时，我们是第一个出场介绍项目的。心想完了，肯定会止步半决赛。结果以微弱的优势取得小组第一名，有惊无险进入总决赛，并在总决赛取得成长组第 9 名的成绩。”张进高兴地说，“前来参赛已经跨出了成功的第一步，获奖是对创业者的最大肯定和鼓舞。”

这源自于张进的实力，他自主研发的 1000 瓦分布式亮化照明系统。而目前国内传统 LED 电源能通过国家点光源检测中心检测的最大不超过 400 瓦。

据介绍，该系统具有四大优势：主电源输出采用高压高频变频电能传输，无漏电可能，安全可靠；传输距离可达 1 千米 ，控制柜采用模块化电源 N+1 集成，安装于室内环境，出故障自动切换，无线报警，易维护；LED 灯内分机体积小，降低灯具成本，且灯内无电解电容，灯的使用寿命可超过 5 万小时；主电源采用了国际领先的 LLC 电源技术，电源效率达 93%，成本仅为传统电源的 2/3。

“该系统最大的优势在于采用高频传输。”张进说，过去照明一般采用低频电源传输或直流电源传输，随着高频传输器元件的出现，让高频电源传输成为现实，具有节能安全的优势。“现在低频电源传输（50 赫兹），容易触电；采用我们研发的高频电源传输技术，不会漏电，很适合大面积照明和亮化工程需求。同时，现在电源进入电器里面需要变化几道程序，由直流转化为高频，高频又转化为交流；采用高频电源传输技术，就直接为变频空调、变频冰箱等供电，不需要再转换多次。”

在张进的带领下，瑞芙贝光电科技正一步步发展壮大，在武汉建有 800

平方米行政办公楼、6000 平方米电源研发生产工厂，在中山建有 4000 平方米灯具配套工厂，在全国 24 个省设办事处。产品已在苏州、温州、合肥、宁波、上海、武汉等地打开了市场，预计 2017 年实现盈利 1000 ~ 2000 万元。“希望我们研发的节能环保照明系统点亮更多的城市建筑，为国家的节能减排服务。但我知道离理想还有较大差距。”张进对未来充满了期待，“成绩属于过去，此次获奖是一个新的开端，预示着创业的嫩芽已破土而出。”

回首来时路　无悔奋斗的青春

第一眼看到“70 后”的张进，满脸的笑意仿佛春风拂面，熬红的双眼依然闪耀着激情的光芒，魁梧发福的体态像一座山沉稳有力。回首创业心路历程时，张进将自己形容为“苦行僧”“独行侠”，他说：“创业承受很多‘负能量’，承受住别人承受不了的一些东西，2003 年开始投入这一技术研发，一直延续到 2012 年，就我一个人在坚持，整整 9 年时间没有得到任何回报。”

这个像“苦行僧”样虔诚的“70 后”草根创业老兵，为了创业，张进自修了电气专业大专学历，大学毕业后，他卖过防盗门、开过食品厂、代理经营电器等，在偶然发现中决定进入光电研究领域。

将时针回拨到 2003 年。此时，创业对于大多数人来说还比较陌生，但张进却不顾亲朋好友的劝阻，坚定执着地要圆一直沸腾在心里的创业梦。

“我从小就不安分，喜欢捣鼓东西。在经营电器的过程中，我发现市面上都是单体照明电源，成本高、易损坏，维修也不方便，心里便开始琢磨，能不能研发一款成本低、节能环保，又安全高效的电源系统呢?”张进说。由此在他心中萌生了在照明领域创新创业的念头。

对于张进的选择，很多人认为他是“异想天开”。事实上，创业没有张进想象中那么简单，但他不信邪。整整 6 年投入日光灯集中电源的研发，好不容易研发出来了产品，LED 照明时代到来，谁知低头拉车，没有抬头看路，张进苦心研发的产品还未面世就已经过时了。创业的激情迎头遇到的是一盆凉水。

宝贵的 6 年时光浪费了，100 多万元的原始积累花光了，唯一的房产变卖了，爸妈的养老金搭进去了，婚姻也走到了尽头……比起种种“可见”的身体受累，心理上的煎熬更让张进忐忑不安，回忆起那时的情形，张进形容为“人生中最黑暗的日子”，他坦言，那种感觉就像“一条路走到黑，你不知道什么时候能看到光”。“这么多年，我特别害怕过春节，每逢过春节铺天盖地的质问和指责要把人逼疯，一贯由着自己的父母老泪纵横地求我不要再折腾了，说我不孝顺。”张进说。都说男儿有泪不轻弹，此时说着说着，他情不自禁地流下了伤心的眼泪，其中的心酸也只有他自己能懂。

尽管“苦行僧”般的日子让他承受了太多负能量，创业“独行侠”的失败给了他很多经验教训，但事业和生活的双重打击没有将他击垮，在自主创业的路上越挫越勇。张进把自己关在屋子里，整整 3 个月没有下楼，思考着下一步该往哪里去?

经过调研，张进发现此前研发的集中电源模式同样适合 LED 照明使用，于是下定决心咬牙也要坚持下去。为了搞研发，他连续 3 个月没下楼，最终他在 2015 年自主研发出 1000 瓦分布式亮化照明系统。“可能是骨子里那股不服输的劲，想看看自己到底能做成什么样子。”他说，“现在我做到了。”

然而，张进凭借自主研发出的 1000 瓦分布式亮化照明系统需要通过国家强制性 3C 认证，否则无法进入市场。“3C 认证不是简单的一种安全认证，没那么容易完成。”张进说，事实上，照明行业 3C 认证包括辐射干扰、电磁干扰、传导干扰等内容，1000 瓦分布式亮化照明系统从 2013 月 8 月开始做 3C 认证，到 2015 年 8 月才通过，整整花费两年时间。“通不过就整改，整改后再去做测试，就这样重复着，很折磨人。”

“幸运的是我们通过了 3C 认证。我当时邀请好友和员工一起跳舞，释放心中压抑已久的情绪。”张进表示，自己没有卸下压力，该照明系统还需要进行技术更新和迭代，并且需要进行市场推广，从而获得客户认可。

合伙人加盟　谱写创业新乐章

漫漫人生路，能有几多相逢。“团队建设很重要。”张进说，“一个人能力有限，需要团队共同协作整合资源。”

在创业过程中，张进花完了所有的积蓄，没资金怎么办，可能项目被搁置。缘分源于一个偶然。2013年，在创业路上孤独行走了10年的张进迎来了合伙人——海归张晓娟。2012年年底，她回国度假，机缘巧合下得知张进不平凡的创业经历，为他的坚持和执着所感动。并且，她咨询相关电光学行业的专家后，了解张进研发的相关产品和技术，得到了“大有发展前景”的肯定回答。

于是，张晓娟不顾父母亲友的反对，毅然卖掉国外的超市和房产，果断投资300万元于瑞芙贝（武汉）光电科技发展有限公司，成为张进的事业合伙人。“梅花香自苦寒来”，在两人的共同努力下，张进曾经的“异想天开”变成了现实，其首创的1000瓦分布式亮化照明系统创下多个纪录，目前该系统已获得16项专利，其中2项发明专利、14项实用新型专利。2016年9月获得科技部火炬中心立项，并获得中央财政奖；2017年8月获得湖北省科技进步奖。同时，张进带领的研发团队从起初5～6人发展到现在140～150人，同时拥有技术研发中心和工程中心，汇聚了国际顶尖电源专家、著名高校知名教授等高科技人才。

“创业过程中，要善待朋友，对团队要有责任感。”张进说：“创业要首先把自己当傻子，不要把别人当傻子。”

弹指一挥，光阴似箭。2018年将充满了机遇和挑战，张进心怀梦想，他坚信：“当梦想照进现实，不忘初心，继续砥砺前行。”

（叶伟／文）

瑞芙贝（武汉）光电科技发展有限公司获第六届中国创新创业大赛新能源及节能环保行业总决赛成长组优秀企业

让生活远离恶臭和雾霾

——记广东中洲环保实业有限公司创业团队

“广东中洲环保实业有限公司是国内较早专业从事恶臭生物治理的单位，积累了丰富的研发和项目经验；公司率先突破生物除臭技术的两大核心要素，研发出独有高效的填料和系列菌种；公司率先实现物联网技术与除臭技术相结合，开启除臭系统智慧运营模式。”广东中洲环保实业有限公司董事长郑理慎的 8 分钟演讲获得与会评委的好评。最终，广东中洲环保实业有限公司荣获第六届中国创新创业大赛新能源及节能环保行业总决赛成长组优秀企业。

恶臭治理刻不容缓

恶臭污染物是指一切刺激嗅觉器官引起人们不愉快及损坏生活环境的气体物质。为贯彻《中华人民共和国大气污染防治法》，控制恶臭污染物对大气的污染，保护和改善环境，早在 1993 年，国家就制定和颁布了《恶臭污染物排放标准》，标准分年限规定了 8 种恶臭污染物的一次最大排放限值、复合恶臭物质的臭气浓度限值及无组织排放源厂界浓度限值。

据郑理慎介绍，恶臭物质种类繁多，来源广泛，不同的处理设施及过程会产生各种不同的恶臭气体。污水处理厂的进水提升泵房产生的主要臭气为硫化氢，初沉淀池污泥厌氧消化过程中产生的臭气以硫化氢及其他含硫气体为主，污泥消化稳定过程中会产生氨气和其他易挥发物质。垃圾堆肥过程中会产生氨气、胺、硫化物、脂肪酸、芳香族和二甲基硫等臭气。好氧消化及污泥风干过程可能产生很少量的硫化氢，但主要由硫醇和二甲基硫气体产生。

“这些恶臭物质对人体呼吸、消化、心血管、内分泌及神经系统都会造成不同程度的毒害，其中芳香族化合物如苯、甲苯、苯乙烯等还能使人体产生畸变、癌变。”郑理慎表示，由于种种原因，目前我国在恶臭污染物治理上仍不容乐观。

郑理慎以城镇污水处理及再生利用设施建设为例介绍说，城镇污水处理及再生利用设施是城镇发展不可或缺的基础设施，是经济发展、居民安全、健康生活的重要保障。“十二五”以来，各地和有关部门认真贯彻落实国务院办公厅印发的《“十二五”全国城镇污水处理及再生利用设施建设规划》，大力加强城镇污水处理设施建设力度，全国污水处理水平明显提高。截至2015年，全国城镇污水处理能力已达2.17亿立方米/日，城市污水处理率达到92%，县城污水处理率达到85%，全国城镇污水处理设施建设基本完成“十二五”规划目标。但同时也应看到，污水处理设施建设仍然存在着区域分布不均衡、配套管网建设滞后、建制镇设施明显不足、老旧管网渗漏严重、设施提标改造需求迫切、部分污泥处置存在二次污染隐患、再生水利用率不高、重建设轻管理等突出问题，城镇污水处理的成效与群众对水环境改善的期待还存在差距。

研发出新型高效生物填料

“通过检索大量文献和连续 3 年的实验，测试超过 50 种配方，广东中洲环保实业有限公司终于研发出了新型高效生物填料。”郑理慎介绍说，广东中洲环保实业有限公司研发的新型高效生物填料与常规生物填料不同，常规生物填料通常由竹炭、陶粒、有机肥、树皮等几种材料复配而成，而广东中洲环保实业有限公司研发的新型高效生物填料则添加了专性菌种和促生化反应剂、营养剂。

郑理慎表示，生物除臭是绿色、节能、效果佳的臭气治理技术，在各种除臭技术中应用最为广泛，适用于污水厂、污泥厂、垃圾处理厂、工业有机废气等各类释放臭气的场合。该公司应用的恶臭及有机废气智慧生物处理技术，曾经科技成果鉴定为具有国内领先水平，达到国际先进水平。相较传统的生物除臭技术，突破了两大核心要素，形成了独有的高效填料和系列菌种，能够显著提升装置的净化效能，尤其是大大提升了工业有机废气 VOCs 的去除效率；基于多年的项目经验和对除臭系统的深入理解，该公司已率先建立起除臭系统的智慧运管平台，能够实现各地除臭系统的远程集中监控，相对传统的除臭系统运营模式更加专业、经济、高效。

据了解，广东中洲环保实业有限公司是广东省南方环保生物科技有限公司的子公司、研发中心及生产基地，集团公司业务覆盖恶臭及 VOCs 治理、污泥处理处置、水环境治理和关联环境服务。公司拥有工程院院士、博士导师、研究员、高级工程师等一批高级人才队伍，专注于环境污染治理系列技术研究开发与成果应用。

在恶臭及 VOCs 治理领域，广东中洲环保实业有限公司具有突出优势。该公司是国内最早专业从事恶臭生物治理的单位，除臭项目业绩遍布全国，积累了丰富的研发、工程经验，在产品技术性能、人才团队、品牌认知上形成了自身的特色，是广州市政除臭领域的知名企业。同时，该公司还是广东省 VOCs 创新产业技术联盟的主要成员、广东省工业有机废气及恶臭控制工程中心，并参与建设国家 VOCs 工程实验室。历年来获得除臭相关的国家级、省部级科技奖励 10 项，科技项目 14 项，相关专利 10 余项。

行业前景光明　市场空间巨大

2017 年 4 月，环境保护部办公厅印发了《国家环境保护标准“十三五”发展规划》。《规划》中指出，“十三五”期间的总体目标是大力推动标准制修订。围绕排污许可及水、大气、土壤等环境管理中心工作，加大在研项目推进力度，制修订一批关键标准。构建基于实测的标准制修订及实施评估方法体系，优化形成内部科学、外部协调的环保标准体系。进一步加强污染物排放标准的实施评估，提升标准的科学性与可操作性。制修订并实施一批标准管理规章制度，形成一支专业扎实、特色明显的环保标准队伍，深化标准信息化建设，提高标准管理的规范性和高效性。加强宣传培训及交流合作，扩大我国环保标准的社会影响。

《规划》提出了具体指标：一是启动约 300 项环保标准制修订项目，以及 20 项解决环境质量标准、污染物排放（控制）标准制修订工作中有关达标判定、排放量核算等关键和共性问题项目。全力推动已立项的约 600 项及新启动的约 300 项，共计约 900 项环保标准制修订工作。二是发布约 800 项环保标准，包括质量标准和污染物排放（控制）标准约 100 项，环境监测类标准约 400 项，环境基础类标准和管理规范类标准约 300 项，支持环境管理重点工作。三是推动 30 余项重点环保标准实施评估，指导相关标准制修订，提出环境管理建议。四是制修订《国家环境保护标准制修订工作管理办法》《国家污染物排放标准实施评估工作指南》等管理制度文件，规范管理工作。五是开展国家级培训 3000 人次以上，带动地方培训 15 000 人次以上。

“这说明国家越来越重视环境污染、环境污染治理的力度越来越大。作为环保行业的重要企业，广东中洲环保实业有限公司研发的新型高效生物填料技术前景光明、市场空间巨大。”郑理慎以《“十三五”全国城镇污水处理及再生利用设施建设规划》给出的数据为例，说明环保产业发展空间巨大。

据了解，《“十三五”全国城镇污水处理及再生利用设施建设规划》提出，“十三五”期间，我国城镇污水处理及再生利用设施建设共投资约 5644 亿元。其中，新建配套污水管网投资 2134 亿元，老旧污水管网改造投资 494 亿元，雨污合流管网改造投资 501 亿元，新增污水处理设施投资 1506 亿元，提标改造污水处理设施投资 432 亿元，新增或改造污泥无害化处理处置设施投资 294 亿元，新增再生水生产设施投资 158 亿元，初期雨水污染治理设施投资 81 亿元。“十三五”期间地级及以上城市黑臭水体整治控源截污涉及的设施建设投资约 1700 亿元。

（晁毓山 / 文）

广东中洲环保实业有限公司获第六届中国创新创业大赛新能源及节能环保行业总决赛成长组优秀企业

小卫星开启星际大航海新时代

——记北京九天微星科技发展有限公司创始人谢涛

2014 年 3 月 8 日，一架满载几百人的大飞机凭空消失，国际社会调动各方力量参与搜救，但至今仍下落不明……

“马航 MH370 在眼皮底下消失的悲剧给我很大的触动，我觉得问题出在通信覆盖上。这次事故充分暴露了目前全球通信信号覆盖存在死角的问题。”北京九天微星科技发展有限公司 CEO 谢涛分析道，“能不能让飞机和乘客低成本地使用卫星通信，遇到危机情况时可以立刻传回消息？这可以通过小卫星来实现。”

谢涛描绘了九天微星的愿景，“有地面基站信号覆盖的地区只占地球表面积的不到 10%。海上、天上、人烟稀少的地方，都处在信号覆盖的盲区。”要想让这些地方同样覆盖信号，需要在距地球表面 500 ～ 2000 千米的轨道空间内部署大量低轨小卫星，通过星座组网实现实时通信和信息回传。“我们的卫星设计轨道高度为 700 千米，只需要部署 72 颗卫星，就可以覆盖整个地球。到那时，马航 370 这样的悲剧将不会再发生。”

“卫星物联网”与“航天教育”双轮驱动

九天微星成立近 3 年，经历了创业初期没资金、没人才、没方向的艰难探索，确定“卫星物联网”和“航天教育”双轮驱动的业务布局。两者协同互补、同步推进，形成九天微星特有的商业路径，也赢得行业及资本的高度认可。今年 10 月，在科技部、财政部、教育部国家网信办和全国工商联共同发起的第六届中国创新创业大赛中，九天微星从全国各地 28 147 家参赛企业中脱颖而出，荣获互联网及移动互联网行业总决赛成长组冠军。

正如谢涛在大赛现场讲到的，卫星物联网应用是一片商业蓝海。根据工信部预测，2020年全球物联网接入点将到达200亿个。美国政府发布的《2016—2045年新兴科技趋势报告》预测，2045年全球物联网接入点将至少达到1000亿个。而全球人口仅为75亿，物联网接入量将是人口的10余倍，通信需求量也呈指数增长。据美国卫星通信事业国际市场研究与咨询公司NSR报告称，2023年前，全球使用卫星实现M2M连接的物联网设备将超过5000万台，届时基于卫星的M2M应用收入将由2013年的11亿美元增长到1000亿美元。

九天微星的物联网星座将从2018年下半年开始部署，通过一箭多星的方式，在3年内部署完成72颗低轨物联网卫星星座。“届时，我们的整个卫星星座单日数据采集次数将高达5亿次，实现对重型机械、物流运输、无人设备等产业位置及状态的信息监控。”谢涛以远洋货轮为例，“以前的远洋海上集装箱漂在海上，其实是处在监控空白状态。有了卫星物联网，它处在哪里、箱门有没有打开、物品状态是否完好都能被实时监测”。同样，智慧管网、地质地貌、水文水利、农林牧渔等都是卫星物联网终端的应用领域。

秉承“市场先行、需求牵引”的理念，九天微星将卫星应用场景拓展到众多领域，与三一重工、烟台来福士和中集集团等行业领军企业达成战略合作，同时积极开发“一带一路”倡议沿线国家的潜在用户。

“一带一路”共建共享卫星星座计划

“一带一路”沿线国家大都存在地广人稀、基础设施较差等问题，但这些国家有着丰富的资源，如矿产、石油、牧场等，由于缺少通信设施，这些重要资源处于缺少监控的状态。与此同时，“海上丝绸之路”的建设也需要能够覆盖海洋的高效通信手段。

九天微星希望利用低轨卫星通信网络为“一带一路”“海上丝绸之路”建设提供全覆盖的、可靠的物联网服务。一方面，为其国家发展助力，服务“一带一路”倡议共建共荣的宗旨；另一方面，为我国在倡议国家的投资和活动提供有效的通信服务，助力中国企业“走出去”，让更多的企业参与“一带一路”建设。

2017 年 6 月，九天微星发布“一带一路共建共享卫星星座计划”，提出卫星星座“共建共享”模式：“一带一路”沿线国家通过投资建设整个卫星星座中的至少一颗卫星，以及部署一个本国落地的地面站，即可使用 72 颗卫星组成的整个物联网星座，为本国人民及企业提供全球通信服务。参与“共建共享”模式的国家可以享受九天微星全球盈利分红，共享部分卫星知识产权，用以发展本国航天产业。

近日，九天微星与哈萨克斯坦国家航天机构签署了合作备忘录。谢涛表示，“会将哈萨克斯坦作为首站推动‘一带一路共建共享卫星星座计划’，为‘一带一路’沿线国家打造设施齐全、高效便捷的空间信息服务系统。”

研发团队的三次跨越

作为一家硬科技创业公司，技术创新是公司持续发展的力量源泉。九天微星基于传统航天技术，不断迭代突破，去探索更多的技术可能。

回顾 2017 年，谢涛总结了研发团队的三次跨越：首先，以“少年星”研制为牵引，实现立方星总体设计能力的跨越。“少年星”是九天微星自主研制的第一颗星，目前已完成全部研发和地面测试，预计于 2018 年 2 月发射。除了集成部分之外，少年星实现了多项技术创新，卫星的核心芯片、操作系统和智能化程度相比普通立方星都有了很大进化。

其次，以“娱乐星”为牵引，实现 100 kg 级卫星总体设计能力的跨越，以承载未来快速增长的商业级应用需求。“娱乐星”是九天微星联合 ofo 小黄车为普通消费者定制的全民娱乐卫星，可实现太空自拍、太空 VR 全景直播、星光闪烁等多项创新功能。

同时，卫星物联网载荷及地面终端的研发也取得重要进展，完成了多波束高通量物联网载荷的地面验证，以及部分物联网终端（如集装箱终端）的研发，为九天微星未来的物联网星座奠定基础。

九天微星在成立之初就潜心研制卫星通信系统，目前也取得阶段性成功，下一步将推出全新的卫星通信体制标准，相较于现有通信体制，无论在通信容量还是其他相关指标上都会有大幅提升。

谢涛描述的九天微星“卫星四化”愿景：单机芯片化、硬件柔性化、整星智能化、生产批量化——从根本上提高卫星运算能力，同时寻找合适的工业级元器件降低卫星成本，推动整个卫星产业向智能化迈进。

探索商业航天领域的全球协同创新模式

卫星研制是一项系统化工程，涉及轨道科学、天体物理、计算机科学、电子科学、机械科学等多门学科，对研发团队提出了很高的要求。目前，九天微星已经形成近百人的跨界精英团队，其中包括原就职于航天院所的专家、中国移动等大型国企的专业人才及众多国外名校的海归科研人员。

在广泛招募各界精英人才的同时，九天微星也致力于开创商业航天领域的全球协同创新模式。

在国内，九天微星通过产学研结合、知识产权转化等方式与众多科研院所和高校开展技术创新合作，掌握卫星物联网核心技术与专利，实现核心技术迭代。公司合作伙伴包括中科院西安光学精密机械研究所、国防科技大学、北京航空航天大学、清华大学、北京空间飞行器总体设计部等。

在亚太，九天微星充分发掘优良的合作伙伴，在载荷搭载、产品推广、地面终端开发、全球应用推广等方面开展具体合作，完成新型技术的联合研发。

在欧洲，以开放灵活的形式引进国际高级技术人才，与德国慕尼黑工业大学、瑞士洛桑理工大学等高校及研究所共同建设中欧联合研发中心，开展卫星新一代智能芯片等项目的联合研发。

2017 年 6 月，九天微星与瑞士航天公司 Syderal 签署战略合作备忘录，将共同研制适用于九天微星 LEO 卫星星座的星载 GNSS 接收载荷与其他地面终端，并共同开拓亚洲及欧洲低轨卫星应用市场。与 Syderal 的合作标志着九天微星全球化技术布局正式开启。

2017 年 12 月，九天微星与意大利航天公司 D-orbit 签署战略合作备忘录，将在卫星制造、测试和发射等方面加强合作，并共同开拓九天微星航天产品的欧洲应用市场。D-orbit 作为九天微星的合作伙伴，将来可能合作参与研制适用于地轨卫星星座的星载物联网卫星载荷。

从最初的摸索前行到如今的快速迭代，九天微星在行业政策、资本支持和跨界合作方面得到社会各界越来越多的认可。2017 年 5 月，共享单车领军企业 ofo 小黄车发布“X 计划”，宣布支持九天微星发射民用娱乐卫星，助力中国商业航天事业发展。2017 年 10 月，九天微星获得国家高新技术企业认证，成为中国商业航天领域首批“双高”企业（国家高新技术企业和中关村高新技术企业）。

越来越多的资本开始关注九天微星，关注卫星物联网，关注商业航天。九天微星于 2017 年 3 月完成 4000 万元的 Pre-A 轮融资，由中信证券的三峡金石基金领投，国知智慧基金及深圳上元资本跟投。据悉，其 A 轮融资已在洽谈中。

对于九天微星的未来，谢涛表示：“我们的定位是对标美国 SpaceX、OneWeb 等商业航天企业，与航天‘国家队’一起努力，在这个星际大航海时代，为中国在世界航天舞台上抢占有利位置。”

（李争粉 / 文）

北京九天微星科技发展有限公司获第六届中国创新创业大赛互联网及移动互联网行业总决赛成长组一等奖

用激情与梦想编织 3D 梦工场

——记成都明镜视觉科技有限公司创业团队

最近，在网络上疯传的一款“能让饼干唱歌”的黑科技奥利奥 AR 缤纷音乐盒，实在是火得不行。一旦拥有这一台奥利奥音乐盒，你就可以真的体验“边吃边听歌的感觉”。根据咬痕不同，大小不同，歌曲也可不同。当然，除了听歌的奥利奥音乐盒，扫一扫盒子还有 AR 体验。

但是，你知道吗？奥利奥 AR 缤纷音乐盒幕后 AR 技术服务就是来自获得 2017 年中国创新创业大赛互联网及移动互联网行业总决赛初创组一等奖的成都明镜视觉科技有限公司“超级代码”团队。不仅如此，该团队还先后为 Swisse 欢乐猫 AR 互动游戏、小米智能风扇 3D 说明书、玉兰油母亲节 AR 互动营销、德芙 AR 小姜人姜心比心、Beats 耳机 AR 互动提供了 3D、AR、VR 视觉方面的技术解决方案，并推出了国内首款基于视觉创意的 SaaS 云服务工具。

“陋室”里装着大梦想

3D 立体展示是目前最接近实物展示的一种方式，可以从任何角度、全方位动态、真实地展示商品。用户可以通过手指或鼠标转动、缩放查看商品。有数据表明，伴随着科技的发展，人类正从信息时代走向大数据时代，2020 年 3D、VR、AR 将会达到 1500 亿美元市场规模。

然而，3D、VR、AR 发展中“引擎”是核心技术，这项技术多年以来一直被国外垄断。

“国外有，但不能用。体积大，底层不能够修改，装机需要指定补丁。中国人需要一款属于我们自己的引擎。”成都明镜视觉科技有限公司“超级

代码”团队对这一项技术发起了挑战。

2013年，来自成都当地的“码农”CEO程正、CMO任兴、CTO郭力、美术总监廖金春因为一个共同的理想走在了一起。

“2013年我们开始做VR，当时风向并不明了，风口没有来。所以在获得资本青睐之前，我们几乎用尽全力在坚持，卖过房也卖过车，当时大家挤在一起，边啃白面馒头边写代码，刷信用卡过日子。”毕业于西华大学工业设计专业的任兴，一直以来对工业设计的热爱却从未改变。当他接触到VR这样一个可以服务于工业的技术后，这深深触动了埋藏在他心中的工业设计情结，毅然决定投身于VR事业中。

“当时，公司的流水十分有限，每月仅有的几天做兼职外部运维的钱还不足以发员工的薪水，所以延迟发放工资或者用信用卡发放工资是常有的事情。”谈起刚刚创业时的情景，任兴不无感慨，“在无数个拮据的日子里，唯一能够支撑我们继续走下去的真的只剩下了梦想。”

H5轻量化3D、VR引擎终于问世了

命运总是眷顾有准备的人。2015年，VR、AR迎来爆发前夜。有着10多年行业积累和沉淀的成都明镜视觉团队敏锐地触到了这个行业的商机。

“这时候，很多实力庞大的企业都纷纷投资VR、AR硬件，却很少有企业去涉足技术研发。如何把硬件和内容更好的连接在一起，有着很高的技术门槛，目前国内市场还是一片空白。”任兴说。

市场就是块大蛋糕，谁手快，谁切的就多。为了抓住这份“撞上”的幸

运，有着两年代码编写经验的成都明镜创业团队决心冒一次险，用技术手段实现“无须写代码，像制作PPT一样制作可以交互的3D、VR、AR内容”的设想。

然而，简单的背后是门槛极高的引擎技术。

为了尽快开发成功，租住在当地一间不过10余平方米的民房里的几个人，只能没日没夜的重复着同样的工作——编写轻量化的游戏引擎程序。而简陋的办公室里没有空调，唯一值钱的家当就是摆在桌上的几台电脑。房间一角的货架上，经常堆满了超市促销时买来的方便面，这也是全公司上下能够提供给员工仅有的福利。

最终，功夫不负有心人。前后两年内，成都明镜视觉先后发布国内首款3D、VR引擎、基于移动互联网的APP端3D、VR引擎！

随着新品的不断推陈出新，用户的要求也越来越高，“我们在服务客户的过程中，发现客户说要应用3D、VR引擎，必须要事先下载一个APP，这样极为不方便。”既然客户普遍喜爱运用移动端，为何尝试着突破H5？

最终，带着客户的期望，2016年，我国自主研发的第一款国产基于H5的轻量级3D引擎成功问世了，该款引擎彻底打破了国外在引擎底层技术的垄断。

“其实就是把我们研发的一个引擎小设备安装在手机上，然后用户可以通过手机扫描产品，手机上就会出现产品的特点，我们可以看产品的规格参数合不合适，从而决定是否购买。”任兴解释说，这款3D交互H5在线编辑器，无须编程，即可生成H5页面进行分享，并为用户提供了海量创意内容，降低了3D交互内容编辑的技术门槛和人力成本，给虚拟现实生态圈带来更为丰富的优质内容，让3D内容可视化、可交互、可传播。

“我们现在已经跟一些知名的公司合作，比如瑞典宜家。手机用户只要扫描任意一款宜家家具的二维码，手机上就能呈现出该款家具的3D说明书。这样一来，我们开发的引擎设备能为一款宜家家具省七万八千元宣传纸张费用。又比如小米的风扇说明书，在应用了他们的产品之后，由2D纸质转变为可交互的3D说明书，也为企业节约了很多成本。”任兴表示，这样一来，坚持做一年的无纸化3D说明书，一年可以为全国节约6500吨纸张，这就意味着相应可以节约用水650 000吨。

资本眷顾下　越来越自信

伴随着产品的日臻成熟，成都明镜科技于2017年3月注册成立了。在成立后的一个月里，先后获得松禾资本、真顺基金的1000万元天使轮融资。7月，已完成数千万元A轮融资，投资方为视觉中国，此笔资金将主要用于团队建设及市场推广。

“华盖资本非常看好团队在营销、创意和视觉互动的服务能力，团队表现出的经过大客户验证的市场品牌营销策划能力深受认可。”成都明镜视觉科技有限公司创始人兼CEO程正曾对外公开表示。

资金“雨过天晴”的明镜视觉科技，告别了当初租住的民房，搬进了高档写字楼。与此同时，团队也展开了大规模的招兵买马行动。如今，团队成员已经从当初的几个人扩大到40余人。其中，一半以上拥有硕士及博士学位，包括毕业于斯坦福大学、芬德雷大学、里斯本大学、清华大学、香港大学、电子科技大学、北京航空航天大学等国内外知名院校及曾任职公司涉及诺基亚、阿里巴巴、百度、网易、水晶石等国内外顶尖公司的高级人才。

从2013年组建团队研发3D、VR、AR引擎技术到2014年突破国际引擎技术垄断，发布PC端3D、VR引擎；2015年发布APP端3D、VR引擎；2016年发布H5端3D、VR引擎，再到2017年3月成立公司，4月获得松禾资本、真顺资本天使轮融资，7月获得视觉中国A轮融资。短短几年间，成都明镜视觉发生了翻天覆地的变化。

如今，这家成立不久的初创企业已经先后获得第二届全球APP开发创意争霸赛总决赛冠军、第十届国际·iCAN创新创业大赛VR/AR行业赛优秀企、2017年度“最具投资价值企业50强”Venture50新芽、第六届中国创新创业大赛全国总决赛互联网及移动互联网总决赛初创组冠军，并与阿里巴巴、国家电网、宝马、海尔、奥利奥、宜家、Beats、哈根达斯、宝洁集团、玛氏集团等众多知名品牌达成合作。

“一切都来得太突然。如今，团队成员自信心爆棚，现在写代码已经成为他们的信仰。”任兴说道，目前，明镜视觉正在制定“三步走”策略。首先是加大移动端的领先优势，抓紧时间发展。其次是坚持产品标准化，为了达成这个目标，他们拿下了“双十一”的所有订单，届时将会在全国的11座城市、50个中心圈内呈现500个以上的VR。最后是注重应用场景，例如，上线3D说明书等。

如今，站在中国创新创业大赛的最高舞台，任兴激动万分地说：“一直以来，我们都存有疑问，研发的产品是不是能实现价值，用户能不能接受。今天，我在国赛上都找到了答案。接下来我们会带着改变人类获取信息的方式的使命，成长为一家有思想、有责任心的互联网科技公司，建设全球最大的3D数字资产内容平台，成就全球最大的3D、VR、AR内容输出平台。”

（李洋/文）

成都明镜视觉科技有限公司获第六届中国创新创业大赛互联网及移动互联网行业总决赛初创组一等奖

打造全球领先的企业协作平台

——记上海云砺信息科技有限公司创业团队

“很多企业在上市时特别担心税务出现合规问题，票易通可以把这个问题轻松搞定。”在第六届中国创新创业大赛互联网及移动互联网行业总决赛上，上海云砺信息科技有限公司联合创始人单靖翔在介绍产品票易通时说的这番话吸引了众多人的目光。

上海云砺致力于企业 SaaS（云计算软件服务）领域行业解决方案的研发及应用，已为超过 100 家世界 500 强企业提供优质服务。最终，上海云砺荣获第六届中国创新创业大赛互联网及移动互联网行业总决赛成长组二等奖。

一站式解决发票难题

近两年，伴随全国首个统一的国地税征管应用系统——金税三期的上线和推广，以往各省各自为政的税务管理局面一去不返，国家对增值税发票的监管告别了零散、滞后的旧时代，进入全国全网联动的新阶段，监控广度和力度大大增加。

“在这样的背景下，票易通就诞生了。”单靖翔表示，上海云砺成立于 2015 年 6 月，其旗下产品票易通，是专业的供应链信息协同及增值税发票管理平台，综合运用智能科学、图像识别和深度学习等先进 IT 技术，帮助企业顺利完成“营改增”和“金税三期”的过渡，完成上下游的无缝连接和业务协同，释放资本活力，保障财务安全。“2016 年 5 月 1 日，汉堡王通过票易通在全国营改增第一天，扫码开具了全国首张扫二维码自动开具的电子发票。”如今，这种扫码开票的便捷方式已经遍地开花。

上海云砺核心团队来自于宝钢集团财务服务共享版块的原班核心系统和业务团队，团队主要成员均拥有超过 20 年的财务、税务、供应链管理及信息化建设经验，来自于宝钢集团、中石化集团、SAP、麦肯锡、埃森哲、阿里巴巴、百度、普华永道、华为等知名企业。公司总部位于上海，在北京、深圳均设有分公司。

单靖翔介绍，票易通的核心产品功能模块之一是帮助企业开具发票，可以有效地避免企业手工开具发票时出现的发票错开、虚开等问题，极大降低企业税务风险。同时，供应链结算协同管理模块，是根据企业的预售规则直接开发而成，是对结算信息进行二次确认。此外，进项发票管理模块，是对企业收到的发票进行精准识别，提取有效的发票相关要素，最终完成发票的自动审核。通过票易通为企业提供的不同功能模块，日常烦琐的财务工作可通过业务系统直接完成，释放了人力成本，提升了工作效率。

作为上海云砺本次参加创新创业大赛的负责人，财务总监徐峰表示，目前票易通提供的主要服务包括：供应链结算协同、一站式电子发票开具、税控直连开票管理、移动化发票归集、发票智能识别、双通道发票认证、全品类增值税发票验真、全国集中纳税申报。

“票易通不仅实现对发票全流程的管理，同时通过数据交互技术，帮助企业实现财税系统集成。”徐峰表示，企业可以在平台上进行多维度穿透查询，对集团交易信息进行全局管控，还可以进行高效安全的税务筹划与分析。为实现这一管控目标，平台在图像识别、智能学习等领域以技术创新助力产品形成独到竞争力，取得多项著作权和专利成果，并获得 ISO9001、ISO20000 和 CMMI 等国际标准认证，创新能力与技术实力得到业内普遍认可。

徐峰表示，票易通的理念是以企业的共享中心为核心，“连接”起上游供应商、下游客户、企业ERP、税局，甚至是移动终端，使原本可能独立的环节融合成一个有机的整体。整个体系通过上下游信息协同，实现企业内部财税监管信息化、精细化、一体化升级，做到节约资源，降低人力成本，提高处理效率，实现集中管理并加快资金流速。

“同时，面对不同行业的特殊财税环境，票易通还推出了独有的应对策略，开发更具针对性的解决方案，在发票流通的各环节进行切入，实时对接企业及国税数据，帮助企业管控发票流通全环节。”徐峰表示，例如，为解决零售业门店开票业务场景复杂的难点，票易通平台部署专业的电子发票解决方案；面对建筑行业上下游项目繁杂、风险点较多的难点，票易通与业内知名企业携手，提供增值税发票管理及供应链信息协同服务，实现了资金流、发票流、合同流、物流一致的“四流合一”。这些针对不同行业的专业解决方案，从根本上协助企业解决痛难点问题，为企业提供全面、高效、准确、合规的财税服务。

打造全球领先的企业协作平台

作为当前领先的供应链协同及发票管理平台，票易通在不断践行其“连接”理念的过程中，已取得骄人的成绩。

地产行业龙头企业之一的万科集团，作为票易通的第一家客户，在营改增初期遇到不少困难，例如，供应商不能按照规定合规开票、开票情况无法实时监管等。为了渡过这一难关，票易通为万科集团提供了供应链协同、双通道发票认证、增值税发票实时验真、移动报销等发票管理相关服务，收效显著。2016年5月1日，万科集团通过票易通平台，开出了全国第一张房地产业营改增增值税发票。如今，万科集团基于票易通平台，结合纳税筹划成功的大幅节税，同时，万科集团的供应链和发票管理平台得到国税总局认可，国税总局副局长王康调研营改增工作发票意见：万科的供应链和发票管理平台代表未来国税增值税的管理方向。

上海云砺的重要客户之一麦当劳，在引入票易通升级全国的增值税税控体系后，税负降低也非常明显：据公开报道显示，其减税金额达4.5亿元，对集团年化净利润的贡献金额超过8亿元。

2017年5月，票易通与用友建筑的合作打造了专业财税云服务。用友建筑云拥有众多大型建筑企业客户方，这些企业具有总资产雄厚、施工面积大、工程数量多、营业收入高等共同特点，在“营改增”后，它们面临的财税管理风险骤增。针对迫在眉睫的财税挑战，用友建筑引入票易通平台，借助票易通在增值税发票管理上的通道优势和功能优势，为企业提供更全面的管理服务，从直连开票、发票认证到全方位整合信息数据，最终实现业、财、税一体化、实时化的专业管控。

同时，基于票易通平台，红星美凯龙第一批40家门店关于增值税发票管理模块以正式上线，平台将协助集团进行税务票据综合管理，大幅提升集团财税工作效率，构建税务风险监管平台。

截至目前，票易通已服务阿里巴巴、万科、麦当劳、锦江之星、家乐福等多家大型企业。整体供应链协同客户已遍布全国，中心客户税号数万家，上下游协同客户达到10余万家，与众多世界500强企业携手共建财税新环境，创新成果显著。

徐峰表示，票易通现阶段推广模式是先做每个行业的龙头企业，如零售行业的沃尔玛、金融行业的平安集团、互联网行业的阿里巴巴，票易通希望一步一个脚印踏实往前走，未来成为全球第一的企业协同服务平台。

（李争粉／文）

上海云砺信息科技有限公司获第六届中国创新创业大赛互联网及移动互联网行业总决赛成长组二等奖

每个漂洋过海的包裹，都是一种生活态度

——记上海子丑六合网络科技有限责任公司 CEO 孙立俊

从最初的买包包，到现在的牙膏要用 MARVIS、买个马桶盖都要日本造，满满的谁还不是个小公主画风……近年来，人们对“海淘”有着前所未有的高涨情绪。

与此同时，在经历了前几年的急速增长后，海淘行业正在迎来整合淘汰期，许多创业公司被迫出局。不过，就在这样的大背景下，一群由 85 后组成的创业团队上海子丑六合网络有限责任公司却带着自己的项目“海淘 1 号”高调地杀入了这个行业。

“一开始看到你这个题目的时候，有点惊讶，现在做海淘、跨境电商，已经算是过了风口，盈利是很难的。站在这里都是精英中的精英，想听你如何详细解释一下。”在第六届中国创新创业大赛互联网及移动互联网行业总决赛现场，专家们向平台提供方上海子丑六合网络科技有限公司 CEO 孙立俊抛出了一个尖锐的问题。

而后者则一语道破了公司在这场市场争夺战中“险中求胜”的玄机。“看到‘海淘’两个字，相信会先入为主联想到跨境电商、代购买手等。但事实上，海淘 1 号是一个互联网工具，解决的是用户到海外网站购物过程中的语言障碍、注册烦琐、支付不便、转运复杂、税率不明、售后困难等一系列的难题。”

最终，这个好比“杀毒领域的 360、打字工具里的搜狗输入法”的海淘工具，不负众望地夺得了第六届中国创新创业大赛互联网及移动互联网行业总决赛初创组二等奖。

梦想源于兴趣

海淘起初只是孙立俊的一项业余爱好，淘着淘着便成了一位资深的海淘客，各种海外网站、转运公司、折扣信息如数家珍。出于热爱与兴趣，已经是一家互联网公司高管的他两年前跳槽出来，联合自己身边关系比较好的同事及下属，组建了这家专做海淘的互联网公司，生生地将海淘变成了自己的生活。

“爱折腾”是这个团队所有成员不约而同的个性。前些年，很多消费者直接通过互联网购买境外商品的中国人并不多，因为当时的中国海淘买家不仅要懂外语，还要面对复杂的转运程序、被砍单、丢货、等待时间长、退换货麻烦等各种问题。不少人纷纷托朋友或者找人代购等各种形式购买国外奶粉。近年来，国内海淘的平台开始增多，海淘一族一股脑地扎到各大APP上购买。一时间，“海淘”成为一大波公司争相布局的领域。有的做社区，有的做物流，同时，也有不少公司在市场的左右下，开始加速转型。

事实上，看似蓝海的增量市场，创业的机会窗口却在逐渐缩小。对于不少创业公司来说，找到独特的突破口已经成为必备“逃生法则”。但是孙立俊却认为，取胜的根本并不在于产品，而在于服务。

“天然的语言障碍，烦琐的注册及支付过程、复杂的转运流程及迥异的关税政策等一系列难题一直是海淘客的心病。而互联网的出现就是为了让复杂的事情变得更简单。”当时还在B5M事业部总经理的孙立俊认为，或许，在这个简单问题的背后正隐藏着一个巨大的市场。

“我们想通过之前的技术积累，用真正的互联网思维来帮助消费者来打破海淘之墙，让海淘变得简单起来。”孙立俊的想法很快得到了身旁同事、朋友的支持。最终经过讨论，大家一致认为：“通过整合翻译、支付等各种服务，让每个用户只需一个海淘账户就可以购买各种产品，有望成为趋势。”

就这样，一个联合创业的想法悄然浮出水面。空谈理想，不是互联网人应该有的性格。

带着对创业的执着追求，B5M事业部总经理孙立俊、B5M研发中心总监周贤君、B5M产品设计师张平津、B5M财务总监张可聚到了一起，并很快就成立了上海子丑六合网络有限公司。

“一开始，在注册公司的时候，‘子丑六合’这4个字一度让工商局误解成我们是做算命项目。其实，我们只是一家互联网企业。因为合伙人属相多数是老鼠，自己属相则是牛，根据天干，这就叫子丑六合。这也是我们公司名字的起初来源。”

正如苏本华所说，“单个的人是软弱无力的，就像漂流的鲁滨孙一样，只有同别人在一起，他才能完成许多事业。”在团队成立后不久，4个同为狮子座的男生共同参与的“海淘1号”问世了。

如今，团队中不仅有来自上海交通大学、复旦大学的高校毕业生，也有在互联网征战多年的“老兵”，同时不乏拥有海外市场拓展经验的高知海归。

海淘就是服务

一直以来，“海淘其实不仅仅是一种购物行为，也是一种生活态度。当那些小小的包裹漂洋过海辗转数十日到达你手上的一刻，你能感受到他们的灵魂，你会觉得等待和期望也是一种幸福。”海淘 1 号社长的 QQ 群里总会悬浮着这样一条标语——为的就是“帮你买到世界好物”。

登录海淘 1 号官方网站“购物指南”，只需轻轻点击，各种服务即可呈现在用户眼前。

一键海淘：安装插件后，访问美国亚马逊商品详情页，点击一键海淘，提交订单，完成支付，即可坐等收货。海淘 1 号的专业买手会帮您在美国亚马逊下单，联系转运公司。这可能最便捷的海淘方式！

一键翻译：点击一键翻译按钮，即可将英文页面转化为中文界面，即使不懂英文，也能轻松淘到美国亚马逊网站上的所有商品。

大家都在买：每日推荐大家都在买的热门商品，供您参考。

拼单推荐：海淘 1 号精选国外电商满减活动，提供在线拼单。

如今，海淘 1 号可以提供自动计算到手价格，尺码单位转换，历史价格查询，并且可以帮用户去购买国外的商品，提供海淘代购的一条龙服务。

“不同于 B2C 保税仓模式的海淘，海淘 1 号为用户提供的是一个功能强大的海淘工具，并基于此工具提供全套海淘服务。用户使用海淘 1 号登录海外电商网站时，可以一键翻译浏览，可以一键购买通过支付宝支付，并可以选择合适的转运清关路线。整个流程非常简单，就像在国内淘宝、京东购物一样方便。”孙立俊说。

与此同时，海淘 1 号帮用户承担了注册海外网站、国外信用卡支付、联系转运等一系列工作，所有的售前和售后的服务工作，也由海淘 1 号来承担。这也是海淘 1 号提出“海淘就是服务”的初衷。只有切实地帮用户把海淘领域的服务做好，才能长久地获得用户的青睐。

为了能给消费者更强的信心，海淘 1 号签约 PICC 中国人保，对海淘 1 号在国外电商官网下单代购商品进行了承保，这也是至今 PICC 在海淘代购领域唯一承保代购商品服务的项目。也就是说，用户通过海淘1号网站及APP在美国亚马逊、日本亚马逊、6PM等海外电商网站进行购买的商品，由PICC来承保该渠道和商品的“官方性”，这样在产品品质方面就有了可靠的保障。

据孙立俊介绍，目前海淘1号有基于PC版的浏览器插件和移动APP，已经支持美亚、日亚、6PM、Jomashop、Nordstrom等数十个海外电商网站的一键购买服务，拥有海量的SKU，能够满足用户绝大多数的海淘需求。海淘1号上线以来，以其特色的功能和优质的服务，在短短的时间内就获取了大量订单。目前最重要的就是服务好用户，从售前的咨询推荐、售中的查询沟通到售后的退货理赔，海淘1号成立了专门的团队来打造令人放心的海淘服务。

风口易逝　依然在路上

海淘1号是一个工具+服务属性的互联网产品，帮助实现了每个用户只需要一个账户+简单的操作，就可以购买到全球原汁原味的商品，并配送到自己手中。而上海子丑六合网络有限公司是一家在消费升级的背景下，以打造全球跨境购物服务平台为切入点（海淘），致力于逐步发展成为全球跨境消费的综合服务平台（包括跨境旅行、跨境医疗、跨境线下票务等）的互联网公司。

“我们并不是为了追热点、赶风口而创业。之所以选择这个方向，是由于我们团队从日常工作中洞察到了用户的真实需求，并且通过长期的共事和累积，具备了在这个领域解决问题所需要的DNA。”孙立俊说。

“因为共同的兴趣，大家走到了一起。即便是风口不在了，因为创业，大家还会继续走下去。”孙立俊说，其动力就是来自于团队的力量。“一个爱折腾的人，可能会让周围人感觉是个异类。但当一群爱折腾的人聚集到了一起，每天的工作生活变成了一种享受。”

正因为有了团队的支持，在大赛决赛赛场上的孙立俊表现得十分轻松。

就在决赛的前一天，他还在微信朋友圈里调侃道：“现在的感觉就是好不容易打了一个季赛，辛辛苦苦到了星耀 4 颗星，再差一把就上王者。化个妆，就该我上场了。”

最终，不负众望地坐上了初创组二等奖的王者宝座。赛后，被记者簇拥下的孙立俊这样形容自己的团队成员：“我们都一样厌烦所有浮于表面的事情，专注并快乐地来做对人们生活有好的改变的事，我想这就是大家俗称的创业初心吧。”孙立俊说。

同时，孙立俊表示：“能够在全国最高规格的创业赛场获得殊荣，得到大家的肯定，让我们整个团队很兴奋，我们愿意把它视为一个更好的开始，很多用户的问题等着我们去解决，更多的坑在路上还没有遇见，我们依然在路上。”

（李洋 / 文）

上海子丑六合网络科技有限公司获第六届中国创新创业大赛互联网及移动互联网行业总决赛初创组二等奖

“剧能玩”图片剧打破次元壁

——记上海触影文化传播有限公司创始人、董事长白晓东

从2015年IP概念的悄然出现，到2017年IP产业的井喷式爆发，打造IP、跨界IP合作已经成为很多互联网公司的发展重心。

但是，受到IP制作价格飞涨、“一剧两星”政策弹压等因素影响，市场上很多IP剧的效果并没有预期中的那么好。

于是，真人漫画与图片剧的形式应运而生。

成立于2015年8月的上海触影文化传播有限公司，打造了国内第一个真人漫画和图片剧的应用平台——剧能玩APP，并于2016年1月上线测试版。2016年8月，“剧能玩”获德同中文基金1000万的Pre-A轮投资。

2017年10月30日，上海触影文化传播有限公司创始人白晓东携剧能玩APP项目杀进第六届中国创新创业大赛互联网及移动互联网专场总决赛成长组12强。

“‘剧能玩’是一个真人漫画及图片剧互动平台，真人漫画和图片剧为剧能玩首创的两种艺术形式。两者都是以真人照片为主体，图片剧还可以穿插部分视频，构成一个完整的剧集结构，来完成对故事的讲述，真人漫画则通过漫画式的分镜来叙事。此外，图片剧还采用选项的形式增加与观

众的互动，观众可以根据自己的意愿，选择喜欢的分支剧情，由此玩出不同结局。"与普通工科生不善言辞的形象不同，站在总决赛舞台上的白晓东滔滔不绝、轻松自如。

剧能玩，不一样的 play

出生于电影世家的白晓东，虽是工科男一枚，却对戏剧有着无限的热爱，在大学时，就曾和同学一起创办了绿洲剧社。

1999 年同济大学毕业后的他，并没有选择专业对口的工作，而是从事游戏行业，任职于多家跨国游戏公司，负责日资《生化危机》(zero 版）关卡的开发。后来加入法资游戏公司，也一度去往美国工作，与"红色风暴"工作室（redstorm）一起开发产品"幽灵小队"，redstorm 工作室常年使用美国著名军事小说家汤姆克兰西的作品改编游戏，这是最早接触到的小说—电影—游戏的开发路径。在"玩"过各种游戏类型后，白晓东发现自己更加喜好故事型游戏。

带着对理想的追求，2010 年，白晓东开始了人生中的第一次创业，成立了上海恒趣信息科技有限公司。一开始主营网页游戏，2013 年又开始转向手机游戏。

在做游戏时，白晓东就曾接触过日本的一些音声小说，剧情使用真人照片并配有音效，使读者有同时观看电视剧和阅读小说的感受。

尤其是伴随着移动时代的到来，网络文学小说在整个泛娱乐生态中对应着庞大的阅读市场，蕴含着向其他娱乐服务拓展的更大空间、更长的价值链。但是网络小说表现形式过于单调、乏味。

如果把小说影视剧化，需要面对打造 IP 的高成本和高风险。

"更为重要的是，影视剧在近几年实际上受到了一些挑战，主要是时间占用问题。"在白晓东看来这带来一个影响，即整块时间的使用决策成本变高。而长故事恰好是要占用整块时间的。"既然可以把故事讲清楚，又何必拘泥于现有的形式呢?"

在挖掘IP市场痛点后，白晓东认为，在小说与影视剧之间，还存在一个空间——真人漫画和图片剧。它可以用较低的成本使小说以更加具象化的方式来展现，也为IP在转化为影视、游戏前，储备大批经市场验证、培育过的忠粉，使其高价值、低投资风险的优势凸显。

就这样，2015年年底，触影文化诞生了。

在公司成立之初，为了让用户最大限度地参与进来，白晓东和团队发动用户制作内容，意在把“剧能玩”打造成UGC（用户原创内容）平台。

但很快，他就发现，用户的创作水平参差不齐，而作为新兴剧种，图片互动剧对创作专业性的要求又很高，依靠纯UGC显然并不靠谱。

2016年年初，白晓东开始组建内容团队，开始自行生产图片剧。内容团队共分为6个制作组，分别为苍兰社、腐化社、刀北社等，每个社团都各有所长，例如，苍兰社擅长总裁戏。制作组均为影视专业人员，包括导演、摄影、灯光、剧务等。

用图片和漫画讲出好故事

凯文·凯利曾说过，网络经济依赖的是简易信息连接集群时所产生的强大力量。其游戏规则是，去发现那些曾经被我们忽视的事物，让它们用更合适的方式去拥抱集群。

的确，网络文学IP拥有彪悍的原生力量，而真人漫画和图片剧是它更合适的拥抱集群的方式。“剧能玩”就是这样一个释放集群效应的APP。2015年12月，国内第一个真人漫画和图片剧的应用平台——剧能玩APP安卓版上线；2016年1月，iOS版上线。此外，它还于2015年10月获得了天使融资。

剧能玩APP目前以两种形式呈现，一种是把照片直接进行串联，以分镜头稿形式来展示故事，称为条漫或真人漫画。另一种是在真人漫画的基础上进行配音和后期剪辑，但它并不仅局限于使用图片的静态表现形式，也能将动态的视频影像穿插其中，还增加了选项分支，由观众选择剧情发展方向，由此体验到多重观影惊喜，这种形式称为图片剧。

不管是图片剧还是真人漫画，具象化的形式降低了阅读门槛，每话只需一两分钟，也符合现今读者碎片化阅读的习惯。

“图片剧也能够利用电影的视听语言讲好一个故事。”白晓东说，互联网上有大量的IP资源，但影视化是十分昂贵的，并不是任何作品都有机会被搬上荧幕。而图片剧相对来说成本较低，不论冷门或热门的IP都可以借此试试水温。“对于一部作品来说，它的故事适不适合被改编成影视作品？原作粉丝对改编的接受度和大众的关注度是怎样的？都可以一一得到验证。”同时，“剧能玩”还能对这些IP起到一个“保温”甚至“升温”的作用，进一步扩展它的受众面和影响力。

据介绍，“剧能玩”的题材非常广泛，受限于制作成本，除了古装剧外，其他剧作类型“剧能玩”均有涉及。其IP主要来源于各大网络小说平台，如掌阅文学、橙光、19楼等，“很多版权方主动与我们寻求合作，以扩展其IP的受众面和影响力”。

最初，“剧能玩”倾向于选择较为知名的IP进行合作，如郭敬明的《夏至未至》、韩国恐怖漫画《整容液》和悬疑小说《凶宅笔记》等，“这些作品本身就自带粉丝和流量，可以减轻推广难度”。

除了自身平台，“剧能玩”还将这些作品放入与其用户属性类似的bilibili。

剧能玩平台的用户多为女性，为满足这些用户的需求，平台内容类型也在后期渐渐有了偏向性，以总裁和惊悚悬疑为主。

2016年8月，“剧能玩”获得来自德同中文基金的1000万元Pre-A轮投资。9月，为增加内容种类，“剧能玩”上线真人漫画，其中《总裁在上》真人漫画在上线半个月内，阅读量达152万，其余漫画平均阅读量在30万左右。

利于打破次元壁

“我们这种类型的作品，每年都会拿到上海国际艺术节上去展映，它有自己独特的一份艺术价值。”白晓东解释道。

“为什么它能得到艺术界或者传统艺界的人士的认可呢？实际上传统的编导专业会有一门拍照片讲故事的课程，目的是训练导演的分镜头能力，用照片把一个故事能够比较完整的表述出来，这种训练手段一直存在于艺术类院校里，只是他可能存在的商业价值并没有被发掘出来。”

“剧能玩”的目标用户是泛二次元和泛三次元，这类人群数量广泛，普遍以15～24岁为主，而女性用户占据70%，这些更喜欢以轻质化的方式阅读故事。

“剧能玩”目前有两种盈利方式，一种是IP方自愿出费，把图片剧作为IP的一种孵化方式，内容也比原著更易传播。另一种是向用户收取视听费，剧能玩APP也有收费章节，与小说网站、视频网站道理一样。

“我们是用互联网的方式改变影视剧。”在项目建立之初，“剧能玩”更倾向于选择知名的IP进行合作，目前已签约了上百部IP作品。如今的剧能玩APP本身还具有社区功能，也是使用户沉淀的平台，用户可以像在论坛上一样，发帖、发图片和链接，共享资源，活跃的粉丝会自发充当“自来水”，去社交圈子传播，也拉动了平台用户增长。

“去年10月我们加大了真人漫画作品的更新量，用户增长速度忽然就提升起来了。”白晓东回忆起从去年11月开始到现在的一波高速用户增长，还是觉得很幸运的。“这次参加创新创业大赛进入总决赛，很好地让我们的产品项目展示了出来，同时在这个舞台上，我也更直接地听到了专家的建议，这有利于我们进一步改善平台。”

（李洋／文）

上海触影文化传播有限公司获第六届中国创新创业大赛互联网及移动互联网行业总决赛成长组优秀企业

誓让创业梦想“飞得更高”

——记无锡睿思凯科技股份有限公司创始人邵波

“参加中国创新创业大赛电子信息行业总决赛，并获得成长组第一名，展示了我们的坚持和梦想，也宣传了我们的品牌和形象，我希望我们研发的无人机不仅能给大家带来娱乐，还能运用到更广泛的领域，实现更大的价值。”无锡睿思凯科技股份有限公司创始人邵波表示，参加此次大赛最大的收获是结识了全国更多的电子信息行业创业企业，并看到了同行们对创新创业的坚持，了解了业内最新创业动态，“收获满满”。

实力托起飞翔之梦

成绩的取得并非一蹴而就，缘自厚积薄发的底气和深耕市场后行业内的认可。高新技术企业、江苏省软件企业、江苏省规划布局内重点软件企业、苏南国家自主创新示范区瞪羚企业，14 项软件著作权、6 项实用新型专利、1 项外观设计专利，多项发明专利陆续申报……一项项荣誉和知识产权的数量，也从侧面印证了睿思凯“底气”的由来。

此次中国创新创业大赛电子信息行业总决赛上，无锡睿思凯带来的项目是无线电遥测控制系统研发与产业化，主要应用于无人飞行系统中的专业级航模领域。作为无人飞行系统的核心组成部分之一，无人飞行系统已成为当下热门产业，配套无线电遥控市场前景也十分广阔。而无锡睿思凯的无线电遥测控制系统研发与产业化项目可直接供货于消费级无人机制造商，在产品关键技术上已具备较强的全球竞争力，因此受到评委们的一致认可，问鼎冠军水到渠成。

“每个男生心中都有一个飞翔的梦想。对于创业而言，让梦想‘飞得更高、飞得更远’，创业者必须要做好充分地准备。”邵波说。

察势者智，驭势者赢。1989 年，邵波毕业于东南大学无线电工程专业，长期从事电子产品的研发和管理工作，具有丰富的电子通信行业研发经验。在国内无人机市场刚刚起步，通信技术、飞行控制技术尚不够成熟，国际同类品牌产品价格昂贵时，邵波凭借对无人飞行系统行业敏锐的市场嗅觉，萌生了自主研发的创业想法。“在无人机刚开始流行的时候，人们对那些在空中盘旋的黑影总是感到好奇。因此，我认为无人机会具有非常广阔的市场前景。”

“无人机行业主要相关技术分别是发动机技术、机体结构设计技术、机体材料技术、飞行控制技术、无线通信遥控技术、无线图像回传技术等。看似难度较大，但由于核心团队成员之前都有从事实业的基础，因此创业相当容易一些。”2010 年，邵波联合数位同是毕业于东南大学的校友创办了无锡睿思凯科技股份有限公司，开始研制无人飞行系统相关通信技术。通过吸收和借鉴国外成熟经验，以及持续的研发投入和技术创新，邵波及其团队研发了单向（V 系列）、双向（D 系列）、Smart.port 双向（X 系列）、兼容 FASST（TF 系列）等一系列接收机，成功打开了国际市场。2012 年开始，无锡睿思凯着手对航模/无人机遥控器的研制过程，于 2013 年推出第一款遥控器“Taranis X9D”，2015 年又推出遥控器“Taranis X9E”，对上一版本的外观形态进行了改良。2016 年，无锡睿思凯推出高阶版遥控器“Horus X12S”，定位相对高端，2017 年又推出入门级遥控器“Taranis Q X7”，以

满足消费者的入门需求。其中，作为无锡睿思凯系列产品的“开山之作”，“Taranis X9D”遥控器自问世至今，得到了行业客户的高度认可，目前在市场上的保有量较高。

目前，无锡睿思凯主要产品包括遥控器、接收机、模块及相关配件等，主要应用于无人飞行系统中的专业级航模领域。其产品均采用了其自主开发的嵌入式系统软件。作为高新技术企业，无锡睿思凯获得了江苏省规划布局内重点软件企业等认证，拥有一批稳定、业内经验丰富的核心研发人员，自主研发了包括抗干扰通信技术、航模／无人机遥控平台技术、自动控制技术和 Smart.port 智能数据总线技术等在内的多项核心技术。目前，无锡睿思凯拥有 14 项软件著作权、6 项实用新型专利、1 项外观设计专利。该企业研发的 2.4G 无线电遥控设备、数字遥测无线电系统等无线射频类产品已通过美国 FCC 认证和欧盟 CE 认证，在业内已拥有一定的技术优势及较高的品牌知名度。

雄心壮志擎画未来

据了解，无锡睿思凯的项目主要应用于专业级航模领域，也有部分产品直接供货于消费级无人机制造商，在产品关键技术上已具备较强的全球竞争力。其中，无锡睿思凯研发的“无线电遥测控制系统”，可以让无人机接受 16 种不同的飞行指令，完成旋转、翻滚、俯冲等 16 种飞行姿势。而成就这一飞行技能的关键技术在于“无线电控制设备”——只要无人机使用无锡睿思凯研发的遥控器，并在无人机上安装指甲盖大小的接收机，就能增强无人机的“战斗力”。“这种灵敏性高、稳定性强、可靠性足的无人机，尤其适合工业领域的应用。比如火灾现场，救援人员无法步入的角落，依靠该款灵活的无人机可以巡检火情；农业领域的农药喷洒、农业灌溉，如果有了该款无人机的帮助，可以极大地减少人工劳动力，提高效率。”邵波表示，由于无人机的经济性、安全性、易操作性，在很多民用领域对无人机都有着旺盛的需求，小型无人机可广泛应用于防灾减灾、搜索营救、核辐射探测、交通监管、资源勘探、国土资源监测、边防巡逻、森林防火、气象探测、农作物估产、管道巡检等领域。“由于小型无人机的航空特性和大面积巡查的特点，在洪水、旱情、地震、森林大火等自然灾害实时监测和评估方面特别具备优势。”

每一步，都需谋定后动、蹄疾步稳。经过多年的行业积累和技术研发，2015 年无锡睿思凯实现销售额 7313 万元并在当年成为业内第一家挂牌“新三板”的企业。2016 年，销售额稳步增长达 8499 万元，利润额达 4593.11 万元。2017 年 1 月，无锡睿思凯正式向中国证监会提交首次公开发行股票并在创业板上市的申请，为企业在无人机其他领域的应用及相关产业取得更大的发展奠定基础。“我们正在与一些潜在的并购或合作标的进行沟通，以增加企业的供应能力和产品的多样化，开拓更大的市场和占有更多的市场份额。”邵波说。

虽然无锡睿思凯拥有国内技术一流的无人机技术与产品，但长期以来，受价格较高等因素影响，无锡睿思凯的主要市场在欧美地区。“到 2020 年，中国无人机年销量将达到 29 万架。未来几年将保持 50% 以上的增长。从发展前景来看，无人机已经应用在航拍、快递、灾后搜救、数据采集等领域，表明无人机的发展潜力巨大。今后，无锡睿思凯将更加注重开拓国内市场份额，在与欧美等国际品牌竞技的同时，带动国内专业级航模的消费市场的快速成长，为‘中国智造’在高端航模领域的发展和形象做出更大贡献。”邵波如是说。

“目前，无锡睿思凯拥有的遥控设备生产技术水平已能达到专业级无人机所需遥控设备的技术要求，凭借在专业级航模领域的技术积累，未来有望随着专业级无人机市场的兴起而进一步扩大市场销量。”邵波表示，未来 5 年，无锡睿思凯将力争打造中国人自己的飞控品牌——FrSky，争取在全球高端航模界占有一席之地，成为行业内实实在在的“中国本土化”标杆企业。

雄关漫道真如铁，而今迈步从头越。“下一步将以创新为核心，提升无线电遥控设备技术中心的硬件实力，同时在北美建立技术支持中心。持续在数字营销上做投入，提升整体市场品牌形象，目标是在2020年销售额达到3亿元。同时，在中高端遥控器领域，相关遥控器产品和设备出货量上达到全球第一。”邵波说。

（于大勇／文）

无锡睿思凯科技股份有限公司获第六届中国创新创业大赛电子信息行业总决赛成长组一等奖

做民族品牌的高品质汽车传感器

——记西安中科阿尔法电子科技有限公司创始人张文伟

“中国汽车产销量均是全球第一，但却不能称为汽车强国。中国要制造高品质乘用车，就应该从生产高品质传感器开始。发动机、变速箱、汽车底盘大量使用高品质传感器，才能使汽车更安全、更舒适、更节能，这也是高品质汽车的标准要求。”西安中科阿尔法电子科技有限公司创始人、国家“千人计划”特聘专家张文伟表示，目前我国汽车传感器95%以上的市场份额都掌握在外资企业手里。“此次参加中国创新创业大赛电子信息行业总决赛主要目的是为了与同行进行交流学习，了解业界最新动态、掌握最新发展趋势。”

成就已铸　情怀难解

20世纪90年代初，在相继拿到天津大学精密仪器学士、硕士及博士学位后，张文伟怀揣梦想远赴英伦，成为全球知名学府——牛津大学通信专业的博士后。此后，张文伟又获得英国格拉斯哥大学工商管理硕士（MBA）学位。

在英国拿到学位之后，张文伟进入全球知名汽车零部件企业霍尼韦尔位于英国的分公司从事相关产品研发。由于“专业、有梦想、行动力强”，张文伟的积极工作态度和超强的业务能力获得企业的高度认可，职位一升再升，最终成为霍尼韦尔全球研发经理。此后，张文伟进入全球最大的纯消防与安防企业Tyco，并担任全球研发总监。在全球知名汽车传感器生产商德国Micronas公司，张文伟做到全球总监的高位。20多年汽车磁传感器研发及管理经验，使张文伟建树颇多：担任霍尼韦尔全球研发经理期间，

主持研制了一系列汽车用传感器（如 EGR 传感器、涡轮增压传感器等），主持了多个 SoC 磁传感器的研发，2005 年成为霍尼韦尔院士，2007 年获得霍尼韦尔股权奖励；在担任 Micronas 全球总监期间，定义和研发了多款磁传感器 SoC 芯片。

走得再远，走到再光辉的未来，也不能忘记走过的过去，不能忘记为什么出发。20 多年漂泊海外，张文伟始终关注着国内相关产业的发展。“虽然国内汽车产业发展很快，但在传感器领域与国外先进水平相比，差距很大，这也导致了整车品质不高。”张文伟表示，“在国外这些年，自己从事的工作都与汽车传感器有关，提升自主品牌汽车产品品质和档次，开发出更符合中国国情的汽车传感器产品是我长久以来的心愿。”

知命之年谈创业

近年来，大众创业万众创新在中华大地上风起云涌。创新创业的蓬勃兴起，催生了数量众多的市场新生力量。这也燃起了张文伟创业的雄心壮志。

明者因时而变，知者随事而制。“我已经 50 多岁，在国外也有 20 多年，积攒了比较丰厚的家资，完全可以过舒适的生活。但是看到国内汽车传感器比较落后的现状，作为业内有一定知名度的研究人员，实在难以释怀。”张文伟表示，近年来，国内浓厚的创新创业氛围也坚定了创业的信心。“创业需要一定的情怀，创业要想成功除了具备专业知识外，利好政策的保障作用也不可或缺。”

志合者，不以山海为远。“创业不能单打独斗，要想成功，拥有志同道合的团队是关键。”张文伟表示，西安中科阿尔法核心团队都具有丰富的专业知识。例如，芯片设计经理张滨，毕业于上海交通大学，拥有博士学位，曾在全球知名电信设备供应商Nortel Networks的伦敦研发中心担任通信用集成电路芯片研发经理，具有多年集成电路设计经验；数字处理主任工程师周祚峰，毕业于西安电子科技大学，拥有博士学位，具有10年以上算法理论研究和实践经验，曾经开发基于小波应用的数字信号处理方法，以提高磁传感器信噪比；磁传感器器件工程师冷寒冰，来自上海技术物理研究所，具有10年电子及信号处理领域的理论基础和实践经验；IC设计工程师杨刚，具有10年模拟集成电路设计经验，曾经主持多个电源电路设计和开发；IC设计工程师刘娇，具有7年IC设计和模拟经验，曾就职于全球上最大的生产无线半导体生产商和无线芯片组及软件技术供应商美国高通公司。

“汽车传感器是汽车计算机系统的输入装置，可把汽车运行中各种工况信息，如车速、各种介质的温度、发动机运转工况等，转化成电信号输给计算机，以便汽车处于最佳工作状态。汽车技术发展特征之一就是越来越多的部件采用电子控制。根据传感器的作用，可以分类为测量温度、压力、流量、位置、气体浓度、速度、光亮度、干湿度、距离等功能的汽车传感器。这些传感器各司其职，一旦某个传感器失灵，对应的装置工作就会不正常甚至不工作。因此，传感器在汽车上的作用是很重要的。汽车传感器作为汽车电子控制系统的信息源，是汽车电子控制系统的关键部件，也是汽车电子技术领域研究的核心内容之一，没有传感器技术就没有现代汽车。汽车电子化越发达、自动化程度越高，对传感器的依赖性就越大。有一辆普通家用轿车上安装几十个传感器，而豪华轿车上的传感器数量可多达上百个。毫无疑问的是，未来汽车上的传感器数量还将呈几何倍数增加。”张文伟说。

张文伟表示，“以作为整个车用传感器核心的发动机控制系统用传感器为例，其种类很多，包括温度传感器、压力传感器、位置和转速传感器、流量传感器、气体浓度传感器和爆震传感器等，旨在对发动机工作状况进行精确控制，提高发动机的动力性、降低油耗、减少废气排放和进行故障检测。由于其工作在发动机振动、汽油蒸气、污泥、水花等恶劣环境中，因此其耐恶劣环境技术指标要高于一般的传感器。”

“汽车传感器的地位不言而喻。”张文伟坦言，目前国内传感器产业的“空心化”非常明显，主要体现在两方面：一是传感器的内部芯片技术都掌握在外资手里；二是传感器这一核心部件在我国汽车产业链条中属于整体薄弱甚至是缺失的状态。

“根据前瞻产业研究院《2017—2022 年中国传感器制造行业发展前景与投资预测分析报告》，近年来我国传感器制造行业发展状态良好，行业产值、产销规模呈现持续上升态势，行业利润较高。2016 年行业产值为 29.07 亿元，同比增长 17.33%。实现销售收入为 679.66 亿元，同比增长 9.06%。利润总额为 35.94 亿元，同比增长 17.22%。前瞻产业研究院预测，2017—2022 年传感器制造行业销售收入持续增长，预计 2022 年行业销售收入将接近 900 亿元。因此，我们创业的目标非常明确：打破国外企业在高性能传感器领域的垄断地位，研制汽车传感器芯片，填补国内空白。”张文伟说。

心存高远话未来

没有比人更高的山，没有比脚更长的路。再高的山，再长的路，只要锲而不舍前进，就有达到目的的那一天。此次中国创新创业大赛电子信息行业总决赛上，西安中科阿尔法凭借先进的技术摘得初创企业桂冠。“这既是对我们技术的赞赏，也是对我们发展前景的肯定。西安中科阿尔法将以此次大赛为契机，加快发展，振兴民族汽车传感器产业。”张文伟表示，“由于我是国家‘千人计划’特聘专家，政府提供了 1000 万元资金，目前已全部投入研发。下一步，还需要进行融资，以期加快研发进度，使产品形成体系。”

作为成立于 2017 年的初创企业，西安中科阿尔法已制定了科学、详细的发展规划。“我们的产品路线图主要分传感器芯片和感器模块‘两步走’。

传感器芯片利润率高，研发生命周期长；传感器模块销售额高，研发周期短。”张文伟表示，开关传感器产品系列的18款产品业已开发完成，主要应用在汽车发动机和变速箱里的位置测量，目前已经实现量产，并小批量用于比亚迪，工业上也有部分应用。“首款GaAs霍尔器件已经小批量试样，客户测试结果优于日本同类产品。”

“未来传感器行业的快速发展既是一种机遇也是一种挑战，重视行业的科技创新能力，改善自身产业结构，利用好生产要素齐全与劳动力廉价且充足的条件优势，保证质与量同时上升，是西安中科阿尔法的工作重点所在。西安中科阿尔法的目标是：初创期研发20款芯片，申请专利10个以上，实现销售额7000万元；发展期研发另外20款芯片，产值达到5亿元；成熟期打造一个国际化磁传感器芯片和模块公司，扩展至其他传感器，争取成为一家上市公司。”张文伟信心满满地说。

（于大勇／文）

西安中科阿尔法电子科技有限公司获第六届中国创新创业大赛电子信息行业总决赛初创组一等奖

让外科手术可视化、智能化

——记深圳术康医疗科技有限公司董事长王德峰

在外科手术中，人们采用机器人进行辅助已经有很长的时间了。机器人手术或机器人辅助手术可以帮助医生以更高的精确度、灵活性和控制力进行各类手术操作。目前，手术机器人已广泛用于微创手术，患者可以获得更快的术后恢复。

“我们的目标是让手术机器人自动化、智能化，让手术可视化。让医生少走弯路，缩小手术误差。”获得第六届中国创新创业大赛电子信息行业总决赛初创组二等奖的深圳术康医疗科技有限公司董事长王德峰赛后表示，术康医疗手术机器人的最大优势是智能化，使得手术机器人在操作过程中不但精准而且省时、高效。

成立于2017年3月的深圳术康医疗科技有限公司，定位于专科定制式手术机器人。2017年9月，术康医疗完成骨科机器人、神经外科机器人、口腔科机器人3款产品的开发，预计2019年6月完成产品CFDA认证。目前，术康医疗已经与西京医院、华山医院、宣武医院等医院展开合作。

“专心做一件事更舒服”

2011 年主持成立香港中文大学医学影像计算研究中心，2014 年主持成立香港中文大学医学影像信息学部，过去 10 余年一直从事医学图像定量分析研究。

发表 SCI 期刊论文 130 余篇，国际会议论文及摘要 240 余篇，拥有 20 多项国内外专利。

主持、参与科研项目 50 余项，在科研经费 3500 多万元，先后被多家大学工程学院、医学院聘为特聘教授。

2017 年 3 月，辞去香港中文大学副教授一职，开始创业……

翻看王德峰的个人履历，不禁让人想问为什么要放弃高薪且稳定的大学副教授一职？

“因为我个人的精力太有限了。在大学里面，要把课教好、培养好学生把项目做好。”王德峰说，要把高校工作做好势必没有更多精力放到创业上，“专心做一件事更舒服”。

当被问到放弃稳定的体制内工作有没有觉得遗憾。“不，不遗憾。”王德峰脱口而出，似乎这是一个不需要思考的问题。

“我觉得人生还有更大的事情，有更重要的事情。这不单是个人利益，还有其他对生活更有意义的事。”王德峰说，人生是分阶段的，大学教授这个阶段，自己已经体验过了，而创业是自己现阶段更想做的事。

当被问到创业路上有没有遇到一些困难时。王德峰表示，很多初创企业都会遇到“资金难”的问题，但是很庆幸术康医疗暂时还没有。“现在处于一个非常好的时期，尤其是对知识的尊重，对具有高新技术含量企业的尊重，对术康医疗有意向投资的机构也比较多，比如紫牛基金、明势资本等投资机构的早期介入。”

对于很多科研人员创业会遇到经营、管理上的问题，王德峰表示，以前在香港中文大学管理过团队，例如，从无到有建成香港中文大学医学影像计算研究中心，“从我一个人发展到现在的三十几个人，这些管理经验对我有很大的帮助。”此外，王德峰还认为，公司合伙人、总经理梅晓阳也功不可没，“他在管理公司方面有很好的经验，曾经管理过几百人的公司，我俩非常互补。”

王德峰也坦言，创业和在高校当老师有很大的不同，“在高校的时候，要教书育人，有教无类，每一个学生都要认真去教，每一堂课都要认真去上，每一个项目都要认真去做，所以精力相对来说是分散的，不够专注。而创业却不同，接触的人也不一样，有做投资的、硬件的，也有做其他技术等方方面面的。但是，所有时间都围绕产品，每一天都能看到自己的产品在推进、演化，这是我觉得最有成就感的事情。”

做有用的科研到做有用的产品

谈到创办术康医疗的契机，王德峰说:“以前的自己是想做有用的科研，希望科研能被更多人所用，但是有局限性，尤其是在让患者受益，让更多的医生受益方面，还有一定的距离。”于是，王德峰逐渐转向做有用的产品。“有用的产品，最好的体验就是以公司的方式运作，很专注地把产品做到极致，做到安全、智能、好用、不贵。”

为什么要做手术机器人？为什么要有外科手术机器人？王德峰说：“当前自然图像的处理越来越智能化，随之而来的，在医学影像领域，是不是影像引导的电脑控制下的机器人，将来也会为病人自动或者是半自动、半监督的方式做手术呢？这一点也是业界在不断探讨的。”手术机器人有哪些优势？王德峰用了一个词——“精准”，“机器人的重复度很高，同时稳定性非常强，医生和机器之间相互协作、互相配合，尤其是机器人配合医生做手术，这是现在发展的趋势。”

纵观从 20 世纪 80 年代开始到现在手术机器人的发展历程，有影像引导的机器人，有腔镜引导的机器人，还有远程控制的机器人，但是目前还存在着价格高、费时费力的行业痛点。“简单说就是用不起，不是那么的省时高效。这导致的结果就是，手术机器人的销售量并不高，规模化还没有实现，迫切需要手术机器人辅助的基层医院还没有用到手术机器人。”王德峰说道，解决这一问题的方案之一就是需要专科化的手术机器人，最终达到规模化的使用和推广。

据王德峰介绍，目前术康医疗骨科机器人、神经外科机器人、口腔科机器人3款产品单台设备的售价在100万元左右，是市面上同类具有类似功能产品的1/5～1/10。“我们做的专科定制化手术机器人，在二三线城市的基层医院市场空间巨大，有上万家医院需要这样的手术机器人、上万家医院的不同科室也需要手术机器人。”

专科定制手术机器人给医生“赋能”

“就像使用手机导航来帮助我们到达目的地一样，术康医疗的手术机器人可以通过影像技术让医生能够清晰地观察到病人的身体架构，提前做好准备。在遵循流程操作的过程中，可以降低医生的手术失误率。”王德峰说，简单地说就是利用多学科的技术，实现精准的定位和稳定的操作，最终使得手术相对来说是安全的、放心的。

王德峰表示，术康医疗的目标是希望将智能技术和手术机器人结合起来，充分的给医生赋能，让机器人真正地帮助患者、帮到医生。“我们产品的目标首先是安全，其次是智能好用，然后是价格不贵。”

据了解，术康医疗目前已有的核心专利产品主要包括手术导航系统与模块软件。基于此，术康医疗的商业模式主要是通过售卖智能的手术机器人设备，以及手术后台所需要的耗材器械，例如，骨科手术中最常用到的“骨钉”材料等。这些都将是术康医疗未来营运模式发展的一大重点。此外，术康医疗还将培训医生如何操作使用机器人硬件设备，如何在术中快速有效地配准和调整等服务内容。

据王德峰介绍，目前术康医疗正在打造一个专科定制化手术机器人平台。硬件平台包括两部分，一个是机械臂及机器人各项零部件的设计和研发，另一个是手术操作平台的设计和研发；器械平台则主要是指适用于各科室使用的机器人手术器械。

此外还有软件平台，包括两个部分，一个是科研教学应用的 CT、MRI 图像配准软件、BOLD 活跃区检测软件、Fiber 计算软件、多模态图像融合与 3D 显示软件，以及全身各器官的影像计算技术；另一个是较为成熟的手术导航系统，包括针对不同科室的手术导航系统、3D 打印技术等。

其中，术康医疗最核心也最擅长的是智能的医学影像的处理，包括分割、配准。“比如说，可以做到不需要小孩做任务，就可以知道他的运动区在哪里，可以知道视觉区在哪里；可以通过术前的磁共振适时地看到神经，看到血管。但是纯影像是不足以作为工具的，所以我们要做的是一个完整的专科化的手术机器人。”王德峰说道。

谈到术康医疗未来的发展方向，王德峰说，目前首要任务是将 3 款手术机器人进行迭代。第一代手术机器人是 100 台，第二代手术机器人是 1000 台 ，到第三代，实现一万台的销售规模。

此外，术康医疗将不断开放专科定制手术机器人平台，医生在这一平台上做自己喜欢的、需要的手术机器人。“在专科定制手术机器人平台的基础上，可以根据医生向术康医疗提出的临床需求，对软件平台的参数进行优化调整从而满足医生的需求，并根据医生的需求生产出一款定制化的手术机器人。”王德峰说。

（罗晓燕 / 文）

深圳术康医疗科技有限公司获第六届中国创新创业大赛电子信息行业总决赛初创组二等奖

为机器装上“眼睛”

——记上海肇观电子科技有限公司 CEO 冯歆鹏

大部分人对机器人哆啦 A 梦一定不陌生，它跟人类一样拥有视觉能力。人类通过肉眼来观察和了解世界，机器感知世界同样需要配备一双“眼睛”。

“我们的愿景是做‘下一代的视觉处理器’，为更多的自主电子设备提供视觉和智能。”上海肇观电子科技有限公司 CEO 冯歆鹏在第六届中国创新创业大赛电子信息行业总决赛上这样开场道。他带来的参赛项目是“视觉处理器芯片——‘嘉兴’”。最终，肇观电子获得了大赛初创组三等奖。

据了解，上海肇观电子科技有限公司于 2016 年 5 月成立，是一家专注于人工智能和计算机视觉系统和芯片的科技型公司。截至目前，肇观电子业务覆盖中国大陆、中国香港、中国台湾、美国、德国、英国、法国、印度、荷兰、日本等全球各大国家及地区，申请国内外专利 27 项。

“现在不做就晚了”

在创业之前，冯歆鹏曾就职于著名芯片厂商 AMD，曾经参与设计了 50 多款数千万量级的 CPU 和 GPU 芯片，用于包括微软 Xbox one、索尼 Play Station 等知名产品。

冯歆鹏说，大约 3 年前，偶然知道有一个朋友在为视障人士做陪跑，也就是挂着一条腕带牵引盲人，带着他们跑，为他们指引方向。当时还在 AMD 担任研发总监的冯歆鹏就觉得，可以用视觉技术来解决这个事情，所以初步有了做一个“机器陪跑系统”的想法。

随后，冯歆鹏便着手在公司内部推动这件事，但并不是很顺利。“当时，公司觉得这个市场比较早期，要晚一点再进入。我觉得来不及了，现在不做就晚了，于是我就辞职出来自己做了。”

“人工智能这个市场非常的大，目前来看可以说有 4 个支柱，应用、算法、数据和计算力，而现在对于很多需要视觉的地方（VR/AR 等）算法都非常成熟了，但是问题都是‘跑不动’，所以我们就是想在计算力上做点事情。”冯歆鹏说。

2016 年 5 月，冯歆鹏与前 AMD 同事周骥共同创办了上海肇观电子科技有限公司。其中冯歆鹏主要负责公司运营，曾任 AMD 计算机视觉、图像信号处理、视频领域首席架构师的周骥负责技术开发。

目前，肇观电子拥有一支高学历、高水准、高素质的“三高”运营团队，核心管理成员毕业于复旦大学、中国科技大学、浙江大学、中国人民大学、英国南安普顿大学等国内外知名大学，研发团队全部拥有硕士及以上学位，来自于 AMD、Intel、Qualcomm、中芯国际、猎豹移动等国际知名企业。

据了解，肇观电子已获得 2017 CES Asia 创新奖、最佳创业奖，2016 年度、2017 年度全国创新创业大赛优秀奖，2017 年度全国创新创业大赛电子信息行业全国三强，2016 绍兴首届海外高层次人才创新创业大赛优胜奖，2016 Slush Shanghai Top 五等奖项。

“要先让公司活下来”

据冯歆鹏介绍，肇观电子此次参赛的项目“视觉处理器芯片——‘嘉兴’”，属于公司开普勒双目模组中的一项，应用于机器人、无人机、无人车的室内和室外避障导航等领域。

但是在创业之初，肇观电子并没有开启这个项目，而是先做了一款产品——“天使眼”智能导盲眼镜。

该产品是一款辅助视障人士感知世界和出行的感知设备，通过两颗摄像头辨识地面的坑洞、路边斜出的树枝跟用户之间的距离，并通过声音提示告知，让盲人避开。眼镜前方双目立体摄像头模拟人眼采集前方物体位置信息并转换成听觉信号，再通过骨传导耳机传达，根据听觉信息的提示，“天使眼”智能眼镜可以作为盲人朋友的感官延伸，辅助其感知世界和安全出行。

据了解，“天使眼”智能眼镜具有三大特点。一是智能感知，40 根虚拟盲杖同时扫描，实时语音播报障碍物位置；二是智能识别，包括通用识别（楼梯、斑马线、门、人等）、钞票识别、文字识别、颜色识别、光照识别；三是实时导航，准确定位，并以语音实时播报提示方向、兴趣点等。

肇观电子 CEO 冯歆鹏介绍说，摄像头采集的深度图像在手机端显示为红绿两种状态，绿色代表可以行走的地面，红色则代表障碍，以钢琴提示音作为提示。如果靠近障碍就会如倒车雷达一样报警，原本平缓的提示音变得急促。

根据盲人的出行和日常生活需求，“天使眼”目前能认出包括红绿灯、斑马线、楼梯、门、通道等，还能识别出日常生活中的文字、人脸、钞票等，然后进行语音播报，整个拍照过程也无须对焦。

冯歆鹏说，肇观电子做“天使眼”智能眼镜的目的，一是想真正的帮盲人朋友解决一些实际问题，二是想从应用层面开始做，从做能卖给客户的一种商品往回倒推去做技术，慢慢地等待市场壮大。

“我们一开始也想直接做视觉处理器芯片之类的技术，但是现在整个行业还没起来，单单一个环节做得好没什么用，消费者看不到，所以不得不自己做出一个产品。”冯歆鹏说，首先要让公司活下来。

众所周知，芯片的前期研发投入是十分“烧钱”的，肇观电子并没有放弃开发视觉处理芯片。截至 2017 年 11 月，肇观电子已经完成两轮融资，即天使轮和 A 轮融资。“A 轮融资已经足够我们把芯片做出来。”冯歆鹏说道。

做“下一代的视觉处理器”

用眼睛看世界，听起来很简单，但对机器人来说似乎不是一件简单的事。

机器视觉通俗来讲就是机器身上的“眼睛”，是机器感知世界的视觉器官，机器视觉可以感知世界，并和外部世界发生交互关系，从而实现自动化和智能化。

冯歆鹏表示，工业 4.0 对于设备的智能化提出很高的要求。视觉是智能的重要组成部分，赋予每个移动机器人、无人小车、无人机以视觉能力，是实现工业 4.0 的必由之路。

其中，视觉处理器芯片的需求市场是海量的，AR 的眼睛、头盔，无人机，无人车，机械臂，各类机器人等，有着广泛的应用。肇观电子的第一款芯片“嘉兴”就是针对这些领域，主打 0.5 ~ 3 W。

冯歆鹏说，视觉要解决的有两件事情：一个是几何，一个是理解。所有的科学家、工程师孜孜不倦的追求就是几何和理解。所谓的几何，就是认证彼此的关系，包括所有的激光雷达、结构光等，这些传感器解决的都是几何问题。另外一个问题是理解，理解就是区分不同种类的物体。目前，肇观电子的视觉处理器芯片就是在解决这两个问题。

冯歆鹏表示，芯片是全球化的竞争，本土有一些有利条件，但是更重要的是全球化竞争。“这一领域竞争者，基本上是英特尔、AMD 等大公司，或者是从这些公司出来的团队。”

在谈到芯片“嘉兴”的优势时，冯歆鹏说，肇观电子目前正在开发的是一个主处理器，可以做企业处理器，“而很多竞争对手是协助处理器，本身是不能跑操作系统的，外面必须有其他的芯片跟它一起跑。”

冯歆鹏也坦言，“嘉兴”并不是一个万能的芯片，“嘉兴”的缺点是 CPU 和 GPU。“目前，肇观电子的 CPU 跟一些竞争对手比还有差距，我们把省下的全部用来铺做视觉、几何和推理。”

未来，肇观电子的主要收入将以销售视觉处理芯片为主，以模组为辅。

“能力比较强劲的客户只要求芯片，我们就提供芯片，有些稍微投入不是那么大的客户，希望芯片供应商能够提供一些模组，我们就提供模组，可以根据客户的要求提供相应的产品。”

作为高科技企业，肇观电子拥有较为领先的深度异构网络技术、硅视觉技术、高级视觉定位技术、高级视觉识别技术、虚拟盲杖技术及虚拟盲道技术，用于深度感知、视觉定位、动作追踪和视觉识别，为机器装上“眼睛”，赋予其智能。

为了方便理解，冯歆鹏以现在越来越多的人使用的扫地机器人为例讲解了视觉处理芯片在生活中的应用。“扫地机器人把人从劳动中解脱出来，必须具备的就是扫得干净。而要把房间打扫干净，就需要利用芯片对房间进行规划，比如扫地机器人，地该怎么扫最干净，怎么样是最省力的方式等。”

“肇观”二字字面意思是“开启视觉”，做“下一代的视觉处理器”这句话不时地在冯歆鹏口中出现，其实这并不是一个随意的自夸，而是他们公司的名字就叫“NextVPU”。

冯歆鹏说，NextVPU 的蕴意是 Next Vision Processing Unit，即未来的视觉处理器。公司的愿景是将视觉赋予给所有的机器人、无人机、无人车及其他智能设备，开启人工智能的新时代，这也是肇观电子长远的计划。

（罗晓燕 / 文）

上海肇观电子科技有限公司获第六届中国创新创业大赛电子信息行业总决赛初创组三等奖

国产数据库领域的“国家队”

——记福建星瑞格软件有限公司创业团队

从2013年的“棱镜门”事件，再到2017年的WannaCry勒索病毒事件，数字化安全威胁升级。信息安全越来越受到社会的重视，拥有自主可控的国产数据库也就成为行业和客户的迫切需求。

“对于整个中国来说，目前IT系统面临的安全问题、可控的问题是非常严峻的，而且这个问题在未来的几年以内，一定要突破和解决，这也是实现中国梦当中IT领域最重要的一环。”获得第六届中国创新创业大赛电子信息行业总决赛成长组优秀企业的福建星瑞格软件有限公司副总经理施政赛后说道。

福建星瑞格软件有限公司是一家2015年成立的国产数据厂商，专业从事安全、自主、可控的国产数据软件与信息安全软件的设计、研发、销售及专业的咨询服务。在2015年，星瑞格软件成为IBM Informix授权的合作伙伴，这让星瑞格软件在国产数据方面进入了快速发展阶段。

国产数据库的“黑马”

一直以来，由IBM（服务器提供商）、Oracle（数据库软件提供商）、EMC（存储设备提供商）三大IT巨头构成的数据库系统占领了全球大部分的市场份额，造成了我国政府、企业采购这类软件成本居高不下，要确保我国信息系统的安全、自主、可控，就亟须解决核心基础软件的国产化问题。

在此背景下，福建省电子信息（集团）有限责任公司于2015年12月发起组建了星瑞格团队，旨在打造具有我国自主知识产权的安全可控国产数据库。公司董事长由福建省国资委主任、福建省电子信息（集团）有限责任公司董事长邵玉龙担任。

据施政介绍，星瑞格软件从成立伊始就引入骨干员工持股机制，核心团队持有公司49%股权，作为员工的激励。同时，核心团队与集团签订业绩承诺约定，以确保集团利益。2016年，星瑞格软件更是作为福建省国企改革的成功样板，编入国务院国资委《国企改革12样本》一书。

2015年年底，星瑞格软件与IBM签订Informix数据库源代码授权协议，随后迅速组建国际研发团队，仅用短短半年时间，就整合开发出了数据库的配套软件，打造出安全、自主、可控的Sinoregal数据库系列产品、数据库调优和迁移软件，以及可用于各品牌数据库的数据安全审计软件，打造出福建省属的星瑞格国产数据库及审计软件产品。

星瑞格软件重点布局基础软件研发，建设国产数据库软件“星瑞格数据库管理系统”，着力开发基于Informix数据库的数据调优和数据迁移的软件与技术，以及可应用在各品牌数据库的数据安全审计技术。目前，员工总数119人，直接从事的研发技术人员76人，其中硕士19人，博士2人。

谈到星瑞格软件成立的初衷，施政表示：“这是国有企业的责任，当时国内数据库市场还没有国有企业的身影。同时，也是我们在数据库领域的情怀，不仅是Informix，对数据库领域的责任感，让我们一直坚持下来。”

据施政介绍，星瑞格软件团队成员大部分来自原Informix公司，包含中国大陆、中国台湾、新加坡等地及欧美地区，平均拥有20年以上数据库经验，技术水平居业内领先地位。

其中，福建星瑞格软件有限公司总经理林俊仁早在1993年就加入了Informix公司，彼时Informix公司尚未被IBM收购。Informix数据库曾在全球市场的占有率达到10%，是最好的关系型数据库，在中国，建设银行、浦发银行、兴业银行、众多中小银行、中国移动、中国电信、中国联通、华为、沃尔玛、家乐福、华润万家等都曾是其用户。目前，该数据库仍是世界一流的5个通用型数据库之一，在事务处理能力上与Oracle 11g相当，能够在90%以上的场景中替代Oracle。

邵玉龙曾向媒体表示，数据库产品的竞争是技术的竞争，更是人才的竞争，星瑞格软件从成立之初就响应习近平总书记的号召，聚天下英才而用之，延揽全球的数据库人才，以此完成国产自主安全可控数据库产品构建的重任。随后，这些原 Informix 大中华区的核心团队成员也正式成为星瑞格软件“开疆拓土”的中坚力量。

星瑞格软件的技术研发团队具有 10 多年 Informix 等国际数据库原厂的服务经验，深度了解数据库内部结构关键核心技术，除了具备紧急救援、数据结构修补及瑕疵补丁建构（Bug fi）等高级技术以外，更持续创新推出各项自主研发的国际级数据库管理及信息安全系统软件，包含数据库性能监控优化软件、数据库安全审计系统等系列数据库软件产品，以及终端安全检测服务、网络访问安全管控系统、操作系统加固等信息安全软件。

据介绍，目前星瑞格软件有三大主力级数据库产品，即 Sinoregal DS 数据库系统、Sinoregal dbSonar 数据库性能与稳定性管理工具，以及 Sinoregal dbAudit 数据库安全审计系统软件。

其中，Sinoregal DS 数据库系统可有效节省数据库表数据的存储空间，降低响应时间，快速实时分析处理海量数据。该软件可广泛应用于政府、金融、电信运营商等行业以及中、大型企业的关键核心业务系统。

Sinoregal dbSonar 作为星瑞格为客户打造的数据库性能与稳定性管理有效工具，可以提供数据库性能监控、诊断与告警、实时分析影响在线应用程序性能的 SQL 语句、索引及碎片，协助数据库管理员快速诊断数据库并迅速排除问题。

Sinoregal dbAudit 数据库安全审计系统软件拥有多项独家专利技术，可在不修改应用程序的前提下，辨识所有终端使用者及特权管理员的真实身份，并针对包含 SQL Injection 等异常使用行为或危险指令或异常使用时段发出告警，完整记录包含应用系统用户及数据库管理员等所有用户的数据库使用行为轨迹，协助企业做好“人事时地物”5W 证据保存，达到审计的目的。

打造国产数据库生态圈

作为一家“国家队”，星瑞格软件并没有遇到一般初创企业都会有的资金难问题。“其实国有企业钱都是随时备在那儿的，我们创业相对容易一点，目前摆在星瑞格软件面前的难题是市场。”施政坦言，星瑞格软件作为国产数据库的“后来者”，目前最难的是打开市场。

施政表示，目前国产数据库是我国软件行业的软肋之一，大型数据库企业非常欠缺的，“说白一点，就是能够把甲骨文（Oracle）干掉的公司还没有出现”。星瑞格选择了引进消化、吸收再创新这条路，即把 Informix 数据库源代码全部拿过来，以此为基础进行深入开发。

事实上，星瑞格软件并不是唯一一家获得 Informix 数据库源代码的公司。早在星瑞格之前，国内已经有南大通用和华胜天成两家公司已经获得 IBM Informix 数据库源代码的授权。

相比其他获得授权的公司，要想在国产数据库领域走出来，星瑞格软件更需要在产品创新和构建数据库生态圈方面进行努力。

一方面，为了实现产品创新，实现国产平台的迁移适配，星瑞格软件先后与中标软件、曙光信息产业、中兴软创、国网信通亿力科技、福建亿榕信息、福建博思软件等企业签订了战略合作协议。

同时，星瑞格软件还针对行业客户的特定需求，不断深化，满足不同行业需求。接下来，星瑞格软件还将针对教育、金融、智慧城市等行业推出产品和方案，让不同行业的客户都可以满足需求。

为了深化产品线的深度，星瑞格软件以 IBM Informix 数据库源代码为基底打造出自主可控的 Sinoregal 国产数据库软件。据施政介绍，星瑞格软件的技术背景，可迅速跨越源代码消化、吸收阶段，直接进入功能创新阶段，整合既有产品线，赋予自主安全可控的 Sinoregal 国产数据库性能监控优化、审计及异构数据库兼容等创新功能，并发展新一代国产数据库蓝图，打造了一个从端点、网络、操作系统再到数据库的完整安全的运维环境。

施政表示，数据库是整个信息系统的基础和核心，在信息产业发展的新形势下，“自主可控、安全可靠”成为此类产品的标准配备。

为了弥补 Informix 因美国软件出口限制造成的安全模块缺失，使产品完全符合国内相关安全技术标准，星瑞格软件完善了数据加密算法。2016年，星瑞格软件将数据库产品陆续应用到国内政府及电网、水利、金融、电信等多个领域和行业。未来，星瑞格软件将适时引入战略投资者，在资本市场上市。

此外，星瑞格软件还与北京大学网络和软件安全保障教育部重点实验室签订了建立“北大—星瑞格数据库安全技术联合实验室”的合作协议。目前，星瑞格软件已经成功替代 Oracle 在福建省级政府应急中心的核心系统，迈开了挑战数据库国际大厂的坚实步伐。

（罗晓燕 / 文）

福建星瑞格软件有限公司获第六届中国创新创业大赛电子信息行业总决赛成长组优秀企业

打破国外专利封锁　开辟薄膜复合材料新天地

——记浙江欧仁新材料有限公司联合创始人杨晓明

“姜还是老的辣。”作为第六届中国创新创业大赛新材料行业总决赛上最年长的获奖企业创业者，浙江欧仁新材料有限公司联合创始人、技术总监杨晓明博士携带的“功能性薄膜复合材料”在第六届中国创新创业大赛新材料行业总决赛中技压群雄，摘得全国成长组桂冠。

虽然是技术出身，但杨晓明在总决赛舞台上的演讲，妙语连珠，让人佩服。事实上，他不但负责公司的技术，还负责销售指导。

目前，杨晓明博士已经拥有国外170多项发明专利。他在新材料行业总决赛舞台上不仅信心十足，更是幽默诙谐。一口带着四川味的普通话惹得台下一阵笑声和掌声。

杨晓明在接受采访时表示，作为一位海归创业者，他希望利用自己在国外20多年的工作经验，能够在自己从事的领域内打破国外对我国的专利封锁，为国家做贡献，在报效祖国中实现人生价值。

义无反顾　报效国家

杨晓明出生于1960年，四川人，1989年去美国留学。谈及当年的留学经历，杨晓明表示，他当时出国留学的时候，祖国无论在经济、军事还是文化等各方面都还不强大，因此，到了美国后会经常被人问是不是日本人，因为他们觉得中国很穷，中国人没有钱出国留学。

当时漂洋过海去美国，杨晓明只带了 100 美元，提着两个皮箱。“因为家里也穷，到了美国除了努力工作和学习外，没有别的路可走。”杨晓明说，当时博士毕业后就夜以继日地做科研工作，希望在掌握更深的技术同时多赚点钱。

由于勤奋努力，杨晓明在美国宾夕法尼亚大学做了 4 年博士，他不光技术出众，发表的文章也比一般人多。毕业时，杨晓明的导师还恳求他留下来做博士后，并提出可以帮助他获得美国绿卡。不过，他婉言谢绝了。

“我还是希望能够回国发展。”杨晓明说，虽然他在美国什么也不缺，但作为中国人，用自己所学报效祖国之心从来没有变过。“我们不管在国外有多成功，都有一颗中国心，希望中国能够强大。”

让杨晓明欣慰的是，与 30 年前相比，如今我国经济保持中高速增长，“大众创业、万众创新”形成热潮，发展的机会更多、舞台更大。

“祖国培养了我们这一代人，所以不管能做多少，总之我要把在美国 20 多年学到的东西带回国内，能够为祖国的发展强大添砖加瓦。”杨晓明说，

矢志不渝　终获大奖

2011 年，杨晓明带着他报效祖国的雄心壮志，带着雄厚的技术研发底蕴回国了。之后辗转多地，杨晓明终于把自己的事业重心放在了他多年的研发重点上。

“我们公司成立于 2014 年，专业从事多功能涂层复合薄膜材料的研发设计、制造与销售。公司位于浙江省嘉善县，在深圳、广州、上海、苏州、南京等地设立了办事处，能够直接为国内外多家企业和客户提供合适的产品和完善的服务。”杨晓明说。

对于一个四川人为什么会选择在浙江创业，杨晓明把这一切归功于浙江

较好的产业氛围。他说，这里是国家重要的新材料产业基地，新材料产业规模已超千亿元，而且已经形成了完善的新材料产业链，便于他们与上下游企业进行合作。正是良好的政策环境和创业氛围，杨晓明在浙江还获得了浙江省“千人计划”特聘专家称号。

作为一家发展不到3年的企业，杨晓明带领他的团队把公司的销售额从200万元做到了现在的1.2亿元，实现了高速增长。不仅如此，杨晓明还胸有成竹地表示，他们将在2018年完成股权改革，争取到2021年在创业板上市。

有如此雄心大志，杨晓明的底气来源于哪里？“在技术方面，我在国外多家公司担任过技术总监、副总。在美国、欧洲、日本共有170多项发明专利。公司还有一位中国工程院院士作为我的技术顾问，还有科技部的专家、浙江省‘千人计划’特聘专家等为我们提供鼎力支持；在销售渠道上，我们与母公司欧丽集团共享销售渠道，产品推广起来非常容易，此外我本身在消费电子领域也有二十几年的经验，我的销售员出去说这是杨博士的产品，很多人都会自觉买单。”杨晓明说到此显得有些自豪。

虽然在公司产品和技术方面，杨晓明很高调，但对于此次参赛，他却很低调。他说，此次参赛对他而言是一次机会和练习，更是对公司的一次检验。

“来这里时，我根本没想过拿什么大奖，我们在初赛时只排到14名，最终能拿一等奖是我自己都不敢想的。一路走来，我们学到了很多东西。”杨晓明表示，他是做技术出身的，参与这样的大赛根本没有什么经验。在地方赛事上，他一上台演讲就滔滔不绝地讲自己的技术多么高深出众，不仅观众听不懂，甚至很多专家也不知所云，反响并不好，所以成绩不理想都很正常。

“针对这一情况，浙江省火炬中心、嘉善县科技局的负责人经常来我们公司给予指导。因为他们深知我们的实力，只是没有发挥出来。”杨晓明表示，他在总决赛上的PPT，在各方的指导下，修改了近20遍，进而慢慢领会到大赛评选标准及评委的要求，才更加接地气一点。“所以说，这一次能够获奖是大家共同努力的结果。”

立志打破国外专利封锁

“在国内，我发现很多领域都是国外企业在主导技术。我希望在自己这个领域有朝一日能突破国外的专利封锁，让我们做技术的先行者和标准的制定者。”杨晓明说。

目前，浙江欧仁新材料公司生产的功能性薄膜复合材料包括吸波屏蔽材料、锂电子封装材料、显示屏材料、石墨散热膜等，已用于消费电子领域，客户包括苹果、华为、三星等。“这些材料在国际上都处于技术领先的位置。”

为了能够让公司的产品满足更多用户的需求，让“中国创造”更加深入人心，杨晓明和他的团队正紧锣密鼓地扩大生产范围。目前已经建成拥有超过2.2万平方米的高净化无尘车间及6条多功能复合精密涂布生产线，可以满足不同用户的需求。

除了在消费电子领域有所收获外，在大飞机领域，杨晓明团队研发的功能性薄膜复合材料也打破了国外企业的垄断地位。

“在大飞机上，我们研发的功能性薄膜复合材料采用高分子结构与性能设计、超声／磁控聚合改性等高精尖技术，拥有隔音、隔热、绝缘、阻燃等多种性能，可以满足各种恶劣条件下的测验。”杨晓明博士说，公司已与中航国际建立了长期合作关系，未来希望能够与国外企业决一高下。

展望未来，杨晓明希望借此次大赛为契机，让更多人关注他们公司的产品和技术，让更多国外的企业主动来找他谈合作，让“中国创造”响亮世界。

（戈清平／文）

浙江欧仁新材料有限公司获第六届中国创新创业大赛新材料行业总决赛成长组一等奖

要走“最难路”的极客

——记宁波惠之星新材料科技有限公司创始人、董事长董红星

“0.45分，只差0.45分！”放松绷紧着的神经，走下总决赛舞台的董红星略带遗憾。尽管如此，宁波惠之星新材料科技有限公司还是斩获了第六届中国创新创业大赛新材料行业总决赛成长组二等奖。

这是董红星第二次征战中国创新创业大赛。相比前一次的半途退出，这次的成绩对于董红星而言，可以称得上“圆满”。

“容易走的路往往是拥挤的”。2012年，正是钢化膜市场红透半边天的时候，董红星创办了宁波惠之星新材料科技有限公司，致力于成为中国光学硬化膜行业领军企业。在这场“快钱诱惑”面前，董红星带领惠之星人始终向着行业最高标准前行，坚持避开低端市场。

“我们坚持做高端产品液晶表面硬化膜和ITO基膜，即使再困难，也不受赚快钱的诱惑。”董红星的目标很明确。

2016年，惠之星的产值已达1.5亿元，2017年预计实现3亿元。

坚守创业初心，踏实走好每一步

董红星，一位坚定要走“最难路”的极客，大学毕业后进入某知名国企，3年后进入天津一家为摩托罗拉做手机壳的新加坡企业。伴随这次从国企到

外企的转型，董红星也正式踏入了新材料行业。

如果说走进材料行业只是个开始，那么改变董红星人生轨迹的则是在中欧国际工商学院 MBA 的经历。

考虑到今后事业的落脚点在国内，所以董红星没有选择出国，而是走进了中欧国际工商学院。2002 年，他离开天津来到上海，开始为期两年的全脱产进修。

董红星说：“两年中欧的生活和学习，更多的是让我获得了作为领导者的视野。对一家公司而言，能发展到什么地步，取决于它的定位，也就是眼界决定落点。在中欧的两年，我们要做案例、要讨论，其中给我最大的启发是：凡事没有唯一答案，只有最优答案。”

这也对后来的惠之星产生了深远的影响。中欧 MBA 毕业之后，董红星加入了通用电气公司（GE），之后随着个人发展进入艾利丹尼森（AD）。

2008 年后，由于国际金融危机的爆发，外资企业在华发展遇到瓶颈期，压力随之渗透到在外企服务的经理人。与此同时，国家层面对科技创新创业的扶持力度却日益加大。

“与其在外企层层受压，为何不利用自己的能力和经验，自己创业?”想到这里，董红星决定放手一搏。

然而，现实是残酷的。由于对技术层面的了解有限，董红星创业一年之后，被突如其来的技术难题打了一个措手不及。

“最初选择的是另外一款薄膜产品。由于特殊的细分市场，在量产中遇到了很大的技术难题，最后不得不放弃。”

从 2011 年开始，董红星决定带领惠之星投身硬化液。仅一年左右，惠之星的硬化液产品就已在业内做到中上水平，也逐渐被认可。

然而，经营过程中发现，惠之星的硬化液产品受限于上游硬化膜行业产品的质量。

“硬化液销量好不好，取决于我们的用户能不能用、好不好用。这不仅要求硬化液质量过关，还受到硬化膜工艺条件和工艺能力的影响。”董红星说。

当时行业的实际问题是，国内能生产出优质硬化膜的厂商微乎其微。惠之星又一次面临命运的选择：要不要再向前迈一步，进入硬化膜领域，把企业的命运掌握在自己手里？

经过反复论证，董红星决定冒险一试。

实践证明，这一步走对了。2012 年，步入硬化膜行业之后的惠之星得以迅速发展。

硬化膜产业难度大，技术门槛高，这就要求做硬化膜产品的团队，必须同时具有过硬的技术力量和较强的管理能力。“创业如同在刀刃上行走，向左或向右都会摔倒，唯有向前走，哪怕前路艰辛，也要走下去。”董红星说。

创业之路是艰难的，最初两年尤其困难。2013 年，惠之星的新产品还没有开始生产，而老的生产线却时常出问题。到了 2014 年年初，新产品线落成，但产品品质不稳定，加之市场骤变，导致大订单减少、机器架空率较高。“但惠之星咬着牙挺了过来。”

抵制快钱诱惑，走最难的路

硬化膜刚刚兴起的时候，许多企业看到手机保护膜市场利润很高，纷纷上马投入生产。但是，拥有敏锐市场嗅觉的董红星果断地选择了一条与众不同的路线：走少数人走的路、走最难的路。

结果证明，“走少数人走的路，走最难的路”虽然艰难，但坚持下来就会成功。

一年之后，惠之星成功打开了市场的大门。

“我们拿到三星的大单了！”2013 年的一天，董红星拿到订单后兴奋地将消息告知合伙人。从此以后，惠之星成为三星手机／平板电脑屏幕的硬化保护贴供应商，这也是惠之星的腾飞的始点。

其实，早在 2011 年，董红星就敏锐地发现“可印刷的硬化膜”的市场空间很大，并经过一年多的研发与调试，成功开发出高性能“可印刷的硬化膜”产品。

机遇总是给有准备之人的。“三星有需求就找上门来了，碰巧，我们的产品正是他们所需要的，因此双方一拍即合。”董红星说。

之后，在老朋友长阳科技董事长金亚东的推荐下，董红星来到宁波，选择江北杰佳不锈钢公司的仓库作为最初的生产基地。

“做最好的跟随者。因为，全新的产品往往面临市场、技术、生产等诸多风险。刚开始创业时，企业规模较小，所以我们给自己定位是至少5年以内，做一个跟随者。”

随着手机显示领域LCD向OLED过渡，曲面屏越来越成为市场的主流，曲面屏外观好看，但是令人苦恼的问题是跌落容易碎。为此，惠之星率先配合VIVO开发了可以防止碎屏的全贴合防爆膜，把跌落碎屏率从5%～7%降低到了万分之1.5。

对于越来越重视客户体验的国产大品牌手机厂来说，这个产品无疑是提升客户满意度的利器。

如今，全贴合硬化膜已成为其灵魂产品。从vivo、OPPO到华为、三星，惠之星已建立起全系列的膜“帝国”。

目前，宁波惠之星已形成了光学硬化膜（包括超耐磨、防眩光、防指纹、防静电硬化膜）产品系列数十个品种的完整的产品线，在多个领域打破了国外公司的垄断。相关产品用于家电、手机及触摸屏表面的硬化PET/PC薄膜，已经在业界建立了良好口碑，技术水平处于国际领先位置。

“我们的产品将迅速打破国外材料巨头对于中国电子行业新材料的垄断，帮助中国的电子行业降低成本、提升效率、增强竞争力。”董红星说，市场再次证明，硬化膜行业不是有资金就能入市的。而惠之星之所以成功，正是得益于抵挡住了赚快钱的诱惑，得益于团队优势与硬化膜行业特点的高度匹配——懂管理、有技术、会合作。

争做世界一流企业

在比赛现场，董红星介绍说，目前宁波惠之星已经成为中国领先的高端光学硬化膜及相关表面处理膜的供应商，以及全世界极少数同时量产液晶显示器偏光片表面处理膜和ITO基膜的企业。

2017年，惠之星实现销售收入2亿元，未来3年有望实现年销售收入10亿元，成为中国光学硬化膜行业真正的领跑者，成为全球光学硬化膜最有影响力的企业之一。

如今，看着蒸蒸日上的惠之星，董红星却没有丝毫放松。因为，他知道，要想发展成为世界一流公司，前面的路还很长。

"我希望通过努力，让惠之星成为中国精密涂布行业最优秀的公司之一。为此，我们要不断深耕惠之星的企业创新文化。技术可以领先一时，但创新文化是永恒的、可传承的，也是保持企业基业长青的灵魂。"

因此，惠之星要求员工要有适应新变化、不断自我学习和更新的能力。"公司在快速发展，新的挑战层出不穷，只有具备创新能力的员工才能与公司的发展相匹配。"董红星解释说。

越接近成功时越困难。"即使你已经胜券在握，但不到最后关头，结果依然难料，而悔棋则是下棋的大忌。"董红星说，很多人在做了选择之后，一旦发现困难就想退回来，这就是很多人失败的原因。

在这个创新创业风起云涌的时代，对于想要创业的人，董红星建议，首先要有目标，不可"怀利以事"，要想做得长久，就要把创造价值放在首位。当然，创业光有一腔热情也是不够的，毅力也是必不可少的。

"行百里者半九十。"董红星说，惠之星从事的行业是资金密集型、技术密集型的行业，需要源源不断的资本注入。"希望通过参加本届中国创新创业大赛，能够吸引更多的投资人关注这个领域，关注我们。"

（李洋／文）

宁波惠之星新材料科技有限公司获第六届中国创新创业大赛新材料行业总决赛成长组二等奖

用金刚石材料描画碧水蓝天

——记广州德百顺电气科技有限公司联合创始人兼技术总监张文英

“金刚石膜抗压、耐磨，做人就得像金刚石膜一样，要勇敢往前冲。”这是广州德百顺电气科技有限公司联合创始人兼技术总监张文英博士在参加完第六届中国创新创业大赛新材料行业总决赛后的感言。这次总决赛，该公司获得了成长组三等奖。

“太紧张了，我一直攥着拳头等待专家的提问”。从比赛台上走下来，张文英激动地说：“今天，我尽力了。比赛像一面镜子，让我们可以看清楚自己。与同行相比，我们还有太多地方需要学习。”

张文英是此次参赛中少有的女性创业者，拥有德国留学背景、博士学历。2010 年，张文英从德国回到中国，开始了自主创业生涯。

“创业艰难百战多”，她的公司从无到有，一跃成为世界上第四家和中国第一家能够生产金刚石材料和相关设备的企业。这背后又有多少艰辛和鲜为人知的故事？

踌躇满志　报效祖国

“80 后”“留德女博士”“工程师”，这是张文英身上的“标签”。

张文英出生于 1980 年，广东佛山人。她与当时很多莘莘学子一样，怀揣着留学梦，希望漂洋过海到国外去开开眼界。2004 年本科毕业后，她选择了去比利时攻读硕士学位，后来在 2005 年德国埃尔朗根—纽伦堡大学攻读博士学位。这段海外求学经历让她真正接触到了国外在金刚石材料研究方面的最新成果和顶尖技术。

由于勤奋好学，技术出众，在德国时，张文英的博士导师希望她能够留下来。但是，即使再好的条件也无法阻止她回国的决心。饮食习惯不同是一方面，但真正促使她回国的原因是她拥有一颗拳拳赤子之心。

“中国日渐强大，创新创业的氛围越来越浓厚、环境越来越好。”张文英说，每次回国，看到祖国日新月异的变化，“总有一种回国为国家发展做贡献的强烈愿望”。

2010年，上海世博会、广州亚运会等一系列国际赛事和活动使中国成为世界焦点。这更加坚定了张文英回国的决心。

就这样，2010年12月底，张文英毅然决然地放弃了在德国的优厚条件，携带着多年的学习和研究成果，回到祖国，开始了为中国环保事业做贡献的创业之旅。

巧遇贵人　开启创业人生

回国做什么？这是张文英反复思考的一个问题。她最初的想法是去高校当老师，这样可以继续搞科研工作。“我希望把自己掌握的技术和在国外的工作经验带回国内。”

当时，经朋友介绍，张文英参加了在广州举办留学人员交流会。正是这次会议改变了她的人生轨迹。

“在广州留交会上，我有幸结识了钟建华，他也是从德国留学回来的，因为共同的经历，我们聊得很投机。”张文英说，当时钟建华谈了他的经历及对国内市场的看法。“他也希望用自己的经验和技术为祖国贡献一分力量，这一点深深打动了我。最后他力邀我一起创业。”

这次交谈，也点燃了张文英创业的激情。

虽然两个人都拥有海外留学背景和较强的研发能力，但创业是一件复杂的事情。首当其冲的就是在哪儿创业？

起初，张文英和钟建华去福建考察，后来又去了广东珠海、深圳等地考察，最终选择了广州开发区。

“广州开发区给我们的印象非常好，不仅绿化好、配套设施完善、周边产业链发达，而且园区管理者很热情、负责，并给我们减免了一半的房租，这对我们这样的初创企业来说意义重大。”

地点选好了，张文英和钟建华共同筹集了150万元资金，成立了广州德百顺电气科技有限公司，正式开始了创业之路。

“我觉得广州开发区是我们的福地，从选择那里开始，幸运的事情就接踵而来。”张文英掩饰不住内心的喜悦。

一次，美国兰德公司到广州开发区考察，园区管委会推荐德百顺电气作为其中的一个考察点。此次考察，不仅让美国兰德公司收获颇多，也让园区管委会领导进一步看到了德百顺电气的前景，并在之后给予了大力支持，包括申报科技专项、领军人才奖、孵化器专项奖等。

“今天有好几个风投问我们为什么不选择其他地方。我觉得在我们最困难的时候，是广州开发区帮助了我们。不管怎么样，我们都会与园区一起成长。”张文英说，目前在广州开发区的支持下，德百顺电气即将建设大型产业基地。

“我是佛山人，钟建华是广州人，我们的投资人是东莞人。虽然大家离广州开发区相对较远，但心却很近。”张文英说，此次参赛，从报名到整个参赛过程，广州开发区也给予了很大的帮助和指导。

“除了有政府的扶持外，几位核心员工能够与公司共同成长也让我们很欣慰。”张文英说，在创业初期，员工都拿着广州市最低工资1500元，遇到加班，只能经常住实验室。

就这样，在各方支持下，在员工的努力下，德百顺电气终于渡过了难关。

德百顺电气以导电纳米金刚石涂层材料技术为核心，运用自主设计研制的热丝化学气相沉积设备，成功开发出包括纳米金刚石涂层刀具、导电纳米金刚石分载开关、纳米金刚石传感器、纳米金刚石直接臭氧水发生器等多项产品，成功填补了国内导电纳米金刚石涂层材料及器件的市场空白，其中纳米金刚石直接臭氧水发生器属世界首创。

目前，德百顺电气获得了20多项国内外发明专利，同时建立了我国首部纳米金刚石涂层应用的企业标准，以及完整的技术、生产和管理体系。

关注环保　回馈社会

“金刚石涂层是重要战略材料，美国政府将金刚石涂层列入27个国家关键技术之一，我国也已将金刚石材料列为国家的战略材料之一，我们特别希望将金刚石材料服务于我国环保的事业。”张文英表示。

事实上，关注环保，用先进的理念和成熟的产品回馈社会一直是德百顺人不懈的追求。

张文英举例说，他们的投资人在东莞和佛山拥有大型的造纸厂和印染厂，但过去几年废水治理一直是制约他们的头等难题。

“传统手段治理难降解污水效果不理想，只能通过掩埋手段解决，但若干年后污水会渗透出来，还会给环境造成很大危害。我们之所以受到投资人的青睐，很重要的一点是我们能够在短时间内通过无须投料的纯物理方法治理污水难题。”张文英说。

目前，德百顺电气生产的设备和产品可以专门针对污水处理，并且能够在1小时内把污水处理成能够排放的标准水。

除了治理污水外，德百顺电气还利用纳米金刚石涂层材料，在全球首创了一款便携的臭氧机，只需要加上自来水，一按开关就能马上生成臭氧消毒水，可实现30秒急速杀毒。“该产品用途广泛，能用于皮肤和物品表面的杀菌消毒，农产品的保鲜，降解蔬果上的农药残留物等。”

此外，在医疗领域，德百顺电气研制的纳米金刚石传感器也能发挥巨大的作用。“比如，我们经常看到医生给患者做检查时都要抽血，而且一次都要抽好几管，原因在于检测血液的传感器敏感度不高。如果采用纳米金刚石传感器替代传统传感器，今后抽一滴血就能完全检验出患者的病因，减少患者的痛苦。”

“人生五味杂陈，创业这条路算是最苦的了，但在国家呼唤‘大众创业、万众创新’的时代，我觉得自己选择的这条路很正确。今后还将加大技术研发力度和市场推广力度，为社会创造出更多的产品，服务更多人。”张文英信心满满地表示。

（戈清平 / 文）

广州德百顺电气科技有限公司获第六届中国创新创业大赛新材料行业总决赛成长组三等奖

氮化铝产业里的“中国合伙人”

——记厦门钜瓷科技有限公司创业团队

几年前，一部《中国合伙人》电影风靡大江南北。如今，在大众创业、万众创新风起云涌的时代，每一个创业团队的背后都有一个个鲜活的“中国合伙人”的故事。

厦门钜瓷科技有限公司发起人管军凯与技术总监秦明礼原本是大学时代睡在上下铺的兄弟。中南大学毕业后，性格内向的秦明礼选择了继续攻读研究生，并获得了前往北京科技大学任教的机会；性格外向的管军凯则早早地进入社会锻炼，先后经历择业、创业的起起伏伏，并在从事半导体电子电器销售过程中，结识了同样拥有小家电销售经验的石磊。

这在几年前，天各一方的三个人，也许在事业上不会有交集，但在大众创业、万众创新政策东风吹拂下，三个人的命运却因一个叫做氮化铝的项目连在了一起，变成了生意上的“合伙人”。

2017 年 11 月 24 日，在灯光璀璨、高手云集的第六届中国创新创业大赛新材料行业总决赛的舞台上，年轻博士鲁慧峰带着导师秦明礼及整个创业团队的嘱托，登上国赛的最高舞台。

“多年来，氮化铝原材料一直被日本垄断，尤其是国防军工领域，外国更是加紧对中国限制供应。我们依托北京科技大学秦明礼教授科研团队，十年磨一剑，最终研制出了超越德山标准的高品质氮化铝粉末和制品，为的就是打破外国对该领域的垄断，实现所有氮化铝不从国外进口！”最终，厦门钜瓷科技有限公司创业团队以一种“敢为天下先”的企业家的情怀，深深感动了在场的评委，获得了第六届中国创新创业大赛新材料行业总决赛初创组一等奖。

誓要打破日本的材料垄断！

氮化铝，理论热导率是氧化铝的 7 ~ 10 倍，与金属铜和铝相当；力学性能与 Al_2O_3 陶瓷相当；绝缘性能，大于 15 kV/cm；与硅及 SiC 相匹配的热膨胀系数。无毒、耐热冲击性好、耐等离子体侵蚀……基于以上种种特性，氮化铝粉末一度被认为是国家战略性关键材料。

可以说，从家用电器到汽车、高铁的功率元器件，都必须使用氮化铝陶瓷。但是，该项技术始终被日本垄断。

“凭什么我们中国要受别人制约？中国如果连这个都不能自主生产，怎么能称得上是经济强国？总得有一个人站出来干这行。”作为国内第一位以氮化铝为研究课题毕业的博士，北京科技大学秦明礼科研团队自 1992 年以来一直致力于对氮化铝粉末材料和陶瓷制品方面的研究，而高品级氮化铝粉末制备技术和复杂形状零部件成形技术两项技术的取得，更是几代人共同努力的结果。

“期间经历了太多心酸的过程。曾经灰心过，也失望过，但每一次在购买日本氮化铝粉末的时候又深深被那种高姿态和不供应的态度所刺激着、纠结着，同时被相关朋友、同行及国防院所等人殷切地盼望着。于是我们鼓起勇气，继续前行。”

成功总是留给有所准备和勤奋的人。经过不懈努力，产品在期盼中出来了。如今，两项技术有效解决了由于氮化铝硬度高、脆性大而造成的复杂形状制品难加工的问题，实现了微型和复杂形状高导热氮化铝制品的精密制造，成功应用于国防武器装备关键部件的制备。

破解氮化铝粉末产业化“最后一公里”

在得知秦明礼学术研究取得重大突破的第一时间，拥有多年半导体电器从业经验管军凯敏锐地感觉到，中国氮化铝的“春天”来了。

2012年的一天，两兄弟在北京会面。管军凯试探性地提出了做氮化铝材料的想法。但是，却得到了秦明礼“技术还不太成熟”的模糊回复。尽管如此，管军凯还是决定找石磊商量相关事宜。

管军凯没想到，氮化铝，这种具有高热传导率、低介电常数，以及良好的电绝缘特性，极适合作为高亮度LED晶片和高功率电子元件的承载基板的基础原材料深深打动了多年从事小家电行业的石磊。

之后经过两人多次与秦明礼探讨创业的可能性，尤其是在国家鼓励高校教师携成果创业的政策鼓励下，秦明礼终于鼓起了携技术成果合伙创业的勇气。

2016年的一天，秦明礼主动约管军凯和石磊见面，共同商讨氮化铝产业化相关事宜。

经过探讨，三人一致认为，这种“人无我有”的技术，一定会有着光明的市场前景。“总的来看，国内市场对氮化铝的总需求为5000吨左右。而氮化铝粉末原料产值接近50亿元，氮化铝陶瓷制品300亿元。前期的职业生涯告诉我，做企业要么做品牌，要么做基础原材料。只有这样，企业的命运才不会受制于人。”石磊说。

随后，三人决定，无论是为打破日本对中国氮化铝原材料的垄断，还是为了实现氮化铝产业化，这个项目都值得背水一战。

2016年12月，管军凯和石磊自筹资金500万元，秦明礼出技术，三人合伙成立了厦门钜瓷科技有限公司。秦明礼技术发明占股30%，任技术总监，其博士生鲁慧峰担任技术副总监。管军凯占股23.4%，任公司董事长；石磊占股23.3%，任公司总经理。

尽管最初的资金，还不足以支撑氮化铝粉末的整个生产，但是拥有多年九阳股份有限公司开水煲和电磁炉事业部高层管理经验的石磊坚信，企业家缺的不是钱，而是使命感。“等到一家企业真正为社会奉献价值的时候，一切的金钱、名利都不是问题。”

责任系于实干，做有使命感的企业

厦门钜瓷科技有限公司成立后，三个公司“元老”带着核心团队到一线亲自抓生产。一来是为了节约成本；二来是可以直接掌握项目的进程。

由于混料车间不透风，也不能安装空调，严重高于体表温度的室温，经常捂得人汗流浃背。即便如此，为了得到一手的数据，确保产品能有更好的品质，石磊还是坚持通宵达旦地在车间里工作，看烧结炉、调试设备，甚至还要到户外爬高监控水塔。

“特别是冬天，巨大的温差经常让人有冰火两重天的感受。尤其是半夜三更，伸手不见五指，我们还是要坚持到户外爬高监控水塔，非常危险。”石磊说。

眼看在这种三更眠五更起的日子熬出了起色，分歧不可避免地发生了。

“最大的分歧在于产品线规划和销售规划方面，秦明礼教授的想法是一个一个做，力争把产品做到完美，达到竞争对手的品质还不行，最好能超越；而我和管军凯的想法是越快越好，只要达到竞争对手的质量就上市，要抢占市场，而且要多个产品一起发力。”石磊回忆道。

三位合伙人，一位来自高校，严谨的学术态度告诉他做技术要脚踏实地；两位来自市场，十多年的市场经验告诉他们，市场很可能稍纵即逝。

最后经过协商和分析，三个人最终达成一致：只要达到竞争对手相同的品质先上市，在使用过程再完善；不能一起上多个系列产品，要一个一个系列产品上市，确保产品的质量。

在不断磨合中，厦门钜瓷公司也逐渐长大起来。目前，该公司已与北京科技大学签订 2 项技术转让（专利权）合同，引进氮化铝粉末与陶瓷生产技术专利，与日本德山相比，价格、种类、成本上均占有绝对优势，国内还没有类似的竞争对手。

如今在厦门钜瓷科技，氮化铝加工效率由单台机器每天不到10件提高到1万余件，实现了氮化铝粉末的批量、稳定生产，粒度可控，纯度高，成本低。实现了高纯纳米氮化铝粉末的制备，为低温烧结制备高强度、高热导率氮化铝陶瓷提供了可能。

“智汇钱塘共赢未来”钱塘之星·2017（第二届）创新创业大赛初赛上，该项目首次站在创新创业大赛的舞台上。也正是这一次，厦门科创基金抛出了“橄榄枝”，追加投资500万元。在资本的运作下，目前，该公司已经建成年产30吨氮化铝粉末的生产线设备，预计3年内氮化铝粉末产能可扩大到80～100吨，并初步建立年产10吨的高导热复杂形状氮化铝精密器件生产线设备。

在第六届中国创新创业大赛期间，前前后后多家风投机构主动商谈，表示愿意投入大笔资金帮助氮化铝项目做市场产业化。“这真是令我想不到！公司成立时，我们原本考虑的是利用自己手里的资金，滚雪球式的发展。没想到，中国创新创业大赛为我们‘吹’来了这么多的社会资本！”对于此次大赛期间的各种“想不到”，石磊喜出望外。

“接下来，我们也将会带着中国创新创业大赛及社会各界的厚爱，反馈社会。我们相信，当企业能够真正为社会创造价值的时候，企业的业绩会不请自来。”石磊说。

（李洋／文）

厦门钜瓷科技有限公司获第六届中国创新创业大赛新材料行业总决赛初创组一等奖

创业“有可能皆挑战”

——记新疆科鼎环保科技联合创始人王思骐

“高颜值”“大长腿”“90 后”“爱好运动和读书”。当这些标签集中在一起时，一般人以为是见到了某个娱乐明星，实际上他却是一个创业者。

他叫王思骐，出生在新疆，今年 25 岁，硕士毕业于南京工业大学化学工程机械系，是新疆科鼎环保科技有限公司联合创始人。

在 2017 年 11 月 20—24 日举办的第六届中国创新创业大赛新材料行业总决赛上，他携带“油水分离用高分子纳米复合材料及集成化应用”项目获得初创组三等奖。

初生牛犊不怕虎。作为此次大赛最

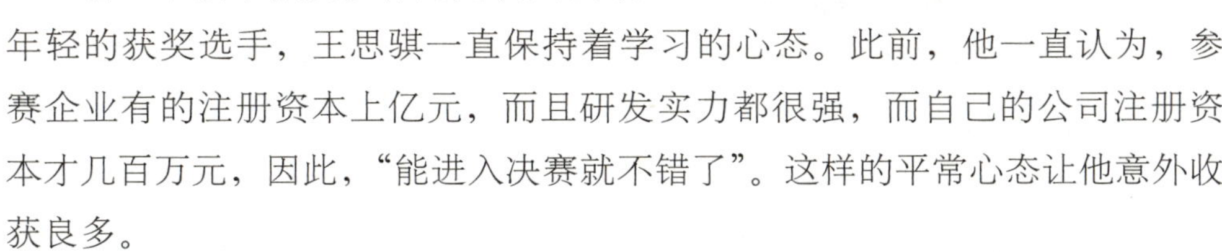

年轻的获奖选手，王思骐一直保持着学习的心态。此前，他一直认为，参赛企业有的注册资本上亿元，而且研发实力都很强，而自己的公司注册资本才几百万元，因此，“能进入决赛就不错了”。这样的平常心态让他意外收获良多。

实际上，创立新疆科鼎已是王思骐第二次创业。在此之前，他在互联网领域也有过尝试。他觉得在大众创业、万众创新的时代，创业是一件既有挑战又很有意义的事情。“这个时代属于年轻人，属于有梦想的人。”王思骐说。

从创业到海警

“之前，我在互联网领域创业，后来参加公务员考试，成为一名海警，之后又回到了自己的专业，在新材料领域重新起航。”在总决赛舞台上，王思骐一上台就赢得众人的目光。这不仅仅是因为他独特的个人履历，更因为他较高的颜值和年轻人独有的朝气。

都说看一个人“始于颜值，陷于才华，终于人品”，王思骐用他的表现赢得了观众的一致好评，更一度让评委认为他是不是有“富二代”背景，因为王思骐的第一个项目居然是从石化领域斩获的。

在与他交谈时，王思骐丝毫没有流露出“90后”的张扬，反而平静又耐心地诉说着他的故事。

“我觉得年轻人就应该创业，不尝试怎么知道自己不行？”王思骐说。他在2014年读大四时就开始创业，当时选择的是互联网领域的一个电子商务项目。

2014年，风云际会。国家向全社会发出了大众创业、万众创新的号召，互联网领域也掀起了移动互联网创业浪潮。“当时我就感觉在互联网领域机会很大。”王思骐说。他与十多个同学一起，凑了几千元钱，在寝室利用自己的电脑开始了创业历程。

当时，他们创办的公司名叫南京酷点微软件科技有限公司，是一个网上订购平台，与现在的“美团外卖”“饿了么”等外卖平台类似。“我们当时最高峰做到了日订单量5000份，按每份赚一元钱计算，我们有一天最多赚了5000多元。”谈及那段创业经历，王思骐仍然有些兴奋。

但好景不长，随着互联网竞争加剧，国内爆发了电子商务领域的“百团大战”，众多电子商务平台倒下。由于没有得到资本注入，大多数同学还要专注于学习，公司被迫将业务出售给当时较有实力的电子商务公司。

虽然公司运营了不到两年，但王思骐与他的同学们仍然很开心。一是赚到了第一桶金，二是体验了一把创业瘾，让大家收获很多，并感受到了创业的艰辛和其中的乐趣。

2015 年，中国海警到学校招考，王思骐报了名。王思骐从小就非常仰慕军人，而且还有个军人梦，特别是听说录取后还能获得中尉的军衔，让他更加奋不顾身。通过层层筛选，王思骐最终实现了自己的军人梦。

但毕竟做海警是需要耐得住寂寞的，这对一个年轻且早已将创业种子埋在心里的王思骐来说，是一个极大的考验。最终经过反复考虑，王思骐还是选择了再创业。

再创业　回归本专业

有了互联网创业和海警的经历，王思骐也在思索自己的优势在哪里，下一步该如何走?

就在他思索期间，他的同学找到了他。这一次，他们把目光瞄准了自己的化工专业，并把公司放在了新疆。

“新疆鼓励创新创业的政策特别好，而且还有上市通道。另外，我出生在新疆维吾尔自治区克拉玛依市独山子区，熟悉当地情况。这都可以发挥我们的优势。”王思骐说。在他的构想中，是希望通过新疆这个能源大省来撬动全国市场。

就这样，新疆科鼎环保科技有限公司于 2015 年 10 月落户新疆独山子小微创业孵化基地。

从落户独山子开始，他们的公司就频频受到各界关注。在公司成立初期就得到了中科院新疆理化技术研究所所长崔旺诚和研究员马鹏程的大力支持。他们与中科院新疆理化技术研究所联姻，共同研发了油水分离技术。该技术使用新型高分子过滤材料和新型高分子吸油材料，实现了含油污水快速分离、回收利用。

“在公司成立初期，我们的大部分时间都在做实验，并且在新疆独山子石化取得实验成功，一举奠定了在石化领域的影响力。”王思骐说。

当时，他得知独山子石化有个项目迫切需要进行油水分离实验，而且，此前的3家公司都没有完成任务。于是，他们抱着试一试的态度，经过了3个月的实验，最终完成了油水分离。他们开发的在线顶循油水分离设备，不仅使用材料稳定性高，油水分离效率也很高，每年可以为石化项目节省四五百万元的费用。

这一成功尝试，震惊了整个石化系统，来自全国的订单纷纷找上门来。

除了独山子石化项目获得成功外，从2016年开始，新疆科鼎环保科技有限公司也遇到了三个重要机会。

“一个是国家多部门联合开展了史上最严厉的环保督察，二是成品油从国四上升到国五标准，三是中石化、中石油、中海油3家石化公司内部提出了增质增效的战略。”王思骐表示，这些对油质都提出了更高的要求，也使得油水分离这个项目越来越受到重视。

实际上，油水分离在石油炼化行业非常重要，效果的好坏不仅关系到成品油的油质，还会对装置的连续化运行、精细化运行造成影响，导致资源浪费和经济损失。

“我们开发的高分子纳米复合材料不仅拥有自主知识产权，而且成本是国外的1/10，精度可以做到1微米以下，远远超过其他产品的精度。另外，我们的油水分离设备打破了石化领域在我国的垄断地位，目前，中海油已上马了我们的设备。”谈及公司的产品和技术，王思骐滔滔不绝。

支持环保　为民用领域做贡献

“虽然我们生产的油水分离材料和油水分离设备最重要的应用领域在石化行业，但是，我们还是希望能够造福更多老百姓，特别是在餐饮领域做点贡献。”王思骐表示。

近年来，随着人们生活水平的日益提高，餐饮行业也呈现出爆发增长的态势，与此同时，餐厨废弃物的产量也急剧攀升。

据国家环保总局不完全统计，我国餐饮业每年排放的餐厨废弃物达上亿吨，并正以每年10%的速度激增。餐厨废弃物成分复杂，是一种高浓度的有机污染物，所含油水如未经处理直接排放，不仅会对人类的生存环境造成严重威胁，而且还会对其后续处理产生不利影响。

严峻的形势造就巨大的机会，新疆科鼎也嗅到了巨大商机。在王思骐看来，传统的油水分离不能从根本上解决问题，还达不到国家的排放标准，而他们公司通过高分子纳米复合材料生产开发了餐饮模块化油水分离设备，并且采用了模块化设计，安装维护简单，污水自流即可满足要求，分离精度高，可以减少再加工成本。

“未来，我希望能够与公司一起把油水分离设备做得更完善，并加大市场推广力度，助力我国环保事业迈上新的台阶。”王思骐表示。

赛后，王思骐发了一条说说：“为期 5 天的决赛落下帷幕，体验到了全国规模最大、影响力最强的赛事。2017 年接近尾声，2018 年我们在路上。伙伴们，出发吧，‘有可能皆挑战’。”

（戈清平 / 文）

新疆科鼎环保科技有限公司获第六届中国创新创业大赛新材料行业总决赛初创组三等奖

第二章

创业伯乐篇

赛马场上选骏马，市场对接配资源

人们常说：“千里马常有，而伯乐不常有。”但在中国创新创业大赛上，不仅“黑马”辈出，也给“伯乐”们大显身手的机会。这要得益于大赛实施的“赛马场上选骏马，市场对接配资源”的办赛模式。无论是担任评委的行业领域的专家、创业导师、风投家，还是慕名前来寻找合作伙伴的企业家，都期望在这个中国参与人数最多、规模最大的创新创业赛场上，发现和培育一批用新技术破解难题，用新模式引流潮流，用新产业创造未来的优秀企业和人才，从而加快推进科技成果转化，进一步促进中国高新技术产业发展。正是因为有了这些“伯乐”的参与，才让中国创新创业大赛更加贴近地反映了市场导向的创业趋势，也让这场国赛成为中国最大最强的众创众扶平台。

创新创业是一个系统工程

——访贝达药业股份有限公司董事长、首席执行官丁列明

他与中国创新创业大赛有着奇妙的缘分。

2013 年 11 月，第二届中国创新创业大赛总决赛在北京举行，他所创立的公司获得成长组一等奖。

2017 年 9 月，第六届中国创新创业大赛生物医药行业总决赛在南京举行。他实现华丽转身，担任总决赛评委。

他，就是贝达药业股份有限公司董事长、首席执行官丁列明博士。

大赛为创业者搭建了很好的平台

“非常荣幸能担任第六届中国创新创业大赛生物医药行业总决赛的评委。”丁列明有些感慨，“2013 年，我们获得了总决赛企业成长组一等奖。当时，大赛还没有分行业比赛，现在则是分为 6 个行业进行总决赛，更加专业，也更加公平。”

作为生物医药行业的企业家和专家，同时也作为一名火炬创业导师，丁列明今年第一次担任中国创新创业大赛评委。随着大众创业、万众创新的热潮日渐高涨，从事创新创业的项目和公司也越来越多。“今年的大赛经筛选后，还有 2 万多家企业报名，这说明我国的创新创业进入了一个新时代，也进入了一个大发展的时代。”丁列明说。

一直以来，由于创业门槛高、创新难度大、投入比较大，我国在生物医药领域与发达国家有很大差距。但近几年，我国医药企业有了很大的进步。

“就像今天在比赛现场，有很多好项目、好企业崭露头角。这些项目背后都有一个非常明显的特征：以海归团队为主，包括一些国家‘千人计划’专家。”丁列明表示，这也从一个侧面说明国家支持海归团队创新创业的政策取得了非常大的成果。

如今，随着国家双创的政策环境越来越好，创新创业越发活跃，这给了优秀人才特别是海归人才实现自身价值的机会。“中国创新创业大赛就是一个很好的平台。通过大赛，可以选拔出更优秀的项目和企业，再通过各种扶持，不仅可以推动企业实现快速成长，助力国家经济发展，而且可以带动更多的人去实现创新创业梦。”丁列明说。

医药创新型公司将越来越多

在今年的生物医药行业总决赛上，共有 7 位评委，其中不乏投资专家。对于一些好的项目和企业，评委们同时也在思考一个问题：我能不能投资，还有没有投资机会？“我也在考虑，哪些项目值得投资。”丁列明说。

贝达药业上市以前，自主研发和收购合作是齐头并进的。2013 年，美国的一家 500 强企业投资了贝达药业的一个项目。2014 年，贝达药业引进了美国另外一个靶向药项目。上市之后，贝达药业频繁发力，到目前为止已经投资了 16 亿多元，包括 3 家公司，其中有 2 家是中国公司。对此，丁列明坦言，“这也是顺势而为，一方面是满足企业集团化跨越式发展的需要，另一方面也是帮助医药行业的一些创业企业快速成长。”

生物医药的创新就相当于一场长跑，而且多学科交叉，从研发到市场再到销售需要很长的时间，因此，并不是每个创新创业者都能做到的。“一些创业者在创业过程中是需要外力帮助的。” 丁列明以贝达药业举例说，“我们可以利用贝达药业这个平台，通过投资、合作开发等方式，甚至可以通过整体收购，把各种资源整合到一起，进而帮助创业者实现项目转化，以形成共赢。”

“今天进入决赛的项目，无论是成长组还是初创组，从医药的专业角度看质量都非常高，所以，竞争也非常激烈。而且一些项目已经和国际接轨，具有一定的国际水平了。”丁列明说，其中一个手术机器人项目，在国外很热门，国内也有企业在做，有的已经取得了技术突破，有的已经开始进行临床研究了。

“今天的大赛，评委们是很公正而且是很专业的。”丁列明表示，获得初创组第二名的那个项目，评委们打分是非常接近的。“比如，得分最高的那家企业——岸迈生物，已经和国内外一些知名医药公司合作进行项目研究，有些技术已成功实现转移转化。因此，我也向他们派发了‘邀约卡’。”

创业公司一定要有耐心

“医药创新对技术的要求很高，研发产品的时间很长，这样的创业公司一定要有耐心。研发的过程不可能一蹴而就，因此，必须脚踏实地，一步一步地把研发流程走下来。无论遇到什么困难，都需要有耐心和毅力。”丁列明认为。

“当然，最重要的还是人才！为什么生物医药行业这些年发展很快？就是因为聚集了一大批高水平的创新人才。医药创新不能单打独斗，因为有多个环节和细分领域，从研发到临床再到产业化都需要专业的团队协同才能完成。”丁列明说，“就像造原子弹一样，它是一个系统工程，有任何一个环节缺失，就有可能导致失败。”

不过，很多案例表明，创业企业的团队合作对创业者特别是海归创业者来说，这是一个挑战。因为，一个人做研发很容易，可以按照自己的思路在实验室研究，也可以发表高质量的文章，但创业过程却需要团队形成合力。“所以，对创业团队而言，互相配合、互相协调、共同努力这三点就尤为重要。”

“还有一点很重要，就是创业一定要结合市场需求。创业不是单纯做研究，不仅要让自己的技术成果是一流的、领先的，而且要看能解决什么问题，是否满足市场需求，市场容量有多大。因此，必须要以市场为导向，进行有针对性的研发，才能尽快实现产业化。”丁列明说。

当前，我国每年申请的专利很多，发表的论文也很多，但成果转化率一直很低。对此，丁列明认为，导致科研成果转化率低的很重要的原因是在立项初期就没有理性分析市场需求，导致研究成果脱离了市场。“因此，创业初期就应该明确自己的市场定位，要使自己的成果或产品不仅有市场价值，而且要有应用价值。”

“我们在评审项目的时候会重点关注，你的商业模式是什么，你的盈利点在哪里，能不能实现商业价值。这也决定了一个创业企业能否找到投资，能否顺利发展壮大。” 丁列明说。

海归创业要调整好心态

对于海归创业，丁列明认为，调整好创业心态很重要。

“海归创业，如果没有做好思想准备，可能会有落差。”丁列明举例说，“有些海归刚回来时，各方面热烈欢迎，目光所及之处，皆是欢歌笑语、阳光灿烂，仿佛创业成功指日可待。但在创业过程中，会碰到很多具体问题和难题，如果心态调整不好的话，容易产生心理落差。”丁列明说。

创业是艰难的。“真实的创业环境没有想象中那样理想，而是要面对很多实际问题，意料之外的事情随时都会发生。在困难面前，不能怨天尤人，要勇敢面对，逐步解决。”丁列明说，既然选择了创业这条路，就一定要摆正心态，对困难要有充分的思想准备，否则就可能坚持不下来，会气馁、会抱怨。“遭受一点困难和挫折，就心灰意冷，不仅会影响自己的心态，也会让团队丧失斗志，进而导致创业失败。”

“因此，海归创业要做好充分准备，立足本身。”丁列明表示，创业不仅需要创业团队的努力，还需要整合利用好各种资源，争取获得更多的外部力量，包括风投机构的投资、专家团队的指导、政府部门的支持。“这一点非常重要，关系到创业的成败。”

（李辉／文）

丁列明，第六届中国创新创业大赛生物医药行业总决赛评委

投资人要敢于投资新技术新产品

——访松禾资本创始合伙人厉伟

“钱不是万能的，但是在创业过程中，没有钱是万万不能的。”第六届中国创新创业大赛电子信息行业总决赛评委、松禾资本创始合伙人厉伟接受采访时说。

作为一名投资人，厉伟常常从资本的角度看待问题。他认为，中国创新创业大赛实现了资本跟技术、创意的衔接，可以更快地推进技术市场化、产业化，从而更好地服务于大众。“因为，技术不能服务于大众，终究有过时的一天。”

“我想支持一下新技术”

在电子信息行业总决赛成长组比赛中，厉伟将自己的“邀约卡”发给了北京钛方科技有限责任公司。这家企业的参赛项目是一种利用传感器检测到由振动产生的弹性波技术。

“评委讨论时，大家纷纷表示，第一次听到钛方科技这一技术时，甚至有评委怀疑该技术最终无法投入市场应用。最终，我还是选择把手上的‘邀约卡’给了钛方科技。”厉伟的想法是，只有投资人冒一定的风险，勇敢地去支持那些新出现的技术，中国的创新创业才有未来，社会才能进步。“如果对任何新出现的东西，投资人都抱着怀疑的态度，不敢去支持，那么，科技很难获得进步，社会也将很难发展。”

“不能说等到国外有了，苹果认可了，我们再去投资。这样，我们永远都是在吃别人的剩菜剩饭。”厉伟边说边加重了语气，投资人一定要勇于支持一些可能在全国甚至全球独特的、先进的技术。

而支持这些新技术、新发明往往需要冒一定的风险。厉伟说，这是松禾资本一直以来秉持的一个观点，“这也是投资人的另外一个身份，而不是说投资人就是去‘抢钱’的，投资人更多地是跟企业共同成长，共同去发现新的东西。”

当被问到除了发“邀约卡”的企业，还有哪些意向投资企业？厉伟说，参加此次比赛的每一个企业都给他留下了很深的印象。“就我个人来说，一定要选择的话，我还会选择竹间智能科技和杭州东尚科技。”其中，竹间智能科技主要是做情感机器人，杭州东尚科技主要是做芯片。竹间智能科技属于人工智能领域，此前，松禾资本投资了很多人工智能领域代表未来的企业。

“因为我想支持一下新出现的技术，给这些新出现的技术一个机会。”厉伟认为，投资人不能等别人做了再跟进，“我希望做出一些中国人第一次、引领全球的一些东西，或许这个‘引领’可能是失败的。但是没有这种失败，最后也就不会推出一两个成功的‘引领’。”

厉伟说，中国创新创业大赛作为全国最大的众扶平台，给了很多新技术展示自我的机会，让社会关注它们、帮助它们。“我想，这种新的东西获得支持以后，有可能会加速社会进步。”

企业在发展过程中，资本起到了很大的推动作用。厉伟认为，虽然资本的推动作用在创业企业发展初期并不明显，但是在企业发展中期和未来扩大生产的时候，作用会非常明显。“我只能说，中国的好技术越来越多。随着中国创新创业大赛越来越成熟、越来越具有特色，更多新的、好的技术都会呈现出来，这些技术为社会创造的效益也将越来越大。”

参赛企业科技含量高

“不同时期有不同的技术、不同的企业出现，这些技术和企业往往都是当时的佼佼者。正是技术的不断更新换代，创新创业企业群体不断扩大，才推动了社会不断进步。”在厉伟看来，每一届中国创新创业大赛的参赛企业都有各自的亮点。

作为评委，仅凭短短几分钟，无法深入、全面了解一个项目、一个企业的质量，但不可否认，所有入围总决赛的企业都是行业里出类拔萃的。“我相信，此次大赛评选出来的企业，肯定是今年申报企业中的优秀者。”厉伟表示。

厉伟说，今年参赛的企业和项目有很多与目前电子信息行业的投资热点一致。作为投资热点之一的人工智能，今年电子信息行业总决赛入围企业就有很多属于这一领域。例如，竹间智能科技，在智能语音方面实现了突破，其研发的情感机器人，不仅仅能把语音准确翻译成文字，而且能通过说话者的语气反映出人的情绪。

此外，今年入围的企业还有多家涉及触屏技术和芯片技术。随着一大波“黑科技”来袭，参赛企业向社会展示了一个万物互联的时代，一个全新的智能时代。

“这些都是电子信息行业未来的发展方向，尤其是人工智能应用，离不开芯片技术的突破。可以说，中国创新创业大赛电子信息行业总决赛，一定程度上反映了未来很长一段时间中国工业4.0升级所需要的技术。”厉伟说。

创业就像登山

“创业和就业，就像登山和跑马拉松。我跑过很多次马拉松，每一次都觉得还有能力再跑一个马拉松。而登山则不同，登山的时候不想登了，想换个山再登，对不起，必须回到原点再说。”厉伟用登山和跑马拉松来形容创业和就业，“一旦走上了创业路，很多时候只能靠自己，靠不了别人。”

厉伟认为，创业之前，如果没有足够的准备，创业者一定要特别慎重。“我不是反对创业。创业和就业完全不一样。创业者必须要有充足的心理、生理、资金、团队及失败的准备。因为，创业不是蛮干。”

创业者一旦决定创业，这个创业的念头就如同一粒种子，要想生根发芽，必须需要水、阳光等各种养分。“水是什么？就是资金，创业者至少要有一笔钱，要么是自己的积蓄，要么是父母赞助，要么是亲戚朋友借款，或者是风投机构的投资。”厉伟说。

当种子发芽以后，可能会遭受虫、鸟的侵害，这时就需要有管理者；再长大，还需要剪枝，需要防范风雨的吹打，这时还要有人维护；结了果实，还需要有人负责卖出去……厉伟认为，企业在成长过程中，需要团队不同的人的努力，才能让这颗种子长成参天大树。

“融资时，创业企业一定要记住一点，就是根据自己所处阶段，判断融资对象、融资规模、融资时机、融资价格及对赌条件等。永远记住生存第一。”厉伟说。

厉伟认为，首先，融资规模不是越多越好，一定是根据阶段性的需求，每次盈余一些，但是，这个盈余量不要过大。其次，融资的时机也非常重要，尤其是第二次融资时，不要等到资金只有一两个月就要用完了再去融资。最后是融资价格，天下没有一定之规，价格是谈出来的，不能说这个项目必须融到多少资金，觉得合适了就行了。

另外还有对赌条件，很多时候是因为要价造成了对赌。“因此，适当地放低融资价格，让对赌条件宽松一点。”

此外，作为大赛评委，厉伟也给创业企业提出了三点建议。

一是创业者要实现自己的承诺。就企业发展来说，最后能不能健康成长，能不能达到投资人的预期，更多地在于创始人及其管理团队的努力。

二是要注重市场开发。创业企业的研发方向一定要贴近市场，产品不要脱离市场。因为，只有通过市场不断抚育和技术不断进步，企业才会拥有更多用户和现金流，才能发展壮大。

同时，企业要注重发挥比较优势。现在很难说企业推出一个技术是绝对傲视群雄的。因此，创业者一定要找准自己的比较优势在哪儿，一定要充分发挥自己的比较优势，用自己的比较优势去切入市场。“这样就可以比你的竞争者胜出一筹，也就拥有了生存的机会。”

三是要保持锐气，不能浮躁。创业企业千万不要因为获得某些奖励或小有成绩就沾沾自喜。“技术和酸奶一样，是有保鲜期的。创业企业只有戒骄戒躁、保持创业初心，将更多的精力放在打磨产品上面，才不会被淘汰。”

（罗晓燕／文）

厉伟，第六届中国创新创业大赛电子信息行业总决赛评委

创业要从商业层面思考问题

——访合创资本董事长丁明峰

“中国创新创业大赛规模越来越大，参赛项目的水平越来越高，知名度和参与度也越来越高。”连续 4 年担任中国创新创业大赛电子信息行业总决赛评委的合创资本董事长丁明峰表示，作为国内规格最高、规模最大的“双创”赛事，中国创新创业大赛推动了高科技企业快速成长，大量优质的创业项目不断涌现。“电子信息是我国实现制造强国、网络强国的关键力量，本次电子信息行业总决赛恰恰汇聚了国内最优秀的创新创业力量。”

百舸争流逐创新

在深圳举行的 2017 年第六届中国创新创业大赛电子信息行业总决赛上，人工智能、智能制造、高端芯片、虚拟现实／增强现实（VR/AR）、物联网、智能网联轿车、裸眼 3D 等代表未来发展趋势的项目争相登场，充分展现了我国电子信息行业创新创业的最新成果。

“在新创意、新技术、新产品层出不穷的同时，中国创新创业大赛也持续在全社会塑造良好的创新创业文化，营造鼓励创新、支持创业、宽容失败的积极氛围，大力弘扬企业家精神，不断树立创新创业创富典型，激励更多人投身或参与创新创业活动，让创新创业成为社会的时尚和主流，让创新创业者成为时代英雄。”丁明峰表示，此次大赛，很多参赛企业的创始人是国家“千人计划”专家和“海归”等高科技人才，备受各方瞩目。

在丁明峰看来，高科技人才之所以选择创业，原因有二。

第一，推进大众创业、万众创新，是培育和催生经济社会发展新动力的必然选择。当前，我国经济正处于转型升级的关键时期，对新技术、新工艺的需求非常大，良好的市场需求成为驱动高科技人才投身创新创业的“原动力”。

第二，近年来，中央和各级地方政府加快实施创新驱动发展战略，不断完善相关法律法规，加快出台相关扶持政策和激励措施，营造了良好的创新创业环境。各级政府进一步简政放权、放管结合、优化服务，增强创新创业制度供给，不断出台相关政策措施，充分发挥市场在资源配置中的决定性作用，放宽政策、放开市场、放活主体，形成了有利于创新创业的良好氛围，极大地激发了国家“千人计划”专家和“海归”等高科技人才创新创业的积极性。

扶持创新义不容辞

作为合创资本创始人，丁明峰拥有超过20年的企业经营管理和投资的成功经验。他曾连续10年担任中兴通讯高级副总裁，分管研发管理、海外市场销售及投资等工作。在担任中兴新集团总经理7年间，丁明峰控股投资并发展了飞贷金融、中兴派能、中兴新地等一批优秀企业。自专职从事投资工作以来，主导投资了通用数据、明朝万达等数十家科技创业企业。

丁明峰深耕信息技术领域多年，具有深厚的专业功力及敏锐的前瞻眼光，为众多创业者、企业家提供支持与帮助，被深圳市人民政府授予“特区三十年行业领军人物”称号。

合创资本是由一支具有全球化视野和资深产业背景的投资管理团队发起的专注于ICT（信息、通信技术）和医疗器械相关领域的早期风险投资机构，业务范围涉及创业投资基金、创业投资基金管理；股权投资基金、股权投资基金管理；受托资产管理、投资管理、资本管理、资产管理、财富管理；开展股权投资和企业上市咨询业务；受托管理股权投资基金；股权投资；创业投资业务；受托管理创业投资企业等机构或个人的创业投资业务；创业投资咨询业务；为创业企业提供创业管理服务业务；参与设立创业投资企业与创业投资管理顾问；对未上市企业进行股权投资；开展股权投资和企业上市咨询业务；投资兴办实业；投资管理；投资咨询；投资顾问等。

“合创资本拥有丰富的产业经验和成功的创业经历，并在全球范围内寻找前沿技术，重点投资技术创新类企业。”丁明峰表示，目前，合创资本已成功投资超过 50 家具有创新基因的优秀企业，并从中孵育出一批行业细分领域领先企业。

依托自身强大的技术基因和多年的经营实践，合创资本致力于为被投企业提供更多的战略参考和资源支持，帮助企业嫁接行业资源，对接投资机构，增强被投企业的竞争力，为社会创造更大的价值。

“凭借超强的技术前瞻力和市场敏锐度，在清晰的定位指引下，合创资本已摸索出技术创新类企业的投资方法，并在实践中丰富和完善，逐渐形成独特的投资风格。”丁明峰说。

圆梦还需脚踏实地

“就创业角度而言，高科技人才要想创业成功就必须跨过‘商业门槛’，因为商业模式做得越好，创业成功的可能性就越大。”丁明峰表示，从创业视点来说，创业首先是一门生意。既然是生意，就应该知道客户是谁，要为谁效劳。

许多国家“千人计划”专家和“海归”等高科技人才在海外大都从事基础研究和产品开发，与商业联系不紧密，这是创业的最大痛点。“可以说，高科技人才创业，谁能站在商业层面思考问题，谁就成功得快。”

对于电子信息行业的风险投资标准和原则，丁明峰坦言，风险投资本身就是一个概率行为，要把筹码压在大概率事件上。但是，有一点可以明确，做过“生意”的人，创业的成功率往往会比较高。因为，重视商业模式的企业，生存能力往往很强，高大上“不接地气”的企业反而不一定会有很好的发展前景。

在丁明峰看来，除了商业模式之外，契合行业发展趋势也是创业能否成功的重要因素。如果没有良好的市场需求，创业的成功率就会比较低。就电子信息行业而言，目前国内两大发展主线是通信和IT。中国有庞大的人口基数、巨大的消费市场，这给电子信息产业发展创造了非常好的发展基础。“未来10年，手机行业的快速发展将带动IT行业，特别是半导体、软件和互联网的高速发展。”

“经过多年发展，在中国从事低端制造业越来越没有前途，唯有技术创新的企业才能生存和发展。”丁明峰认为，未来，我国电子信息行业的发展仍以大通信产业为主。5年之内，手机行业仍然是最主要的行业，手机的市场需求量非常大。目前，电子信息行业投资的重点是与手机相关的半导体芯片等上游产业链。“我们重点关注手机行业，并在手机芯片领域，包括存储、图像处理、电源管理、射频功放、压力传感器等方面已有所布局。”

“新时代，企业要想发展，必须从全球化角度看问题。因为，电子信息产业是无国界竞争，如果仅仅从国产化角度出发，那么任何一个企业都很难成功。”丁明峰说，在中国，通信、计算机、家电等制造业，基本都达到了万亿元的规模，因此，我国集成电路行业没有理由不大发展。“目前，国家鼓励集成电路行业发展，这是正确的，大家必须对这个行业充满信心。”

丁明峰表示，合创资本在项目判断上，把市场需求确定性作为第一判断标准，把技术发展的确定性放在第二位。今后，合创资本的投资会更加聚焦在通信领域。之后，是医疗健康领域，重点投资器械。同时，国产替代中的创新机会非常多。另外，大投资重点则是机器人领域，主要聚焦于行业应用。

“今后，我们还将围绕通信、AI（人工智能）、精准医疗等召开专题研讨会，通过与创业者、投资人互动，提升合创资本的投资逻辑。”

（于大勇 / 文）

丁明峰，第六届中国创新创业大赛电子信息行业总决赛评委

原始创新项目更受评委青睐

——访达泰资本创始合伙人李泉生

“2017 年的参赛项目普遍具有较高水准，这些项目并非是纯互联网的项目，而是在各自领域结合互联网应用上有很好的创新。”第六届中国创新创业大赛互联网及移动互联网行业总决赛评委、达泰资本创始合伙人李泉生表示，随着创新创业大赛的连续举办，越来越多的优质创新项目得以涌现，通过国赛层层晋级上来的参赛项目，也将成为互联网行业的“风向标”。

拥有 10 余年股权投资经验和国内上市公司管理经验的李泉生，曾主导投资了展讯通信、盛科网络、重庆川仪、博腾股份、旭创科技、网达软件、优网科技、格林雷斯等高科技项目，在创办达泰资本前，曾发起设立“长三角创业投资企业”（首批获商务部批准的人民币基金之一），并任长三角创投主管合伙人及德同资本合伙人。2017 年 6 月在 2017（第十九届）中国风险投资论坛上，李泉生荣获 2017 中国企业家精神投资人 TOP20。

大赛现场“约”项目　原始创新受青睐

2017 年 10 月 30 日，浙江桐乡，第六届中国创新创业大赛互联网及移动互联网行业总决赛现场，大赛评委、达泰资本创始合伙人李泉生将他的“邀约卡”发给了广东翼卡车联网服务有限公司、初创组一等奖企业成都明镜视觉科技有限公司及上海意仕腾教育科技有限公司等企业。

李泉生表示：“达泰资本关注的是技术原创性或技术应用性强的企业，从整体来看，目前国内互联网创业项目已经与产业进行了结合，质量有了显著提升。”比赛现场对这些项目有了大概印象，赛后，达泰资本会组织团队带着问题针对性地做调研，合适的项目会继续跟进，进行资本对接和扶持。

之所以把“邀约卡”给初创组一等奖企业成都明镜视觉，李泉生表示：“我对这家企业所在的领域比较熟悉，并且有很多资源可以帮企业发展壮大。”

据了解，获得初创组一等奖的成都明镜视觉科技有限公司是一家提供交互式 H5 在线编辑的 SaaS 云平台的“明星企业”。利用该公司推出的国内首款 3D 交互 H5 在线编辑器，无须写代码，像制作 PPT 一样即可制作出可交互的 3D/AR/VR 内容。

简单的背后，是门槛极高的引擎技术。据了解，国外早有类似项目，但因体积大、底层不能修改、装机需要补丁而弃用。中国人需要一款属于自己的引擎，为此，明镜视觉团队用了整整 4 年倾心打造。看似短短的 4 年，其实是他们 10 多年计算机信息技术、图形图像技术的积累。目前，明镜视觉是阿里巴巴“双 11”唯一互动技术服务商，2017 年，成为阿里巴巴“618”指定视觉互动服务商，与国家电网、宝马、海尔、宝洁等知名品牌达成合作，实现了千万级营收。

另一家获得李泉生青睐的企业是上海意仕腾教育，这是一家致力于将全球最前沿的人工智能理论和技术运用到教育领域，打造面向全球学生和教师的真正有用的人工智能学习和教学工具的公司。其在大赛上展示的“多语种智能文本分析引擎”，未来能够将作文批改等烦琐工作交给机器人完成。

此外，国内首个多重守护行车安全云平台——翼卡车联网，也得到了李泉生的“邀约卡”。“我把‘邀约卡’发给翼卡车联网，主要是因为我是学汽车的，所以对车有感情。同时，我觉得这个行业能够做到他们这个地步不太容易，这个行业竞争太激烈了，所以应该支持这个行业。”李泉生表示。

据了解，翼卡车联网是通过运用物联网流量平台，直击车主驾驶过程的流量需求，为合作伙伴提供平台开发、流量定制、运营辅助、人工平台售后等服务；以智能硬件开放平台，联合200多家行业企业，实现产业链升值；打造人工+智能云服务中心，全年实时提供翼卡在线服务，为全国400多万车主提供时刻相伴的可视化护航，360°全方位呵护车主行车全周期，落地智慧城市。

“纵观进入总决赛的16个参赛项目，在互联网应用方面创新或者模式创新方面比较多，原创性技术项目比较少，这也是目前互联网行业欠缺的。”李泉生表示，希望未来多点原始性技术创新项目，才能更好书写互联网应用的未来。

作为大赛评委，对于参赛选手如何把握决赛现场的15分钟，李泉生建议，进入决赛的项目，都通过了省级赛事的磨炼，再加上此次大赛各项双创活动的“洗礼”，此时的参赛选手对大赛的评审规则和“路演要诀”有了更加清晰的认识和了解，应该把项目的重点，如技术创新、行业痛点及团队情况，有的放矢进行讲解，才能吸引评委注意，受到投资人青睐。

挖掘早成长期项目　培育世界一流企业

2010年3月，达泰资本正式成立，而其“DNA”就是做早成长期投资。

“所谓早成长期，就是一些我们考虑投资时相对规模较小，但很有市场潜力，同时又有较强核心竞争力的企业。”李泉生表示，我们注重的是带给LP中长期的投资回报而不是短期获利，所以投资周期一般为3～5年，或者更长一些。

在整个行业对pre-IPO项目趋之若鹜的当下，达泰资本另辟蹊径地选择投资早成长期项目是经过严密分析的。

李泉生表示，对于行业竞争格局我们做过分析，早成长期阶段有很多优秀的目标企业，同时，没有很多竞争对手的细分领域。我们所定义的早成长期，是指通过初创期自然淘汰而生存下来的企业，这些企业有一定的产品和稳定的销售，虽然规模还小，但如果具备较高的技术壁垒，有快速发展的基础，就有机会在中国的商业环境里生存下来，“这类企业技术风险已经较低，初期商业模式可行，我们除了带给它们资金帮助外，更能够带来增值服务，帮助企业完善技术与商业模式，帮助企业成长，最终实现增值退出。”

对于项目，达泰资本最看中它的成长性。李泉生表示：“首先，企业的发展阶段不能太早，产品应该已经完全研发出来，并且已经或将开始有收入了；其次，看企业未来的发展前景，未来 3 ～ 5 年的年复合增长率要达到 30% 以上；最后，投资终究还是投人，项目团队必须具备专业的知识和管理能力，并且一定要敬业，全身心地投入到项目当中。”

2017 年 10 月 25 日，行业领先的医疗人工智能企业——汇医慧影完成数亿元 B 轮融资，本轮融资由达泰资本领投。据了解，这是医学影像人工智能行业规模最大的单笔融资。汇医慧影其实很早就切入人工智能 + 医疗影像这个领域了，研发的产品不只是满足于筛查这个需求，其目标是利用人工智能技术行成筛查、诊断、治疗的服务闭环。

“达泰资本领投汇医慧影是既看中了赛道又看中了选手。”李泉生表示，从赛道上说，达泰目前投资的重点是消费升级和技术创新。在消费升级领域，达泰资本主投教育和医疗；在技术创新领域，达泰资本主投技术创新，而不是商业模式创新，而人工智能又是未来 10 年最具潜力的创新技术。汇医慧影正好处在两个赛道的交汇点。

从企业角度讲，汇医慧影过去几年的发展充分展现了优秀的团队实力和强大的执行力。创始团队柴象飞和郭娜，一个是“海归”，是医学影像人工智能领域的顶尖科学家，技术背景雄厚；另一位毕业于清华大学，从事国际 TMT 行业多年，有很好的商业洞察力。两者正好相辅相成。从执行力层面来讲，汇医慧影将世界一流的算法技术引进中国，并完美地实现本土化落地，这很不容易。

另外，经过对全球整个人工智能行业的分析，达泰认为，从市场应用的角度来看，未来 3 ～ 5 年能够最快形成规模化商用的领域是医疗和无人驾驶汽车。在医疗领域，虽然算法技术还是来源于美国，但是在具体的应用方面，中国已经走在前列。

旭创科技则是5年前达泰资本投资的企业，2017年成功完成了对一家创业板上市公司的并购。达泰资本为其提供了全过程的增值服务，最终通过并购上市，有望获得可观的投资回报。

据了解，旭创科技是苏州工业园区里的一家高端光通信模块和子系统设计公司。达泰资本投资这家企业以后，帮助企业规范管理，同时，凭借达泰资本在半导体和光通信领域的资源，为这家光通信模块企业提供行业中的增资服务。例如，达泰资本的美元基金投资了一家芯片设计企业，达泰帮助其与旭创科技进行合作，正是有这样全方位的贴心帮助，才使得旭创科技快速扭亏为盈，迎来高速发展期。在与上市公司进行重组并购关键阶段，李泉生发挥自己曾经担任上市公司CEO的经验与人脉资源，帮助旭创科技克服很多困难，顺利完成重组。

“股权投资的核心是投到好的产业，以及好产业中的优秀企业。”李泉生表示，靠着稳健的投资风格，达泰资本也迎来快速发展。如今的达泰资本专注于消费服务、信息技术、智能制造和医疗健康领域的早成长期、高成长性企业；旗下直接管理5支人民币基金和1支美元基金，总金额达到30亿元人民币。达泰资本连年入选业内权威的私募股权和创投评估机构清科集团“中国创投机构50强”、投中集团“最佳中资创业投资机构2015年度中国最佳中资创投机构10强”“最佳回报中资创业投资机构10强”等。

（李争粉/文）

李泉生，第六届中国创新创业大赛互联网及移动互联网行业总决赛评委

新材料创业者要多关注绿色环保

——访上海杰事杰新材料集团董事长杨桂生

“作为我国重点发展的战略性新兴产业之一，新材料已成为实现制造强国战略的重要基础。举办这样的赛事不仅能吸引更多的创业项目同台竞技，而且能让更多隐形企业浮出水面，助力科技强国梦。”作为第六届中国创新创业大赛新材料行业总决赛的评委，上海杰事杰新材料集团董事长杨桂生对此次赛事做出如此评价。

虽然是第一次当大赛评委，但杨桂生一定有资格。他 27 岁就成为我国首位工程塑料博士，32 岁时因科研成绩卓著而被中国科学院破格提拔为研究员，后成为博士生导师。先后以课题负责人身份完成“聚烯烃工程塑料”等 11 项国家重大科技攻关项目、20 项省级重大科技项目，出版专著 1 部，发表论文 100 多篇，申请发明专利 100 多件，培养博士研究生 25 名。后期在创业过程中研发的新产品填补了我国工程塑料领域的多项空白，并带动了相关产业的发展。

既是科研人员，又是创业导师，更是创业者。三重身份让杨桂生更能看清楚我国新材料行业的发展状况及存在的问题。在此次大赛上，他的点评一针见血，直指企业存在的问题，同时，他又以投资人的眼光给他欣赏的企业点赞。他给获得成长组第一名的浙江欧仁新材料有限公司打了最高分，给宁波惠之星有限公司发了“邀约卡”。他希望这样的赛事能办得更精彩，同时，希望更多的创业者关注绿色环保话题。

大赛影响力大、辐射面广

作为第六届中国创新创业大赛最后一场比赛，新材料大赛已成为发现双创明星的“奥斯卡”，检验双创成果的“奥运会”。与上次大赛不同，此次大赛呈现更多新的特点。

杨桂生表示，此次大赛呈现了4个方面的特点。

第一是影响力大、辐射面广。“品种比较集中。其中，成长组的12家企业中，有6家集中在长三角地区，有4家集中在珠三角地区，1家在湖南，1家在吉林。而参与总决赛的160家企业，则分布在广东、江苏、上海、天津、山东、浙江等地。”杨桂生表示。

第二是项目广泛、层次性较高。参赛项目涉及金属材料、无机非金属材料、高分子材料、生物医用材料、新能源、环保材料等众多领域。杨桂生表示，这些项目均从地方赛区脱颖而出，前沿技术、可产业化项目及市场前景较好的项目居多。

第三是内容丰富、针对性强。大赛发展至今，已形成全面、独有、专业的双创生态系统。杨桂生表示，针对新材料科技型中小企业在发展过程中遇到的融资难、负担重、抵御风险能力较低、业务模式不清晰、市场需求不足等问题，此次大赛聚集和整合了专业人才、技术、资本、市场等各种创新创业要素，提供了辅导培训、金融投资、技术转移、展览展示等各类服务。组织部分知名企业现场发布技术需求，进行产业对接；组织企业与相关创投机构、创投专家高频次接触，多方位、多形式促进企业和市场资本的对接。

第四是创新创业、融合发展。杨桂生表示，此次大赛致力于地方产业特色，激发了创新创业的热情，促进创新成果落地生根。通过互动交流、路演对接、参观考察、政策宣讲等多样化活动，促进大赛平台优势与上海市新材料产业优势深度融合，进一步展示了地方的城市形象，诠释了“鼓励创新、支持创业”的氛围，推动地方新材料科技城的建设。

绿色、环保是新材料的方向

“我本身是做高分子材料的，这种材料就能解决环保问题，因此，我比较青睐这类项目。”杨桂生表示。

实际上，“绿色”“生态”“环境友好型”也是此次新材料总决赛上各个选手的主要卖点。

据悉，此次入围的40个新材料项目中，就有10个涉及绿色、环保，如空气净化除醛滤材、环境友好型生态陶瓷透水砖、建筑节能窗膜等。

在建筑领域，也因为传统建材产能严重过剩，先进建筑材料发展缓慢，技术创新能力不足，节能减排压力很大，产业结构急需加速优化。“而绿色建材和先进无机非金属材料、复合材料等需求量持续增长。这也是此次大赛相关项目较多的原因。”杨桂生表示。

此外，在入围的企业中，还有绿色环保建材、生物医用材料、食品安全健康等领域的技术创新，也有碳纤维、石墨烯、稀土冶金、半导体等高精尖工业应用方面的突破。其中新型无机非金属材料、先进高分子材料、特种精细和专用化学品材料三大领域占据了2/3的比例，属于最热门领域。值得一提的是，高性能生物医用材料项目较2016年增长1倍多。

另外，还有46项无机非金属材料项目参赛，涉及碳材料项目12项，包括石墨烯、碳纤维、碳纳米、金刚石等。其中，石墨烯项目4项，较2016年有所减少。对此，杨桂生表示，石墨烯还属于前沿新材料，还未进入产业化阶段，相对风险较大，因此，市场上的产品较少，也不太受投资者青睐。

“在新材料领域，金属、高分子、陶瓷类一直是最热门的领域。此次大赛的项目也不例外。”据杨桂生介绍，此次大赛上功能性陶瓷材料领域项目有10个，其中，在半导体产业应用项目的涌现，如高端半导体激光芯片材料、氮化硅电路基板制备、高档ITO靶材产业化等创业项目，体现了我国在半导体产业研发的新兴力量。高性能生物医用材料领域的 14 个项目涉及：新型安全长效酸性表面抗菌材料、纳米新技术在骨科器械上的应用、母婴专用浴海绵产品、医用超导磁体设备等。

另外，稀土、冶金、复合金属材料仍是较为集中的传统细分领域，例如航空航天用稀土增强镁铝合金制品、高精度黏结钕铁硼永磁体等。

“总体来说，绿色、环保是此次参赛企业讲得最多的话题，这也是未来新材料产业的发展方向。”杨桂生希望更多的创业者能够关注这一方面，也希望国家有关部门出台更多扶持政策，扶持这些未来的有可能出现的“独角兽”企业。

创业是种心态

在此次大赛上，不仅有 60 多岁的老者，也有 20 多岁的青年才俊，既有年富力强的中年人，又有“巾帼不让须眉”的女性创业者。对此，杨桂生表示，创业不分男女老少，不关乎年龄，只关乎心态。他更希望在更多领域能营造创新创业的氛围，形成创新创业的机制。

对于海归创业者，杨桂生表示，他们这一类人大多具有较高的学历、丰厚的技术背景和跨国公司的经历，在这个基础上针对国内用户进一步创新创业是一种多快好省的方式。“如获得成长组一等奖、二等奖、三等奖的创业者，他们大多拥有较高学历，甚至是海归。”杨桂生说。但杨桂生特别提醒这类创业者要规避国外的知识产权打压。

“获得成长组一等奖的欧仁新材料有限公司现在的规模还不是很大，品牌知名度不高，还不足以引起国外大公司的关注，一旦它们壮大了，或者其产品对竞争对手造成了威胁，我还是担心它们的知识产权问题。”杨桂生说，跨国公司已形成比较完善的知识产权保护体系，保护的范围和应用的领域都比较广泛，希望这些公司能引起注意。

此外，此次参赛企业大多获得了中科院的技术支持。对此，杨桂生表示，新材料是个基础产业，研发时间长、技术前沿，一般的小微企业很难做出成熟的产品，利用中科院的资源，再加上自己的理解，很容易把技术转化为产品，并迅速推向市场。同时，中科院也可以借助市场的力量，把“沉睡”在实验室的产品迅速“唤醒”，这不失为一举两得的好办法。他也希望这样的产品能更多地走向市场。

对于创业者，杨桂生认为，国家鼓励创业是一件好事情，但并不是人人都能创业，这牵涉到创业者的视野、资源，甚至是精神抗压能力等多方面。“我自己也在创业，所以深有体会，创业是一个漫长的过程。作为年轻人，创业是需要去引导和指导的。” 杨桂生认为，建立一个完善的“青年创业导师”制度非常必要。但是，这其中最关键的就是导师的选择，“现在的导师往往是搞资本运作的，这里面的道理我们都懂，其本身都不是创业者，怎么去指导创业者。”杨桂生表示，只有创业者才有资格去当创业导师。然而，如何让这些时间宝贵的企业家愿意花精力去指导创业者，相关的鼓励措施就必须跟进。

对于下一届大赛如何上一个新台阶，杨桂生表示，可以对参赛企业进行更多的细分。例如，在成长组里，可以把公司销售额年均增长较快的放一组，慢的放一组，量化更多的指标，这样竞争会更加公平。

（戈清平 / 文）

杨桂生，第六届中国创新创业大赛新材料行业总决赛评委

我眼中的新材料行业“隐形冠军”

——访浙江省创业投资集团有限公司总裁胡永祥

“赛马场上选骏马，市场机制配资源。”赛场内，亮点项目接连登台。赛场外，参赛人员和投资机构互递名片，交谈热烈。

“2017 年项目质量比 2016 年还要高。比赛中出现了能够改变我国材料行业相关格局的项目，让我耳目一新。”2017 年第六届中国创新创业大赛新材料行业总决赛结束后，评委之一、浙江省创业投资集团有限公司总裁胡永祥感慨道，这也是他第二次坐在中国创新创业大赛新材料行业总决赛的评委席上。

近年来，无论是国家的政策、资金扶持，还是来自社会各方面，包括风投机构的支持，都为承接这些先进技术、优秀的技术专家开展创新创业厚植了土壤，让他们有了用武之地。“登上此次决赛舞台的 18 个新材料领域的创业者，无论取得名次是否靠前，他们都是最优秀的。真心希望他们继续沿着各自的细分领域深耕下去，成为我国新材料领域的隐形冠军，成为推动我国工业发展的支撑力量。”胡永祥说。

材料里的“小”创新有着大用途

说起浙江的风投业，作为浙江早期成立的老牌风投公司——浙创投，在业内可谓名声赫赫。无论是沉浮商海 17 载愈战愈勇的资历，还是至今 10 余次出手无一失手的骄人战绩，无不引人注目。

2000 年秋天，胡永祥接住伸过来的橄榄枝，成为新筹建的浙创投骨干力量。那时候，杭州只有一家创投机构，浙创投成为杭州乃至浙江第二家创投机构。

在此之前的 16 年，胡永祥一直从事对外科技交流的相关工作。

浙创投，全称浙江省创业投资集团有限公司，由浙江省国有资本运营有限公司下属浙江省发展资产经营有限公司、浙江赛德创业投资有限公司、巨化集团、浙江省能源集团、国家电网浙江公司发起设立。成立 10 多年来，在环保、智能装备、互联网、文化创意、高铁交通、新材料等领域积累了丰富的投资经验，构建了明显的产业整合优势，打造了一支投资业绩优良、具备良好职业素养的投资团队。

自投身创投生涯以来，一直关注高尖端科技领域制造业的胡永祥，最看好的就是新材料制造业与互联网的结合，曾经创造了成功率 100% 的风投奇迹。目前，在他投资的新材料项目里，瑞泰科技股份有限公司、西部金属材料科技股份有限公司、浙江天铁实业股份有限公司、杭州华光焊接新材料科技股份有限公司、杭州鲁尔新材料科技有限公司、海宁联丰磁材科技股份有限公司、杭州富士达特材科技股份有限公司、杭州坚膜科技有限公司等都已经上市。

而近期胡永祥投资了一家名为“杰膜科技”的萧山企业。打动他的，正是杰膜科技在“陶瓷膜”这种新材料上的创新。用这种陶瓷膜进行过滤，单位时间内的过滤效率高，能分离过滤出一些特殊污染物，而且相比一般材料，自我冲刷能力更强，更不容易结垢，使用寿命更长，耐高温、耐腐蚀，可以应用在极端、特殊场合。

“看起来只是一个材料方面的小创新，但这种技术在国内是具有稀缺性的，也是我们投资它的原因。”胡永祥说。

大赛项目“亮点”惊艳

“投资人要在纷繁芜杂的经济线索中找到真正有价值的创新，需要预见性和洞察力。今年的新材料项目质量和水平的确惊艳全场。无论是初创组企业还是成长组企业，都有很多可圈可点的可填补国内空白的项目。”面对2017年的新材料专场，胡永祥梳理出以下几个亮点：

一是技术创新更令人耳目一新，项目高度和质量日渐与国际接轨。

二是参赛企业及团队与市场结合更加紧密，商业模式更接地气。新材料企业不应该只停留在基础原材料这个中间环节。一个项目最后要商业化运营，团队领头人要有强烈的意识来平衡自我团队中的人才配比；企业家要有商业优化、改变中间体被动局面的意识，打通上中下产业链，延伸到前端，更接近市场。“在这场总决赛上，我们看到了很多的参赛企业不只是把技术完善、产品做好，还想到了在商业模式上怎样更加贴近市场、贴近用户，有了一些往产业链延伸的整体解决方案的迹象，甚至延伸了服务，形成了与客户端非常高的黏合度。”

三是做材料的企业都非常有情怀，从他们的项目介绍中，我们深刻体会到了他们的企业精神，感受到了他们几十年如一日的坚守和坚持。胡永祥举例说，浙江欧仁的创始人杨晓明，起初在美国全球500强企业里担任技术负责人，一干就是20年。最后，在事业如日中天的时候，他却毅然坚持回国，用一种义愤填膺的高姿态回应了美国对国内新材料领域的藐视。

“可以说，每一个企业、团队的一个小小的创新，都可能孕育着未来材料领域的大革命。”胡永祥总结道。其中，最受投资人欢迎的还是要属那些来自高等院校、科研院所，拥有深厚的技术积累，或者具有海外留学背景和大企业从业经历的创业团队。这也在客观上说明了现阶段的企业竞争已经回归到技术的源头上，或者人才的竞争上。

关注配方、生产工艺及对应的设备

当谈到什么样的项目更容易获得资本青睐时，胡永祥直截了当地回答：投资新材料项目核心把握配方、生产工艺及对应的设备。“首先，技术是否有比较高的门槛和起点，进入壁垒是否比较低，有明显的技术创新。尤其是在当今国内产能过剩的前提下，技术创新显得尤为重要，这是企业的优势所在。”

其次，创业项目需要形成成熟的商业思维。“只有过硬的技术还远远不够，如何解决用户痛点，哪怕有的时候产品性能指标稍稍好了一点点，但是性价比指标非常好，能够让下游客户用得起，这也很重要。”胡永祥强调，应该具有下游客户应用的终端思维，不仅仅是交给他们材料，还要提供一个结合客户需求的整体的解决方案。

最后，应该形成合理的股权机制。很多团队没有安排合理的利益协商机制，这在企业的发展过程中埋藏着巨大风险。前期创业者需要钱，出资方地位强势，股权分配优势明显。但当企业进入盈利阶段，能力贡献与资本贡献的重要性就会重新衡量。很常见的情况是，某些创业者的劳动价值已远远超过原始资本，这就必然产生纠纷。因此，在创业初期，一定要在职位、薪酬、股权等各个领域，确定成员价值贡献分配和调整的原则，并对可能产生的争议预设“开口条款”。“通过股权结构的优化设计，保证具有重大贡献的团队成员的利益，应该引起项目领头人重视。”

“大赛非常直观方便地提供给投资人捕捉项目的源头信息，降低了投资人寻找项目的成本。这些创业团队浓缩地展现了在这个细分行业国内外的新动向，也让投资人看到了行业的最新动态，它解决了投资人与项目间的信息不对称，浓缩的 8 分钟展示也倒逼企业进行自我梳理，找到自身的价值点与未来的商业模式。对于这些高质量的项目及有使命感的企业负责人，我们投资领域也会重点关注。”胡永祥表示。

选项目，也是选团队

此外，除了项目本身，团队成员之间是否形成互补性，也是胡永祥特别关注的。

“无所不能的创业组合，是一个百度搞技术的人，加上一个腾讯搞产品的人，再加上一个阿里搞运营的人，无论做什么都会成功。”在风投界，这是一条黄金定律。胡永祥深信不疑，“早期投资资讯并不明朗，很难找到一个可靠的标准来判断专案潜力，但人的能力是可靠易辨的。”

“一般情况下，一个只由技术人员组建的团队拿出的项目，往往会被认为是一项仅仅停留在实验室的成果，不具备市场的产业化条件。材料，不是简单的物理加工。对于新材料行业而言，配方、生产产品的工艺路线、对应的设备三者之间缺一不可。当然，团队中也需要这样的人才。”在胡永祥考察过的很多创业团队中，人力优势与社会需求没有形成差异化对接，是创业者常常考虑不周的一个问题。

胡永祥认为，创业成员在性格、学识及掌握的资源方面，一定要各有特定优势，能够精准匹配企业发展的不同需求，“一个好汉三个帮”。同时，还要有一个被认可的核心人物作为负责人，引导大家朝同一个目标前进，巩固团队愿景。

而要想形成一个互补性创业团队，事半功倍的方法是找到能够为团队提供资源的投资机构。作为一个业内人士，胡永祥深知，一个成功的风投项目，资本的投资与运作其实只占到了20%～30%的作用，而剩下的70%～80%则是更重要的增值服务。这些增值服务才是大多数企业所迫切需要的。“投资机构不仅为企业注入资金，也帮助其梳理商业模式，进行团队的优化配置。”

现实中，作为投资者，胡永祥需要做“娘舅”的时候并不少。有一家企业，因发展思路分歧，管理层出现了矛盾，董事长甚至一气之下要把企业“一把火烧了”。为化解分歧，胡永祥分别请几位核心管理喝酒，做化解矛盾的“娘舅”。酒至酣处，开始将心比心地跟他们交心。整整几个晚上，对核心高管各个击破。聊过之后，管理层解开了心结，统一了思路，换来了齐心协力，第二年，这家企业就成功上市了。

“当你看到创业团队的股权比例一出生就不那么协调时，作为一个‘娘舅’，能慢慢做通创始人的工作，把他们的股份结构、利益格局调整到可持续发展的状态，我会非常高兴。”

（李洋 / 文）

胡永祥，第六届中国创新创业大赛新材料行业总决赛评委

抓住能源革命机遇　创新可持续发展路径

——访中国工程院院士、国家能源专家咨询委员会副主任委员杜祥琬

“本届大赛，我接触了很多新能源领域的创业企业和创业者，这些企业大多是民营企业，这些创业者的精神令人感佩。”中国工程院院士、国家能源专家咨询委员会副主任委员杜祥琬在参加第六届中国创新创业大赛新能源及节能环保行业总决赛暨新能源及节能环保行业高峰论坛后说，“我感到欣慰。”

杜祥琬表示:“作为创新创业企业，一旦把握住了正确方向和发展机遇，那么，无论全球的能源如何变革，都能找到属于自己的发展路径，当然，这需要创业者和团队的眼光和实力。”

世界能源加速转型

“全球一次能源结构变革分为三个阶段，第一阶段是以煤炭为主的阶段，全球一次能源 70% 是煤炭；第二阶段是以油气为主的阶段；第三阶段是以非化石能源为主的阶段。而目前正从油气为主向非化石能源为主转型。”杜祥琬说，目前世界能源发展呈现三个趋势，就是转型加快、增速趋缓、创新活跃。

转型加快，就是更加迫切地追求清洁、低碳、高效。杜祥琬介绍，目前，天然气、非化石能源等低碳能源在全球能源消耗比重中已超过 40%，且呈增长势头。美国低碳能源的消耗比重已经超过 47%。特别提出一点，全球一次能源消耗比重为 28.6%，如果不含中国，这一数字仅为 19%。“这源自可持续发展需求。同时，为应对气候变化，《巴黎协定》开启了全球低碳转

型新阶段。”

增速趋缓，是指全球能源总需求进入低速增长状态，增长点主要在新兴经济体。杜祥琬介绍，2016 年全球能源总需求增长仅为 1%，除去中国，这一数字仅为 0.7%，中国 2016 年能源总需求增长为 1.3%。与此同时，能源利用效率不断提高，2016 年全球能源强度降低了 2.1%。

创新活跃，是指全球能源科技创新进入高度活跃期。杜祥琬认为，包括参加此次大赛的创新型企业在内的全球企业都很重视能源科技创新，都在积极抢占未来新能源战略制高点，储能技术、分布式能源、能源智能化成为能源科技创新的三大亮点。其中，在储能技术方面，物理储能、化学储能等储能模式层出不穷；在能源智能化方面，能源管理与数字技术、信息技术不断融合；在分布式能源方面，太阳能屋顶、生物质能源、垃圾资源化利用、小风电等不断涌现，且发展越来越快。

树立中国能源安全新观念 引领新能源发展

把目光转向国内，中国能源安全的新观念为新能源和节能环保行业创新创业带来重大机遇。

中国能源安全观应该有怎样新的创新？杜祥琬认为：“长期以来，人们把能源安全理解为供应关系，也就是需要多少供应多少，供应不上就是不安全。这是片面的理解。”

杜祥琬进一步表示:“我们要转变过去的单向供给侧提供保障这一观念。一方面要推动供给侧科学化、洁净化、低碳化，同时，也要努力推动需求侧合理化，包括抑制不合理的需求。通过供给侧和需求侧相向而行、双向协同，进而达到供需平衡。也就是要以合理的供给满足合理的需求。”

目前，我国能源供给进入总体宽松时期，也是结构优化的机遇期。在新常态下，我国能源消费每年都会有所增长，但增长速度比较缓慢。杜祥琬表示，能源需求的增量完全可由低碳能源的增长来满足。“这种新常态为我国企业提供了一个重要的机遇，那就是发展新能源的机遇。”

同时，我国已把能源的环境安全观提升到战略高度。杜祥琬表示，过去很少提这条，现在大家认识到能源造成的环境问题要作为战略来重视。例如，大面积的雾霾有违以人为本的发展初衷，$PM_{2.5}$ 的源头大部分来自煤炭和石油的燃烧，温室气体排放主要是二氧化碳排放，大部分也都来自煤炭和石油燃烧。

那么，能源的长远安全靠什么？杜祥琬认为，要抢占未来能源科技的战略制高点，特别是提高能效和非化石能源及其智能化，引领新能源的发展方向，从而确立具备国际视野和长远战略眼光的能源安全观。“希望创新创业企业能把握这一机遇，适应国家新的能源安全观的发展。”

把握中国能源革命 节能提效是关键

“我国能源安全的新观念，正是我国能源革命的驱动力。”杜祥琬表示，我国能源革命的方向可以概括为 4 个革命：能源消费革命就是由粗放低效转向节约高效，能源生产革命就是由黑色高碳转向绿色低碳，能源体制革命是保障，能源技术革命是支撑，而智能化、电气化、低碳化、高效化就是能源技术革命的方向。

杜祥琬表示，节能提效是我国能源战略之首，这也符合第六届中国创新创业大赛新能源及节能环保行业总决赛的主题。国际能源署预测，为实现 21 世纪末将全球平均升温控制在 2 ℃的目标，需要减少的二氧化碳排放中，节能提效可贡献 40%。所以，实现我国降低能源强度和排放强度的目标，节能提效同样重要。

近年来，我国能源利用效率（能效）取得了很大进步，能源强度下降了 30%，主要能耗行业的能效提高了 19%。但是，我国单位 GDP 所消耗的能源，是全球平均水平的 1.5 倍，是典型发达国家的好几倍。2016 年我国 GDP 不到全球的 15%，却消耗了全球 22% 的能源。“因此，我国在能源强度和能效方面还有很大改进的空间，且必须改进。”

如何改进，实现能源节能提效？潜力在哪里？

杜祥琬认为，首先要转变发展方式、调整产业结构。国家提出去产能、去库存，强调从追求速度、贪多求大转向求质量和效益。目前，高耗能产业如钢铁、水泥、煤电这些行业，整体都在低效运行，煤电厂每年运行时数只有约 4000 小时，而实际可以运行 6000 小时。由于这种情况挤占了一部分新能源发展空间，导致弃风、弃光、弃水现象严重。仅 2016 年，我国西部五省区的弃风率就高达约 33%。

其次是开发节能技术。目前，我国有些煤电厂发电 1 千瓦时要消耗 310 多克煤炭，但是做得好的煤电厂只消耗 275 克煤炭。如果全国煤电厂都进行技术改造，运用节能技术，那么，仅这一项每年就能节省煤炭 15% 以上。在交通节能领域，北京市交通部门的一份报告显示，北京堵车造成的浪费占到北京市 GDP 的 7%；建筑节能的发展潜力很大，如采暖、照明灯等。

最后是消费方式的节能，要抑制攀比、奢华、浪费之风，倡导节约环保的生活方式。同时，从供给侧优化能源结构。

杜祥琬表示，世界能源消费结构演变分为三个阶段，中国同样如此。第一个阶段以煤为主，我国从2016年进入第二个阶段，这一阶段不像国际上以油气为主，而是多元结构，煤、油、气、可再生资源、核电五足鼎立。“未来，我们也会进入下一个阶段，即以非化石能源为主的阶段，低碳能源将逐步成为主流。”

“应积极利用天然气、电、风能、地热，甚至核能、工业余热等替代散烧煤，同时，应防止产能过剩，要追求洁净、高效、集中利用，实现超低排放。”杜祥琬表示，当前应重点发展低碳能源的“三驾马车”，即可再生能源、核能、天然气，逐步实现高比例替代高碳能源。要积极发展储能技术，高密度的储能技术有可能是一个颠覆性的突破。利用火电调峰，发展多能互补技术。此外，积极发展智慧能源及能源互联网、微电网技术，推动中国能源转型升级。

“能源转型升级具有复杂性、长期性和艰巨性，但方向和路径是清晰的，需要企业具有使命担当，创新可持续发展的路径。” 杜祥琬表示。

（叶伟／文）

“未来产业没有界限，我们希望跨界融合”

——访海尔生态资源平台负责人、海尔创客实验室创始人宋芬

企业要实现持续不断发展，除自身具有强大的创新能力外，还应具备高超的整合和利用外部创新要素的能力。作为我国家电行业的知名企业，海尔集团在这方面是如何运营的?

“海尔集团在多年的发展中，虽然取得了不错的成绩，但是与所有的企业一样，海尔还是希望占有更多更广的优势资源，以便企业实现又好又快发展。中国创新创业大赛这一平台较好地满足了海尔集团的这一需求。未来产业没有界限，我们希望跨界融合。”在2017年第六届中国创新创业大赛先进制造行业总决赛现场，海尔生态资源平台负责人、海尔创客实验室创始人宋芬表示。

技术跨界融合将成为一种趋势

宋芬表示，企业在发展过程中，都希望占有更多的优势资源。此前，海尔主要是通过“点对点”获得这些优势资源，但这样做效率低下，在一定程度上很难满足海尔发展的需求。2016年，海尔开始与中国创新创业大赛组委会合作，优势资源的获取效率大大提高。“当年，就有一个选手的项目与海尔产品实现了深度融合。”

据宋芬介绍，目前该项目已成功植入海尔的产品中，正在进行市场验证，如被市场认可将大大提升海尔产品的市场竞争力。“在人们的印象中，一些项目技术可能只能被应用到某个领域，其实不然，A技术可以被广泛应用到A1、A2、A3产品上，也可以被应用到B1、B2、B3的产品上，实现技术的跨界融合。”宋芬表示，随着互联网和移动互联网技术的发展，特别

是物联网技术的迅猛发展，技术的跨界融合应用将成为一种趋势。

“过去我们讲产业升级，更多是指产业形态的单向演进或产业结构的变化，三大产业之间及产业上下游之间的界限非常清晰。今天，随着新兴技术的快速发展和应用，产业边界日益模糊，跨界融合已经成为新一轮产业升级的大趋势。我们要把握大势、抓住机遇，加快推动产业融合，大力发展跨界产业，努力赢得产业升级的先机和主动。”宋芬表示，在与大赛创新创业项目对接时，总会有一些柳暗花明的惊喜，这也是 2017 年海尔继续与中国创新创业大赛组委会合作的目的。看似不相关的技术，在进行深度交流后，有可能会迸发出新的融合点。对于企业巨头来说，他们永远不会知道合作伙伴、竞争对手到底是谁，“跨界”已经成为促成创新的重要手段。

据了解，在互联网时代，面对体验经济、共享经济兴起的时代大趋势，海尔在战略、组织、制造三大方面进行了颠覆性探索，设立了海尔生态资源平台，以智慧家庭生活的场景商务为切入点，直面用户真实需求；以统一的平台、标准和规范，破解“无效供给”。该平台通过上游跨界融合生态资源，以满足用户不同场景的需求；中游搭建基础的服务模块，汇集成不断满足和优化用户体验的包含商品、O2O 服务、内容等在内的生态资源池；下游以微服务方式和互联互通的标准，实现在各终端的交互、交易和交付，由此形成一个以用户需求为中心的，与知名品牌商和创客小微共增值、共盈利，且内循环和外循环兼顾的生态开放系统。

建设全面开放的生态资源平台

“未来产业要么跨界，要么被跨界。跨界融合对所有的产业和行业既是机遇又是挑战。为此，海尔设置了生态资源平台。海尔生态资源平台设置，有利于企业新技术的研究、储备和应用，有利于企业加快跨界产业和细分行业的前瞻布局。”宋芬认为，全面开放的海尔生态资源平台，有利于海尔以用户体验为中心完善产品布局。“参与中国创新创业大赛，与中国创新创业大赛合作，目的也是为了进一步丰富海尔生态资源平台。”

如何高效利用海尔生态资源平台，宋芬举例说：“在第十五届中国家电及消费电子博览会中，海尔推出了一款可以和人交流的智能音箱，不仅可以实现智能家居的互联，同时，还是一款融合了喜马拉雅 FM 等内容资源的优质音箱。”

据了解，作为海尔生态资源平台战略背景下孵化出的智能产品，海尔音箱自然承载了对海尔家电的智能联通功能。相比于行业内其他仅可以简单联网的智能设备，海尔体系下的如“大树”般的生态格局中，每一款智能家电产品及设备都属于这个生态系统的一个节点部分。

与此同时，海尔作为家电行业引领者，通过多年经营大家电产品的经验，以及对用户生活习惯的了解，可以进一步掌控用户在不同场景的视听娱乐需求。说到海尔布局智能硬件的终端产品跟其他品牌的不同之处，宋芬透露，海尔是以用户体验为中心完善全局生态的理念制造产品。也就是说，在整个家庭物联网网状体系中，智能音箱都将充当一个场景节点的作用，可以与其他家电及设备搭配使用，目的是为满足用户不同的生活场景需求。

“在合作的态度方面，海尔秉承‘共享平台’的精神，各种平台的资源都是相互开放的。因此，也成就了海尔体系智能产品发展的更多可能性。作为海尔智能音箱产品的合作方，喜马拉雅 FM 也同样采用多角度合作的战略，目的就是将更多更好的声音内容传递给用户。”宋芬表示，这些成绩的取得，无不来自全面开放的海尔生态资源平台。

据了解，海尔从 2016 年就开始规划五大生活场景，打造未来的智慧家庭 3.0 版，为消费者提供物联网时代的“主动服务”。目前，海尔在互联互通、传感器、LOT、智能制造等领域都有强烈的创新需求。宋芬在大赛赛场表达了海尔的诉求：“在这里，没有界限，我们希望跨界融合。”

继续与创新创业大赛携手并进

“会的，会积极参与。”谈到是否会参与 2018 年中国创新创业大赛时，宋芬的回答十分干脆。

宋芬说，中国创新创业大赛整合创新创业要素，搭建为科技型中小企业服务的平台，引导更广泛的社会资源支持创新创业，促进科技型中小企业创新发展。大众创业、万众创新的提出，把创业、创新与人、企业这几个关键要素紧密结合在一起，不仅突出要打造经济增长的引擎，而且突出要打造就业和社会发展的引擎，不仅突出精英创业，而且突出草根创业、实用性创新，体现了创业、创新、人和企业“四位一体”的创新发展总要求，揭示了创新创业理论的科学内涵和本质要求，为创新创业理论和实践研究开辟了崭新的新天地。

谈到创新创业，宋芬强调，创新是人类特有的认识能力和实践能力，是人类主观能动性的高级表现形式，是推动民族进步和社会发展的不竭动力。一个民族和社会要走在时代的前列，就必须始终坚持牢固的意识创新、思维创新、理论创新和实践创新。而创业，从广义的角度来说，是指个人充分运用自己所掌握的知识、技能、资源和及时发现的信息、机会等，克服思维定式，以创新的思维和艰苦的努力，开辟新的工作途径，开创新的工作局面，争创新的工作业绩，促进取得新的、突破性的工作成就，从而实现某种追求或目标的过程；从狭义的角度来说，是指自主创业，是创业者个人或创业团队以某些资源所有者的身份，利用知识、技术、能力和社会资本，通过自筹资金、技术入股、寻求合作等方式创立新的现代企业，自主创业的主体是投资者和资产、资源及技术所有者，需要创业者拥有关键的资源或者具有整合资源的能力。

宋芬表示，创新创业是基于技术创新、产品创新、品牌创新、服务创新、商业模式创新、管理创新、组织创新、市场创新、渠道创新等诸多方面的某一点或某几点创新而进行的现代企业创业活动。创新是创新创业的特质，创业是创新创业的目标。创新创业是基于创新基础上的创业活动，既不同于单纯的创新，又不同于单纯的创业。简而言之，创新强调的是开拓性、新颖性与原创性，而创业强调的是生存性、营利性与责任性。因而，在创新创业的概念中，创新应是创业的基础和前提，创业应是创新的体现和延伸。

谈到海尔未来融合发展，宋芬说："真正的先进制造王者，都是脚踏实地、一步一个脚印，可以经受时间和风雨的考验，并不断自我超越的科创企业。在'双创'与'中国智造'相结合的今天，创新创业与制造业结合越来越紧密。越来越多的产品实现智能化，越来越多的智能化服务体系构建形成，智能化大浪潮让'中国制造'不断向'中国智造'前进。"

（晁毓山／文）

生态造车　如何下好新材料这招“先手棋”

——访浙江吉利汽车研究院总工程师张晓东

提及中国本土汽车品牌的代表，相信很多人会第一时间想到吉利。通过近年来在品牌、品质等方面的不断提升，吉利汽车走出了一条与众不同的快速发展之路。

“截至 2017 年 11 月，吉利汽车 2017 年销量突破 100 万辆，年度 110 万辆的销量目标也已经指日可待。站在新的起点上，未来吉利汽车整体的销售目标是到 2020 年达到 200 万辆。”2017 年 11 月 21 日，现身第六届中国创新创业大赛新材料行业总决赛开幕式暨高峰论坛现场的浙江吉利汽车研究院总工程师张晓东透露，对于吉利汽车而言，这或许只是个小目标，因为全球市场空间很大。但是，令其担忧的是吉利汽车在新能源、轻量化、环保上，能够应用的基础新材料特别有限。

此次参加创新创业大赛，目的就是为吉利汽车发布新材料领域的“招贤榜”。“今天，我来得很早，在会场四处逛了逛，为的就是能够从企业易拉宝的项目介绍中发掘适合汽车领域的新材料。经过初步观察，浙江当地的一家做大飞机用低 VOC 高阻燃绿色隔音复合材料的企业，可以初步满足我们在汽车领域的材料需求，接下来，我们将会跟对方进一步洽谈。”

张晓东表示，新材料行业总决赛这样的高水平双创赛事给汽车产业及相关产业链条上的各方搭建了很好的平台。希望大赛参赛企业可以从汽车生产的角度进行更多关注，能够同吉利一道进行汽车领域新材料、新技术的开发和研究。

轻量化材料价格虚高　车企直呼用不起

2017 年 4 月，工业和信息化部、国家发展改革委联合科技部发布了《汽车产业中长期发展规划》。该文件指出：随着能源革命和新材料、新一代信息技术的不断突破，汽车产品加快向新能源、轻量化、智能和网联的方向发展。

在这样的大背景下，2017 年 5 月 10 日，“iNTEC 人性化智驾科技”技术品牌在杭州湾正式发布，同时，吉利汽车（杭州湾）研发中心也全面启动。

“其中，健康生态技术 G-Blue 集中体现在‘新能源、轻量化、环保’3 个方面，这也是未来汽车发展的趋势。”在创新创业大赛论坛上，张晓东说。

一台车到底哪些部位是金属呢？站在创新创业大赛舞台上的张晓东用 PPT 给出了答案。他的 PPT 上显示了汽车所有金属材料的应用率，包括应用到的一些部位，从防撞梁到车身的骨架、底盘架，一些铝合金、镁铝合金都在应用。

张晓东介绍，一些塑料的防撞梁整体减重 40% ~ 50%，而包括中空板在内的支架，以塑带钢的话，整车减重 15% 的整体目标会很快实现。

轻量化材料的应用是汽车轻量化最基础、最核心的手段。“在国外，碳纤维已经用在了高端车上，但经济车型还是用不起。如果我们能把成本问题解决了，整体轻量化就迈进了一大步。”

“受成本所限，碳纤维真正大批量使用起来比较困难。就目前国内情况而言，碳纤维等复合材料在中低端汽车中使用较少，因为企业会平衡汽车的成本和性能，如果大量使用碳纤维等新材料，会大幅度提高汽车造价。如果汽车品牌无法支撑其高价位，造出的汽车很难卖出去。”

“由于特殊的成本工艺，这些新材料价格普遍过高，加之市场竞争对手少，容易形成价格垄断。这样一来，我们这些中低端企业运用起来更加困难。”

那么，汽车是不是越轻越好？对此，张晓东解释说，减重要符合安全

等法规，也要符合耐久性、稳定性、燃油经济性排放，因此，有增重的地方，也有减重的地方，需要平衡。例如，为保证汽车的安全性、配制成本、电驱动，这些都要求增重；然而，为了汽车达到耐久性、稳定性、燃油经济性排放标准，这些都要求减重。

“我们会根据汽车性能采用新材料，经过多次反复碰撞，测试新材料是否可用。现在有镁合金、碳纤维，未来还会有新的轻量化材料，但无论出现什么材料，这些轻量化材料都不会是孤军奋战，必然是以组合的形式出现，因为汽车未来的发展趋势是多种材料混合使用。”

吉利现场“淘金”

面对到 2020 年吉利汽车轻量化减重比例达 8%，到 2025 年达 15% 的总体目标，如何解决新材料难题，变得尤为迫切。“企业如果不能完成新材料方面的创新，就只能跟随，不能领先。”为此，张晓东带领团队果断走出研究院，到市场上寻找新材料。

“参加此次创新创业大赛新材料专场，我们是带着淘金的想法来的。虽然能够应用到汽车领域的新材料项目十分有限，但是在前期的观察中，我们还是发现了一些亮点项目。”

张晓东说，如浙江欧仁研发的用于大飞机的隔热隔音复合材料，采用高分子结构与性能设计、超声／磁控聚合改性等高精尖技术，可大大提升大飞机的轻量化和舒适度。虽然是用于大飞机的，后期我们可以进一步开发，应用到汽车上。

尽管已有中意项目，张晓东还是感叹：“中国 2016 年汽车产销均超 2800 万辆，连续 8 年位居全球第一。面对这么庞大的市场，我真想说，国内做汽车领域新材料的企业太少了！”

即便如此，大赛中涌现出的诸多新材料项目都给张晓东留下了深刻的印象。“这么多参赛的新材料项目已经摆脱了最初的点子创业怪圈，开始走向落地。例如，今天我看到的项目，大多数都有自己的厂房，都可以进行批量生产。这令我很喜出望外！”

当得知大赛还设有大企业对接会环节时，张晓东连忙说道：“如果能够有这样一个面对面发布吉利汽车需求的机会，真得太好了！我们会积极参与进来，释放我们车企的需求信号给新材料企业，让这些创业团队根据市场需求进行研发，这样的项目成果，出来以后不愁没有应用市场！”

“目前，车企与材料企业之间的融合还不够成熟，主机厂与材料企业对于彼此的发展状况与需求不熟悉，整个产业链之间的交流也比较缺乏。”张晓东说，中国创新创业大赛为进一步推动我国的主机厂、零部件、材料企业的融合，加快汽车产业链中新材料、新工艺、新应用的发展速度，加强材料、零部件、主机厂之间的交流，提升国内汽车产业链的竞争力提供了机会。

生态造车还需发力

吉利率先在国内汽车行业开展车内空气质量控制技术研究工作，并在行业内首次提出“车内环境品质”概念，致力于对车内环境进行健康管控。曾经的一句“让你关上车门是北欧，打开车门是北京”的广告语，更是让吉利生态造车红遍大江南北。

2017 年 6 月，吉利帝豪 GL 获得了继 2016 年吉利新帝豪之后的中国品牌的第二个 C-ECAP 白金牌。两个车型前后不到半年时间，先后获得 C-ECAP 白金大奖，体现了吉利汽车整体的造车水平和品质。那么，吉利在打造生态汽车上有着怎样的举措？

谈到吉利生态造车举措，张晓东如数家珍："吉利在管控规划、选材、制造、服务各个环节全程植入'生态造车'的环保理念。"

不过在张晓东眼中，生态造车的成功很大程度上离不开吉利汽车的环保工艺设计，采用了大量先进环保材料。例如，吉利帝豪GL能够赢得C-ECAP白金牌，得益于它主打的7立方米生态空间，这个车内生态空间由AQS空气质量管理系统、环保工艺材料、负离子空气清新技术、高效空气净化及200多项NVH优化共同搭建。

"在汽车的生产制造过程中，往往会应用大量的塑料、涂料、黏合剂、保温材料、织物及皮革等，这些材料存在着很大风险性。"张晓东提到，降低汽车室内VOC，改善室内气味主要通过降低材料本身的VOC与气味。因此，铝合金、碳纤维复合材料、长玻纤增强塑料、免喷涂材料、超低散发VOC增强塑料、低VOC除味母粒等材料对解决上述问题起着至关重要的作用，也是汽车现在及未来主要的用材。

张晓东坦言：目前，吉利汽车正在持续寻找更加环保的汽车用材料，但是力不从心。"例如，采用的木纤维乙醛含量比较高，而麻纤维气味较重，这个我们很想控制。我们需要生物基的PVC面料，但目前没有找到合适的合作商。"为此，在论坛上，张晓东现场对环保新材料发布了"招募令"。

同时，张晓东表示，生态造车不应只是指车内的空气质量，也应包含整个生产过程的各个环节。"不仅是整车厂的生产过程，也包括配套厂所有的生产过程，这些我们都要控制。"张晓东说，"我们要建立金属、非金属和材料数据库，同时，我们希望建立一套生态产品认证的制度，对上下游的配套企业生产的材料进行整体控制。"

据悉，吉利集团已建立一整套生态汽车的生产体系——本着"珍惜资源、保护环境、易拆解回收、降低材料种类"的绿色设计核心理念，在汽车设计阶段就充分考虑汽车在全生命周期对环境的危害，并通过制定禁限用物质控制、整车材料数据搜集、零部件标识、整车回收率计算分析技术标准和程序文件，对汽车产品全生命周期环保可回收性进行控制。

（李洋/文）

竭尽呵护参赛企业成长

——访招商银行总行党委委员兼公司金融总部总裁施顺华

中国创新创业大赛为创新创业者提供了展示的舞台，金融机构的加入让大赛真正成为创新创业者的输血站，让他们得以茁壮成长、翱翔远空。

从首届中国创新创业大赛举办至今，招商银行已经连续6年成为大赛的合作伙伴，一路支持和陪伴着参与大赛的创业者。

6年来，招商银行先后为73 000余家参赛企业提供了多种形式的金融服务，与12 000家参赛企业开展了深度合作，已为其中的1600余家企业累计提供了超过200亿元的信贷资金支持。在企业的发展过程中，招商银行为企业提供了资本运作、资金管理、人才稳定激励等服务，全方位呵护企业成长。

“我们会竭尽全力支持大家。”这是招商银行对参赛者的承诺。

多元化服务　直击企业需求

参与大赛的企业大多处于初创阶段，资金支持对于参赛企业来讲确实非常重要。可是在与众多参赛企业频繁接触之后，招行银行相关负责人发现，除了融资服务，政策、法律、公司治理、市场拓展等方面的增值服务也是广大初创企业所急需的。因为初创企业大多会将精力聚焦在技术创新和商业模式上，而在其他领域往往缺乏实操经验和关注精力。

“许多参赛企业都希望通过IPO实现上市目标，但如果在发展过程中没有把控好，轻则拖延上市进程，重则中途丧失控制权或出现无法弥补的历史问题而与IPO无缘，所以提前规划、步步为营、提高企业整体实力是非常有必要的。”招商银行总行党委委员兼公司金融总部总裁施顺华表示。

基于以上体会，招商银行积极探索为参赛双创企业提供“千鹰展翼”计划全面支持。这是一个专门针对创新型企业的服务计划，集双创企业客户开发、培育、服务于一体，助力创新型企业成长，成就企业辉煌梦想，实现质的飞跃。

在融资方面，与传统银行的信贷服务不同，该计划以为客户提供创新的债券融资产品和打造股权投融资服务合作平台为依托，提供直接服务、直接融资和间接融资相匹配的金融服务体系，全面助力成长型企业登陆资本市场。

在增值服务方面，招商银行借力“千鹰展翼”计划，打造服务双创企业的综合平台：一是建立起包括总分行、创新支行及招行旗下各投资平台在内的服务架构；二是联合科技部、交易所和各地高新区、PE机构、券商、律师事务所、会计师事务所、第三方中介机构等，组成策略联盟。

据介绍，从2010年推出到现在，招商银行小企业客户数已达145万，而且最近每年都会新开30多万户。这些新开企业客户中，双创企业客户占比达到70%，服务的高新技术企业达到7.8万家，招商银行与其中1.8万家开展了深度合作，为5000余家企业提供了625亿元的融资。2017年，招商银行推出了面向双创企业的“千鹰展翼”系列服务活动——“群鹰荟·展翼行”全国巡回活动，并在各分行建立“千鹰展翼”俱乐部，通过总行活动搭台、各地俱乐部落地日常服务，整合联盟资源，建立长效机制，向双创企业提供更多维度的综合化服务。

细化服务　呵护企业全生命周期

招商银行支持的企业目标客户主要具备 4 个新的特征：新的行业、新的技术、新的团队、新的市场。

在招商银行成立 30 年的时间里，招商银行服务了太多的科技创新型企业，对于这些企业的需求，招商银行将其总结为 4 点：多元快速化的筹资、融资需求，精准经济性的市场拓展需求，高效便捷性的运营管理，以及专业全流程的资本市场需求。

值得一提的是，针对企业需求，在企业的不同成长期，招商银行会为其提供不同的银行产品。例如，在种子期，招商银行会通过基本的银行服务，为企业提供业务和行业咨询，来满足企业财务管理、信用建立和融资支持方面的需求；当企业到了发展上升期，招商银行会通过融资咨询、发展规划、产品支持、银行信贷来服务于企业，使其扩大生产、规避风险、降低成本；当企业到了扩张期，招商银行会通过多元融资、方案设计、上市咨询等为企业提供品牌建立、效率提升和市场拓展等服务；当企业进入成熟期以后，招商银行会为其提供专业的上市服务及多元融资、综合金融服务，使企业达到资本扩张和人才激励的目的。此外，招商银行还为参赛企业、单位高管和员工提供了高品质的个人金融服务。

资本市场是招商银行目前投入比较多的一个领域。具体包括为企业提供股权直投服务、新三板挂牌的全流程服务、IPO 上市财务顾问，

以及并购/被并购财务顾问、撮合等服务。目前，招商银行“千鹰展翼”客户库中有超过350家企业上市，其中，境内上市的有250家，3800余家企业完成新三板挂牌，累计超过1200家企业与其旗下的各类投资平台签订了股权投资合作协议，或接受股权直投。

针对创新型企业的债权融资需求，除了传统的流动资金贷款外，招商银行还提供包括供应链融资、并购融资和跨境金融等在内的一系列综合性金融服务。

招商银行针对科创企业特点，开发了诸多特色产品，包括高新贷、订单贷、知识产权贷、股权质押贷等。据介绍，招商银行的特色产品并非一成不变，后续会根据各个企业的特殊情况与时俱进，因“企”而变，不断推出新的特色信贷产品，以满足创新型科技企业的需求。

连续6年作为大赛的合作伙伴，招商银行先后为73 000余家参赛企业提供了多种形式的金融服务，与12 000家参赛企业开展了深度合作，已为其中的1600余家企业累计提供了超过200亿元的信贷资金支持。

对于中国创新创业大赛，施顺华表示，自2012年首届中国创新创业大赛举办以来，经过多年专业运作，大赛已经成为我国大众创业、万众创新的最高展示平台，成为支持创新创业的标杆。大赛整合各类社会资源为创新创业企业提供资金、技术、政策等各方面的服务，随着大赛品牌影响力的不断扩大，服务内涵更加丰富，也为参赛企业特别是优胜企业带来了更多帮助。更让他感到骄傲的是，大赛对全国进一步推动创新创业起到了很好的示范效应和引领作用，各地政府纷纷搭建平台联合各类双创链条上的服务机构和单位，为双创企业提供长效服务；全社会以参与双创为荣、以服务双创为重的意识越来越深入人心。一直以来，招商银行将科技创新型中小企业作为战略重点客户群进行服务，未来，招商银行还将继续服务于科技创新型企业，为企业提供更灵活、更高效、更全面的支持。

（崔彩凤/文）

大赛为大企业挑选“骏马”提供了平台

——访美的集团中央研究院高级经理张忠耀

“要想做好一个企业，必须把产品做好，给用户带来价值，其中，最核心的要素就是科技创新。美的的目标是要打造一个创新生态体系，为社会提供共享服务。美的中央研究院作为技术部门，参与了这一生态体系的构建。”在2017年第六届中国创新创业大赛新材料行业总决赛大企业对接环节，站在舞台上的美的集团中央研究院材料技术实验室主任熊玉明，向台下企业发布了美的接下来几年中对新材料的“招贤令”：发泡保温技术、环境响应的智能材料、催化材料、防尘技术、抗指纹技术、涂层技术等多项新材料，美的都将来之不拒。

面对这一“招贤令”，河北稀创科技有限公司、益阳市菲美特新材料有限公司、贝骨新材料科技（上海）有限公司、大连绿之态科技有限公司、沈阳易筑节能房屋科技有限公司、长春中颐材料科技有限公司等多个项目团队跃跃欲试，并逐一在“一对一”对接环节，接受了来自美的的全面“考核”。

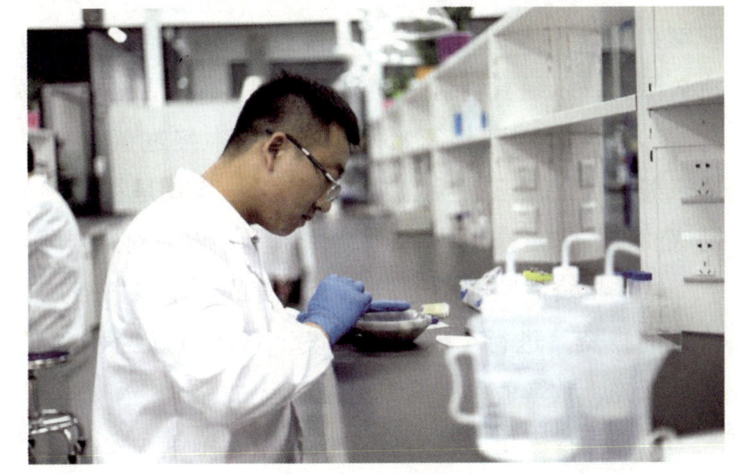

其实，像这样的企业对接会，美的集团高层每年都会参加许多场。市场犹如赛场，要想领跑业界，就必须要有技术创新实力。在熊玉明眼中，中国创新创业大赛就是这样一个“赛马场”，为大企业挑选技术“骏马”提供了平台。“尤其是活动安排的大企业面对面对接会十分接地气，使技术供需双方可以面对面直接交流，从而提高对接的成功率。”一同参加大企业对接会的美的集团中央研究院高级经理张忠耀说。

突破自我　开启业绩第二增长跑道

从1968年创始人何享健带着23个人和创业筹集的5000元钱，到2010年收入突破1000亿元，再到2017年仅上半年就超过1200亿元……美的这家总部位于佛山市北滘镇的企业，以坚韧不拔的创新精神正在一步步成长为行业领军者，并加速绘制面向未来的世界家电版图，书写着改革开放大背景下中国制造业转型升级的传奇故事。

“在许多美的人的眼中，敢于自我否定，不断对过去成功的模式、经验进行颠覆，找到新的路径，是美的能够走到今天的根本原因。而在此过程中，创业精神、企业家的精神一直得到了非常好的传承。”张忠耀分析道。

据张忠耀回忆，美的集团创始人何享健自1968年创立美的以来，一直坚持走练好内功的保守路线，积极对接外部创新资源，以降低创新的成本，提高创新的速率。然而，在人口红利不再、经营成本上涨、经济面临下行压力、虚拟经济过热的大环境下，创新如何生长？美的给出了自己的答案：构建四大创新模式——以技术创新提供长效动力，以体系创新保障持久活力，以经营创新拓宽产业版图，以产品创新占领市场高地。

2012年，刚刚从创始人何享健手中接过董事长位子的方洪波，提出了未来美的“三三三”规划。其中，第一步就是在两三年的时间内把整个企业彻底改造，完善技术体系、IT体系等，以应对来自外界的冲击和危机。

美的投资战略也随即做出180度的调整，“一刀切”，停止了传统的、粗放式的投资，进行了以产品研发、技术创新为核心的投资布局，并提出了产品领先、效率驱动、全球经营三大战略。

积极寻找家电之外业绩增长的第二跑道，变大规模低成本生产的商业模式为以科技创新驱动的商业模式。过去 5 年，美的在技术研发方面的投入逐年增长，累计已达 200 亿元，并建立了全球研发网络：在全球 8 个国家设立共计 20 个研发中心，11 个在中国，9 个在国外，其中，包括了美国、日本、德国、新加坡、奥地利等地，以实现全球协同研发。为了更好地实践中长期的研发，美的还成立了中央研究院，致力于研究 3 年以上中长期基础性、颠覆性、共性技术。

当前，美的在全球化版图扩张中，已经形成了自己的特色。作为家电巨擘，在传统的制造端，美的迅速完成了生产流程的自动化、数字化的运营，将生产和销售链条打通，实现了基于互联网的运作和管理，并积累了大量的生产大数据。

随后，美的完成对德国机器人四大家族之一 KUKA 的收购，并把以色列高创公司（Servotronix）收入版图，通过一系列的跨界融合，美的集团成功突围传统家电制造的困局，积极融入互联网时代，向全球化科技集团转变。

成立美的中央研究院　实现核心关键技术融通

如今，在美的，变革的步子越走越有力。占地 20 万平方米的美的全球创新中心，3 年前还是承载制造功能的美的工业园，3 年间，美的全球研发基地从零开始，已经在 8 个国家建成研发中心。

除了链接外部资源，美的还积极融会贯通企业内部技术创新。作为对开放式创新的率先探索，2014 年美的中央研究院成立，由美的集团副总裁胡自强担任院长。

“在过去很长一段时间，美的的研发由各个事业部分头进行。不同事业部之间的行政边界，以及各自为政的研发藩篱，使得各事业部之间无法实现协同，不仅导致了因重复研发而增加资金成本，而且使得研发的速度和效率大打折扣，对美的实现核心技术的提升与突破带来了挑战。”胡自强曾对外公开表示。

要想通过技术驱动来实现产品领先，就需要有一个能不断提升核心技术能力的平台。这正是美的中央研究院当初设立的背景和初衷。

据介绍，美的集团中央研究院的定位是，主导3年以上中长期基础性、颠覆性、共性技术研究，为集团中长期发展提供核心技术、颠覆性新产品，协调跨事业部技术转移，支援事业部核心攻关技术，统筹美的集团研发体系的服务、支持、共享的工作。

“整个集团层面共性的东西，我就在中央研究院推动做，然后在事业部落地，所以从技术的共性层面，有协同性。”张忠耀说。

当然，中央研究院不仅是一个平台，也承担着管理职能，各事业部研发体系的管理，也属于胡自强的职责范围，包括技术战略规划和产品战略规划。

中央研究院目前拥有300多位员工，硕博占比达70%以上，外籍专家占到15%左右，分别在三大类技术布局，即核心技术包括流体技术、变频技术、静音技术、工业设计，共性基础技术包括材料及涂层技术、传热技术、EMC技术、模具技术，未来技术包括人工智能技术、传感器技术，形成了10个团队。

尽管才成立了短短3年，中央研究院已经有许多成果应用在美的现有的多个系列的产品上。大吸力烟机、加热设备、电饭煲涂层、冰箱及微波炉的降噪、清羽风扇、Mini洗衣机等，这些由中央研究院牵头完成的技术和产品创新都已经形成了产业化和市场化。

加强内部孵化与外部对接　构建创新生态体系

大力发展技术创新，实现技术赶超，形成独创技术，已经成为美的集团的战略共识。然而，从单纯的技术提升转化为创新力的提升，需要进行从内部自主研发向外部共同研发的转变。

2015年9月，美的集团与浙江大学联合开发了开放式创新平台——美创平台，并投资了11亿元。美的为平台提供创新创意库、优质供应商、顶级科研机构及众多孵化器资源，期望通过吸引优秀创客的加盟，打造一个面向全球大众的创业孵化平台。

“内部员工只要有很好的 idea，就可以轻松获得公司提供的启动资金。产品经理和团队出资 20%，可以占 40% 的股份，并且可以保留原岗位，美的提供资金、技术、制造、销售等资源。”张忠耀说。

该平台一经推出，便首先激发了员工的内部创业热情。运营不到 1 年，美的旗下的创业平台已孵化出超过 20 个项目，大部分以内部员工创业为主。除了智能家电产品以外，还覆盖机器人、健康等领域。如今，热销市场的微波饭煲、壁挂式洗衣机都出自该平台。

“现在，在美的创新中心，每个月都会举行项目评审路演会，公司内部有些好点子或项目，一旦评审通过，就会获得投资的机会，后面就开始谈合同、财务乃至整个项目的商业计划，并签署合同。如果一个好的内部项目通过审核并进入产品开发，员工在这类项目中的持股比例为 15% ～ 40% 之间。这样的创业者就从我们公司的员工，变成了公司的合伙人。”张忠耀说。

除了鼓励员工内部创业、增加自主研发外，美的集团还通过大企业对接会、项目路演的方式发掘新项目、好项目。

例如，在此次中国创新创业大赛新材料专场大企业对接会上，美的就先后对接了 13 个项目，“从项目的交流来看，这次的项目还是比较好的，都是成熟的产品，能够直接商业化。”张忠耀总结道。

“但是，因为材料需要经过可行性分析、可靠性分析、成本分析等多个环节，才能考虑应用在具体产品上。所以，有些项目目前还是在谈的阶段。但是，不久应该就会签约。”

尽管时间只有短短半晌，每一个项目的对接，美的高层都了然于胸。每一个项目的初步印象都清晰地记在了美的的企业对接名单总结表中：绿色无污染并消耗二氧化碳的方法量产石墨烯，纳米超双疏材料产业化项目，母婴专用浴海绵增养殖技术研发和产品开发，水性纳米隔热保温材料有潜在需求，而对相变材料微胶囊则希望进一步深入沟通合作。

在此次创新创业大赛大企业对接会上，熊玉明也公开对外表示，为了让尽可能多的优质项目应用到美的产品上，美的集团会根据自己的需求委托其继续开发，或者与项目团队共同完成开发。“美的与创新创业企业的合作模式已经衍生成具有共性的深度研究。对于材料公司和家电行业如何融合，如何让材料上的创新科技真正在产品上发挥作用，美的将发挥桥梁和纽带作用。”

（李洋/文）

借大赛平台寻求合作　助医疗健康产业崛起

——访美年大健康、天亿投资董事长俞熔

用 11 年时间，从一家区域体检中心迅速成长为我国健康体检行业的领头羊，从一家普通投资机构，到细分领域领先的投资集团，这样的传奇在医疗健康行业发生了。缔造这个传奇的人物就是美年大健康、天亿投资董事长俞熔。

在 2017 年 11 月 20—24 日举办的第六届中国创新创业大赛生物医药行业总决赛上，俞熔再次出现在会场上。与过去几届担任评委的身份不同，此次的他不仅希望通过自身经历及创业心得来帮助更多的创业企业，而且也希望借助大赛平台发布企业需求，寻求合作，促进创新创业的基因在医疗健康领域生根发芽，逐步形成双赢的良好局面。

持续关爱生物医药　助力创新创业

中国创新创业大赛举办了 6 届，俞熔就带领他的企业连续 6 届成为中国创新创业大赛的战略合作方。谈及为何如此关爱这个大赛，俞熔表示，从第一届不到 1 万人到现在超过 3 万人参与，多年来，大赛推动了企业的快速成长，不断涌现出优质的创业项目，成为发现双创明星的顶级盛会。大赛也逐渐为广大创新创业者所认可和向往，在这个赛场上形成了千帆竞发、百舸争流的壮美画面。美年大健康作为我国医疗健康需求的最大入口平台之一，也希望与更多的初创企业共同成长。

实际上，如此热心参与大赛，俞熔看重的不仅是此次大赛的影响力和规模，更与他个人的成长不无关系。

俞熔出生于 1971 年，本科毕业于上海交通大学电子工程系，后获得中

国中医科学院博士学位。

在成为美年大健康董事长之前，俞熔是天亿投资的董事长，2010 年左右，他力排众议，开始把精力主要集中于医疗健康领域。

谈及为何会从一个投资人变身为一个实业人。俞熔表示，除了其父母当初一直希望他能实业报国外，也是受到了上海市原第六人民医院院长林发雄的影响。

2006 年，机缘巧合下，俞熔接触到了体检行业，并创立了美年大健康。不过，企业的迅速成长要从 2008 年开始，那一年国家密集出台了众多扶持创新创业的政策，让俞熔感受到了国家背后的支持力量。

正是这样的经历让俞熔感受到了政策的力量，也让他感受到创业能激发人的激情和斗志。在此次大赛上，俞熔表示，他最大的收获是能够与这些创业者一起感受创业的激情。“他们迸发出的创新想法及交流的态度让我回想起当初自己创业的过程。”俞熔说。

过去几届大赛，俞熔经常担任评委，他认为，这一届参赛的企业选手水平很高。“参加总决赛的这些企业都是从几千家企业中选拔出来的，跟往年相比，水平高很多。例如，做心脏瓣膜、人造骨骼，还有创新药物的公司，它们的核心技术已经可以与跨国巨头直接竞争了。要知道，高端器械一直都是医疗领域皇冠上的明珠，此前一直是强生这样的跨国公司的垄断项目，而现在国内的创业公司已经可以与之比肩，确实让人很高兴。”俞熔表示。

“这些创业者可比我们当年幸福多了。随着‘双创’的提出和落地，大赛将为更多的创业者提供展示的舞台，大赛也成为大企业和小企业全面对接和融合发展及交流、碰撞的向往之地，在帮助大企业转型升级的同时，也推动了小企业的快速成长。”俞熔表示。

实际上，从参与中国创新创业大赛以来，美年大健康也获得了快速发展。“一路走来，我们也随着中国创新创业大赛一起成长，2015 年登陆 A 股市场，现已成为‘沪深 300’成分股，医疗健康领域市值规模超 500 亿元的体检龙头企业。”俞熔表示。

俞熔也希望中国创新创业大赛能够得到更多的曝光度，让更多的人理解创新创业，支持创新创业，在中国的大地上真正形成创新创业的浓厚氛围，助力“中国创造”。

寻找“双赢”密码

过去几届大赛，俞熔大多以评委的身份出现，这不仅可以让他聆听到更多创新创业企业的故事，也能够让他以观察者的身份审视目前的医疗健康行业现状。

过去，俞熔认为，与国外医疗健康行业相比，我国还有很大差距，不过通过连续几届参与大赛，俞熔深刻地感受到了国内医疗健康行业的变化。“过去别说参与创新创业了，整个国内医疗健康行业都比较弱小，而从参与这几届大赛的企业来看，很多创新创业的企业涌现，特别是他们大多是科学家创业，技术不落后，甚至在某些领域还处于领先位置。基础条件好决定了他们的前景会非常广阔。”俞熔表示。

正是这些参赛选手让俞熔看到了这个领域的活力和巨大前景，他更希望能够再次参与到创新创业中，这也是他们最近几届大赛参与大企业对接的原因。

实际上，大企业发布也是最近两届中国创新创业大赛的创新举措，主办方希望通过这样的方式拉近初创企业和大企业的距离，促成合作，真正推动医疗健康行业的发展。

而美年大健康与六六脑的合作也成为大企业对接的典范。发现六六脑这个项目是在 2015 年中国创新创业大赛上。“我们发现六六脑与美年大健康的发展理念类似，并且能够与我们公司形成互补。我们希望帮助这样的企业发展，同时完善我们的体检平台。”俞熔表示。

据了解，六六脑是南京智精灵教育科技有限公司的一个项目，该公司专注于前沿脑科学成果的创意应用，能够运用创新性的方法对人脑进行测评，及时发现脑部问题，从而帮助患者提前治疗。

目前，人脑疾病大多通过专家的经验来诊断，传统的 CT、核磁共振等检测手段很难发现问题的根源，而且耗时费力，还不准确，而六六脑的创新方法是一套标准模式，能够轻松检测出患者脑部问题。

“通过美年生态链的扶持，该公司的业务合作伙伴从最初只有十几家变成现在的 300 多家，包括国内 100 多家三甲医院。不仅打通了他们的销售渠道，更完善了品牌定位。同时，我们还把这个项目纳入美年大健康的体检平台中，可以让他们接触到更多患者，完善他们的数据库，扩大市场规模。”俞熔表示，除了该项目获得较快发展外，也与美年大健康形成了协同效应，便于共同开展脑科学领域的合作，进一步提高六六脑品牌的影响力。

正是通过美年生态的扶持，南京智精灵教育科技有限公司也提出了公司的愿景：成为前沿脑科学成果与实际应用之间的桥梁，让脑科学造福大众。目标是脑科学应用行业中国第一，世界前三。

那么，什么样的企业会受到美年生态的关爱和扶持？俞熔表示，美年大健康希望让体检成为医疗行业的一个漏斗，能够帮助患者找到病因，提前治疗，减少痛苦和悲剧事件的发生。

“我们挑选企业的标准有三个，一是企业在某一领域要有较好的筛查方式方法或诊断试剂；二是要有较好的健康解决方案，如对于体重超重、睡眠呼吸不畅的患者，他们有较好的管理方式；三是一些不需要协同治疗的大病，如五官治疗等方面有较好的解决方案的公司。”俞熔表示，他们希望与这些公司合作，形成双赢局面。

潜心支招　助力企业茁壮成长

既做过投资，又有创业经历，俞熔希望用自己的经验去帮助更多的创业企业。

在医疗健康领域创业，俞熔认为，创业者一开始就要在细分领域把战略想清楚：想做的事情、可做的事情、能做的事情，这三点交集的部分即是战略。

“想做的事情可能已经有100个人做了，你不一定有机会；而可做的事情在做市场调研分析之后，还有可存在的机会；能做的事情，即想做、可以做，同时，团队和资源还足以支撑你往下做的事。从这三点出发，先想好细分市场，以此决定你要做的事。”俞熔表示。

“在选好项目后，创业者就需要有韧劲。”企业每个阶段都有关键的节点，为什么有的企业能成功，都由创业者的精神特质决定。“没有谁可以做到每一步都高瞻远瞩，越是艰苦、遇到瓶颈的时候，越要努力拼搏，想办法解决困难，时刻保持高度的灵活性；另外，理清企业的长远目标是什么，企业的使命、愿景、价值观不应只局限于追求商业的成功、实现个人价值，还要对公众有帮助、有贡献，这是企业从一开始就要努力打造的精神内核。”俞熔表示。

此外，无论是做渠道建设还是产品运营，俞熔都希望创业者能够打造核心竞争力。“核心竞争力要解决三点：第一，你为什么做这件事情？你的潜力、优势在哪里？第二，你现在面临最大的难点和痛点是什么？第三，在大战略清晰的情况下，如何找出解决问题的方法？”俞熔表示，如果能把这些问号变成句号，这就是企业的核心竞争力。

同时，俞熔认为，创业艰难百战多，创业者一定要表现出应有的状态。“一是能够把公司的使命和愿景给合作伙伴讲得非常清楚；二是告诉合作伙伴，只要自己带领团队，大家一起努力，这件事肯定能做成。”俞熔表示，创业者要清晰思考：第一，在目前的阶段，围绕你的战略搭一个什么样的架构；第二，现在或者未来你的核心竞争力是什么？

对于未来，医疗健康行业哪些领域会是大方向。俞熔认为，人工智能、大数据、基因检测、专科诊疗、中医药等行业仍然会持续大热。不过，俞熔仍然告诫创业者：“我不赞成起点太低的创业者来创业，我希望创业者一定要有基础后，再来启动创业。”

（戈清平 / 文）

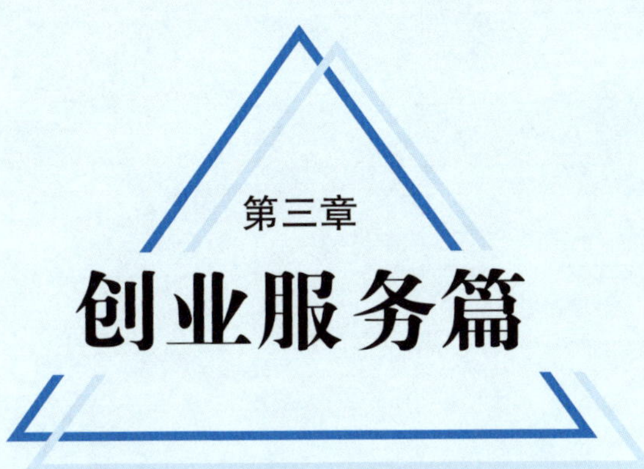

第三章 创业服务篇

放飞梦想与激情，创业英雄六城论剑

从春暖花开的4月到金桂飘香的9月，2.8万家企业历经36场地方赛，最终有近1500家优秀企业及团队成功突围，进入第六届中国创新创业大赛全国总决赛。从2017年9月底到11月底，南京、洛阳、德州、桐乡、深圳、宁波，6座城市举行6场行业总决赛，上演了本届大赛的巅峰决战。而在行业总决赛期间，由地方政府部门搭设双创“舞台”，举行了参观考察、公益大讲堂、大企业对接会、项目角逐、创业加油站、展览展示等一系列活动，吸引了龙头企业、创投机构、产业研究机构、创业服务机构、创新创业企业参与，为大家奉献了一场精彩绝伦的“双创盛宴”。

行业精英聚首金陵　科技创新再攀高峰

第六届中国创新创业大赛生物医药行业总决赛纪实

2017 年 9 月 15—19 日，第六届中国创新创业大赛生物医药行业总决赛在南京精彩上演。作为此次总决赛的承办方之一，南京市以高效、有序的精心组织，成就了一场创新创业盛会。

大赛期间，南京市组织了国际生物医药领袖峰会、大企业对接、“感知江宁”参观考察、融资路演江宁专场、公益大讲堂、参赛企业展览、创业加油站、双创进社区、双创进高校等一系列活动。

创新是希望所在

在一大批高科技企业在南京上演巅峰对决的同时，对于进入总决赛的创业团队和企业，江苏省科技厅出台了含金量高、扶持力度大的支持政策：以大赛专家评定意见作为项目评审意见，对总决赛获奖团队（赛后 6 个月内在江苏省科技园区注册成立企业并运营）和企业，纳入 2017 年度江苏省科技计划支持。同时，推动参赛企业与金融、创投机构有效对接，江苏银行针对参赛企

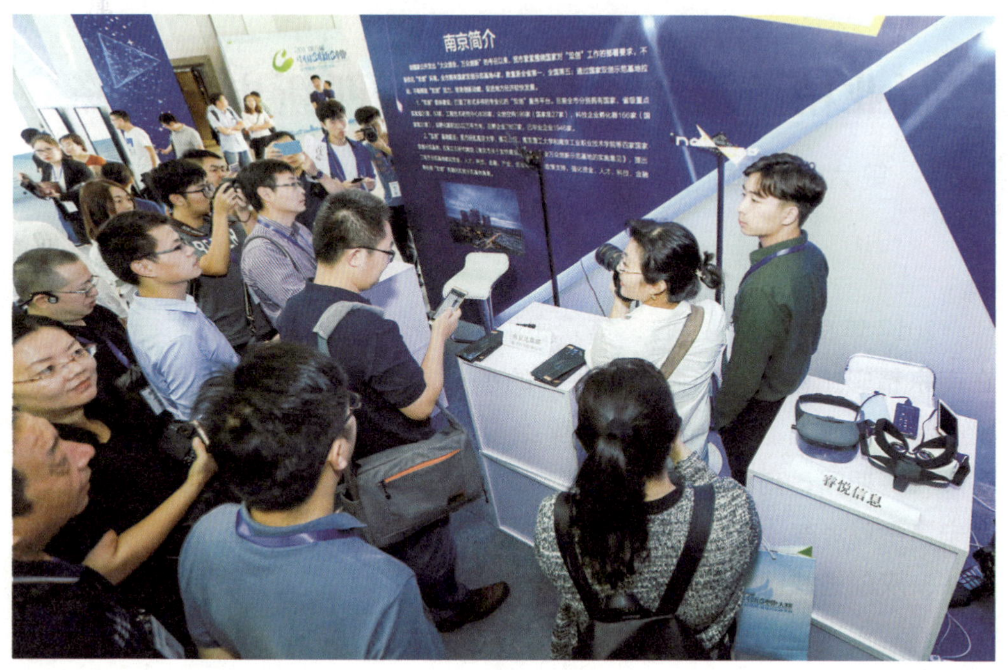

业提供了 20 亿元的授信额度，专项用于支持此次大赛优秀企业和优质项目的发展壮大，彰显了创业江苏的灿烂辉煌。

“创新是江苏未来发展的希望所在。”江苏省科技厅相关负责人表示，中国创新创业大赛是国内规模最大、辐射最广、层次最高、影响力最强的“双创”赛事，江苏省以承办国家行业赛和举办地方赛为契机，努力打造科技创业品牌赛事。自 2013 年启动“创业江苏”科技创业大赛以来，已累计吸引海内外超过 1.5 万个创业团队和企业参赛，217 个项目在江苏省内大赛获奖，35 个项目在国家大赛获奖。

据介绍，2017 年，江苏省有 96 个优秀企业晋级中国创新创业大赛行业总决赛。通过大赛平台，广泛汇集创新创业资源，集聚创新创业人才，促进技术、人才、资本的有效对接，树立了一批新时期的创新创业典型，涌现了中科煜宸、快轮科技、桐力光电等一批高成长性科技企业，为江苏经济转型升级提供了有力支撑。

“下一步，江苏省将围绕‘聚力创新’，深入实施‘创业江苏’行动，以众创社区建设为重点，大力发展专业化众创空间，完善创新创业孵化链条，打造生产生活生态融合、宜创宜业宜居兼具的创新创业生态系统，努力把江苏省‘双创’工作推向更广范围、更高层次。”该负责人说。

江苏省地处长江三角洲的北翼，是“一带一路”倡议和长江经济带国家战略的交汇点。近年来，江苏省委省政府高度重视科技创新工作，深入实施创新驱动发展战略，拓展科技创新工程，着力推进以科技创新为核心的全面创新，全社会研发投入占地区生产总值的比重达 2.61%，高新技术产业产值占规模以上工业产值的比重达 41.7%，区域创新能力连续 8 年位居全国第一。

“江苏省第十三次党代会确立了‘两聚一高’的战略部署，把创新作为引领发展的第一动力，摆在发展全局的核心位置，着力形成以创新为引领的经济体系和发展方式。”江苏省科技厅相关负责人表示，近年来，江苏各界深刻认识到，推进大众创业、万众创新是实施创新驱动发展战略的本质要求，通过认真贯彻党中央、国务院关于推进大众创业、万众创新决策部署，以科技创新为引领，以服务实体经济转型升级，建设创新型省份为主线，启动实施“创业江苏”六大行动，“双创”工作取得了积极进展。

统计显示，江苏省高新技术企业总数达 1.3 万家，国家“千人计划”创业类人才近 1/3 落户江苏，国家级科技企业孵化器数量及在孵企业数均

居全国第一，形成了政府引导创业、社会支持创业、大众积极创新创业的新局面。2017年，江苏省平均每天新登记企业达1500家，创新创业日益成为江苏省上下的自觉追求和共同行动。

誓将创新进行到底

作为第六届中国创新创业大赛生物医药行业总决赛举办地，南京市高校和科研院所众多、科教资源丰富，是我国唯一的科技体制综合改革试点城市，也是国家首批创新型城市试点。

作为南京市综合实力最强、创新型经济发展势头最好的区域之一，此次大赛的具体承办区域，江宁区近年来大力推进“双创”工作，集聚了诺贝尔奖得主、两院院士等一大批高层次创新创业人才，建立了一批科技创新创业平台，培育了高端装备、智能电网、新一代移动通信等战略性新兴产业，形成了人才与科技、产业互动并进的良好态势。

“作为南京市面积最广、经济体量最大的行政区，江宁拥有发展生物医药产业的良好基础和广阔空间。”江宁区科技局相关负责人表示，作为六朝古都南京的千年附郭，江宁区拥有秀美的自然风光、厚重的人文底蕴、丰富的科教资源、便捷的交通网络。近年来，江宁区按照党中央和江苏省、南京市部署，依托独特禀赋优势，不断深化创新驱动，推动了高端人才集聚度跻身江苏全省区县首位，在生物医药、未来网络、智能制造等领域，孵化培育了一大批高成长性科技企业，区域自主创新能力位居全国20强。

据了解，近年来江宁区将生物医药产业作为重点培育的战略性新兴产业，大力汇聚高端人才、高端项目、高端要素，引进布局了中国药科大学、南京医科大学等高校、科研院所，集聚高层次创新创业人才6000多名，规划建设了占地面积达10平方公里的生命科技创新园，建成国家火炬生物医药特色产业基地，汇聚了以奥赛康、康缘药业、正大天晴、恒瑞医药等为代表的生物医药企业500多家，基本形成了基因工程、新药研发、临床个性化解决方案、高端医疗器械及异种器官移植等几大产业集群，构建了“研发孵化、中试加速、产业生产”全链条的生物医药产业发展生态。

“此次生物医药行业总决赛汇聚了来自全国各地的优秀企业和团队，不仅是创新创业精英竞相展示的舞台，也为江宁区提供了一次难得的学习、交流、合作的机会。参赛企业和团队通过同台竞技、切磋交流，碰撞出智慧的火花、探索出创新的路径，把新成果变成‘治病好药方’，把新技术转化为‘临床好方案’。”该负责人表示，此次大赛不仅让江宁领略了国内生物医药领域创业精英的风采，更为江宁在更高起点、更广范围开展创新创业合作，提供了难得机遇。

为加大人才引进力度、彰显人才引进决心，在此次生物医药行业总决赛期间，江宁区人民政府召开新闻发布会，解读此前发布的《江宁区鼓励支持企业自主引才用才若干意见（试行）》（“人才强企10策”）和《关于深入实施创新驱动发展战略打造长三角自主创新引领区的若干政策措施》（“科技创新28条”）。

“人才强企10策”前八条是具体政策措施，后两条是保障实施措施。根据该政策，企业引进年薪50万元以上人才，江宁区将按其支付年薪的30%给予引才补贴，每家企业每年最高补贴100万元，连续补贴3年。同时，鼓励企业柔性引进从事成果转化、技术攻关的海内外人才，对与国内高校、科研院所开展产学研合作的，按其支付横向课题经费的20%给予资助。其中，对柔性引进国外顶尖人才的，给予最高200万元项目资助；对世界知名高校或国内双一流高校（学科）优秀毕业生到企业工作的，在南京市、江宁区安居政策基础上，再一次性给予2万～4万元生活补贴；鼓励企业培养“江宁名匠”，支持企业建立首席技师、特级技师制度，推行年薪制提高技能人才待遇的，给予每家企业每年最高补贴10万元；对建立技能大师工作室的，给予企业最高6万元补助；企业投资高层次人才初创项目发生损失的，可获最高100万元的风险补偿，让企业愿投、敢投人才项目；引导企业运用市场的力量引进人才，对企业通过中介引进人才的，按引才中介费50%给予企业补贴。

根据“科技创新28条”，江宁区将对科技创业载体引进人才、孵育企

业、搭建平台等给予补助。对新认定或备案的市级以上科技创业载体给予最高 50 万元奖励，并根据各类科技创业载体、科技服务机构绩效评价结果择优给予最高 100 万元奖励。

同时，江宁区设立科技型中小企业技术创新、新兴产业引导等专项资金 1 亿元，根据企业成长的不同阶段，通过项目补助、创新奖励等方式，鼓励企业加大研发投入，发展高新技术产业，促进产业转型。

据了解，“十三五”以来，江宁区全面启动实施了“创聚江宁”人才工程，推出了六大人才计划，人才结构高端化特征日趋凸显，先后集聚诺贝尔奖得主 4 名、菲尔兹奖获得者 1 名、两院院士 36 名，累计引育国家、省、市人才计划领军人才超 1000 人，其中，国家“千人计划”专家、“万人计划”专家共 126 人，居江苏省各区县首位。

（于大勇 / 文）

相聚千年古都洛阳　放飞创新创业梦想

第六届中国创新创业大赛先进制造行业总决赛纪实

相聚千年古都洛阳，放飞创新创业梦想。

2017年9月22—26日，第六届中国创新创业大赛先进制造行业总决赛在洛阳举行。经过紧张激烈的比拼，最终，浙江科比特科技有限公司、北京升哲科技有限公司分获初创组、成长组一等奖。

此次入围中国创新创业大赛先进制造行业全国总决赛的273个项目，代表了我国创新创业浪潮中最前沿的“制造力量”，也是传统制造业吸纳高新技术成果，转型升级为先进制造的行业典范。每一位参赛选手都在追求一种最原始的“创业初心”，就是造福社会、普惠大众。

洛阳市委副书记、市长刘宛康表示，2016年，第五届中国创新创业大赛先进制造行业总决赛在洛阳成功举办，给洛阳提供了一次难得的学习交流机会，特别是10个参赛项目成功在洛阳落地转化，为洛阳市发展注入了强劲的动力。2017年，第六届中国创新创业大赛先进制造行业总决赛再次花开洛阳，充分体现了科技部等国家部委对洛阳的厚爱和支持，也为各参赛参会城市、企业团队、创新创业精英提供一个展示才华、交流合作的良好平台。

洛阳是郑洛新国家自主创新示范区、中国（河南）自由贸易试验区、郑洛新“中国制造2025”试点示范城市群

的重要板块。当前，洛阳正在按照国家和河南省赋予的建设区域性中心城市、中原城市群副中心城市的战略定位，聚焦产业发展、实施创新驱动，扎实推进自创区自贸区“两区同建”，大力实施创新主体创新平台“双倍增”行动，积极创建国家军民融合创新示范区，努力建设一个科技强、产业强、经济强的创新型城市。

智造行业注入创新的力量

制造业的持续健康发展，是我国经济社会发展的主要动力。随着电子信息、互联网、新材料等高新技术成果的涌现，给我国传统制造业带来了更大的发展空间，成为我国从“制造大国”上升为“制造强国”的重要途径。

此次进入总决赛的项目涵盖先进制造行业的重要领域，如机器视觉、工业无人机、人工智能、核磁技术、工厂物联网技术、石油装备、特种电机等，这些创业项目深深植根智造领域，为中国智造注入了创新的力量。

获得成长组一等奖的北京升哲科技有限公司，作为一个物联网公司，目前拥有极为完整的“端到端”物联网产品线，为全球客户提供超低成本的物联网解决方案，助力打造智慧城市，连接物理与数字的世界。

目前，北京升哲科技有限公司已成为全球前三的蓝牙信标传感器（iBeacon）运营商，产品部署在 65 个国家和地区，拥有世界上最大的低功耗蓝牙传感器网络。与此同时，该公司自主研发出了全球最小双通道 LPWAN 芯片，并正在打造一个包含前端传感器、α Space 物联网基站，以及大数据分析和营销为一体的覆盖全球的超低成本、远距离的低功耗广

域网络。该项目凭借过硬的技术和广阔的市场，在此次决赛中荣获成长组一等奖。

来自浙江赛区的杭州乔戈里科技有限公司专注于机器视觉技术在工业领域的研发与应用，以自主研发先进的软件技术为依托，致力于成为全球高端智能自动化检测设备生产商。此次他们带来的参赛项目是智能机器视觉检测设备，其中的“滚动体外观缺陷光学自动检测设备”，填补了国内外市场该细分领域的空白，所检工件累计超10亿粒。

此外，来自广东赛区的珠海先达科技有限公司带来的项目是智能校准点胶专用设备研发及产业化。目前，心脏手术非常普遍，但在心脏手术过程中导管导丝起了重要作用，该设备就是为了进一步保障导管导丝的制造质量。他们给这个项目起了一个名字，叫“心0导失”，亦有“心灵导师”的意思。该项目在初创组决赛中荣获二等奖。

在初创组比赛中，沈阳莫比嗨客树莓派智能机器人有限公司是一家具有互联网属性的人工智能创新公司，经过1年多的发展现已初具规模。此次参赛项目为“口袋里的AI”，为大工业企业提供软件和数据系统，适用场景有服务级机器人、国家电网、智能家居、物联网设备等，市场广阔、潜力巨大。目前，该公司已将机器学习算法从云端移植到弱终端上，成功运用到空气曲棍球机器人上，成为国内首例，借此训练出的图像识别能力已经达到了业内领先水平。

先进制造行业的“洛阳示范”

“作为洛阳市科技创新的桥头堡和战略性新兴产业发展的新高地，洛阳高新区自1992年成立以来，历经‘一次创业’的艰苦奋斗和‘二次创业’的创新发展，从不毛之地到成为有识之士干事创业、投资兴业的热土。 一批批有识之士像在座的各位一样，怀揣创业之梦来到洛阳高新区，最终在这里扎根并成就一番事业，在实现个人价值的同时，也为洛阳的经济社会发展做出了突出贡献。”洛阳高新区管委会主任马志强表示。

依托洛阳雄厚的工业基础和丰富的科技资源，洛阳高新区大力吸引国内外企业和科研院所进区投资、合作和创业，洛轴、洛玻、七二五所、中机四院、中机十院、有色院等市内大型国企和科研院所都在高新区建立了产业化基地，北玻、普莱柯、瑞泽石化、嘉盛电源等一批科技型民营企业也日益发展壮大。

结合洛阳市的资源优势和产业特色，洛阳高新区确定了“231”产业发展体系，即重点发展2个主导产业：先进装备制造产业、新材料产业；扶持发展3个新兴产业：机器人及智能装备制造产业、新能源及新能源汽车产业、生物医药产业；培育发展一个特色产业：科技服务产业。近年来，洛阳高新区先后被确定为“国家低碳工业试点园区”“国家首批新型工业化产业示范基地”“国家硅材料及光伏高新技术产业化基地”“河南省机器人及智能装备产业基地”。

目前洛阳高新区有效期内高新技术企业达到100家，省级以上孵化载体11家，院士工作站6家，博士后工作站8家，市级以上研发机构达到272家。全区每万人发明专利拥有量达到83件，为全国平均水平的13倍、全省平均水平的47倍。洛阳高新区先后被确定为“国家知识产权示范园区”“国家级文化和科技融合示范基地”。

特别是2016年以来，洛阳市建设中原城市群副中心城市上升为国家战略，郑洛新国家自主创新示范区、中国（河南）自由贸易试验区获批建设，洛阳高新区迎来了创新创业的最好时机。2017年上半年，洛阳高新区主要经济指标呈现两位数增长，GDP 增速10.2%，规模以上工业增加值增速10.2%，均排名洛阳市前列。

随着河南省加快推进自创区建设“三十条”、《中共河南省、河南省人民

政府关于支持加快中原城市群副中心城市建设的若干意见》等利好政策的陆续出台，随着银隆新能源（洛阳）产城融合产业园、中国洛阳自主创新智能制造产业基地等高新技术大项目落户于洛阳高新区，园区创新创业氛围日渐浓厚，主导产业链条不断完善，洛阳高新区已经站在了创新发展、跨越发展的新起点上。

马志强表示，站在“第三次创业”的起点上，洛阳高新区将把先进制造业、新兴产业等优势产业的转型升级和集群发展作为主攻方向，依托区内骨干企业，加强上下游、左右链配套完善，在工业机器人、新能源汽车、绿色储能、航天技术成果转化、兽用药品和动物疫苗、现代科技服务等领域，实现产业链延伸融合，形成项目加快推进、产业加速集聚的良好发展态势。与此同时，我们也将做好本届大赛的服务工作，让创新创业者感受高新魅力，让创新创业者的梦想在高新区生根发芽、开花结果。

（李争粉 / 文）

创业英雄汇聚德州　绘就天蓝水清的美丽画卷

第六届中国创新创业大赛新能源及节能环保行业总决赛纪实

创在德州、赢在未来。

2017年10月12—16日，第六届中国创新创业大赛新能源及节能环保行业总决赛在山东省德州市举行。近200家企业从全国28 147家参赛企业中脱颖而出，在德州演绎新能源及节能环保行业创新创业新精彩。最终，经过激烈比拼，威隼汽车科技（宁波）有限公司和深圳市依思普林科技有限公司分别获得初创组和成长组的一等奖；深圳市一窗科技有限责任公司获得了初创组的二等奖，格丰科技材料有限公司和北京众清科技有限公司获得成长组的二等奖；东莞市光能环保科技有限公司获得初创组的三等奖，江苏兰丰环保科技有限公司、云南合续环境科技有限公司和广州华钻电子科技有限公司获得成长组的三等奖。另外，大赛还评出了84家优秀企业。

这些优秀企业既是新能源的“开采者”，也是我国节能环保事业的“推动者”，在有“九达天衢”“神京门户”之称的德州精彩演绎创新创业的交响曲，为治理环境和节能减排贡献智慧和力量，绘就“美丽中国”的山水画卷，让“天蓝、水清、土净”成为现实。

作为国内规格最高的创新创业赛事，中国创新创业

大赛吸引着全国的目光，受到普遍关注。第六届中国创新创业大赛新能源及节能环保行业总决赛是由山东省科技厅、德州市人民政府承办。这是一次展示德州、推介德州难得的机遇。依托大赛聚集的政策、技术、金融、市场等创新创业资源，德州市将全方位推介政策优势、区位优势、产业优势、环境优势和基础条件优势，吸引更多的企业、团队和科技成果落地。同时，利用好这个最大的招商引资、招才引智平台，必将有利于德州市有效集聚新能源及节能环保产业资源，加快科技成果向生产力转化，为德州市及山东省实现新旧动能转换、推动实体经济转型升级提供新动力。

尽心服务护航大赛

为保证大赛顺利举办，山东省科技厅、德州市人民政府高度重视，科学谋划，各司其职，团结协作，积极为大赛筹办提供了热情、周到、细致的服务，为大赛顺利举办交出了一份完美的答卷，受到大赛组委会的高度评价。

在大赛举办期间，德州市结合本地产业特色举办新能源和节能环保产业高峰论坛、创新成果展、大企业对接会等相关特色双创活动，可谓是场场精彩纷呈、亮点闪耀，为参赛的优秀企业和项目提供行业指导、精准对接、重点推广等优质的服务，也为落地项目在科技项目经费、科技金融补助、国赛获奖匹配、普惠性政策等方面给予支持。其中，为创新创业企业精准对接产业链上下游企业、大企业和上市公司搭建平台，企业对接会现场吸引了三星、西门子、万向集团、德州市龙力生物、景津环保、通裕集团、宝雅新能源、富路集团 8 家大企业参会发布技术需求，寻求市场和技术的合作对接。在新能源和节能环保产业高峰论坛上，3 位国内知名的新能源及节能环保领域的专家学者和企业家，围绕新能源和节能环保产业的发展，现场授道，把脉行业发展趋势分享了他们的真知灼见，为该创新创业提供参考。

为保证大赛的顺利举行和服务需求，2017 年 9 月 19 日，在山东省科技厅的指导下，德州市人民政府成立了以市长任主任、相关市领导任副主

任、有关部门单位主要负责人参加的大赛筹委会，筹委会设综合协调处、领导活动处、赛务活动处、接待工作处、后勤保障处、宣传报道处、环境卫生处、安全保卫处、计划财务处、招商工作处10个工作处，具体推进大赛各项筹备工作。其中，综合协调处扎实做好大赛的筹备、组织、协调、调度等工作，牵头召开了3次工作处联席会议，调度大赛筹备情况，督促各项工作任务落实；领导活动处和赛事活动处按照大赛的工作规范和操作要求，对主分会场灯光、音响、屏幕等设备事前反复调试，各项活动流程反复演练，并提前做好预案，确保万无一失；招商工作处提前介入，主动对接，力争引进一批高新技术项目和创新创业团队；等等。

山东省科技厅副厅长李储林表示，大赛汇集了来自全国各地的优秀创新企业，不仅创新创业精英竞相展示的一次活动，也是山东向参加企业学习交流合作的机会。山东省科技厅与德州市人民政府积极筹备组织大赛，力求为大赛提供优质的服务和保障，为大赛的举办营造良好气氛。同时，山东省、德州市在创业投资、科技成果转换、科技计划、创新培育等方面提供全方位的支持和服务，欢迎有志之士来山东、德州创新创业。

动能转换创新先行

近年来， 山东省紧紧围绕党中央和国务院关于大众创业、万众创新的观念，把推动创业创新作为重要抓手，制定了一系列政策和措施，不断强化政府职能转变，深化体制机制改革，完善创新创业政策体系，营造双创环境，激发创新创业人才活力，推动战略性新兴产业加速崛起、传统产业脱胎换骨。

动能转换、创新先行。山东省科技厅在全省营造了创新创业的良好环境，创新创业工作不断完善，为山东省新旧动能转换提供强有力的科技支撑。积极组织参与科技部举办各届创新创业大赛，承办了多次创新创业活动。由山东省科技厅和德州市人民政府共同举办的第六届中国创新创业大赛新能源及节能环保行业总决赛得到科技部的大力支持，山东省能够举办这样高层次的创新创业大赛，充分体现了科技部对山东省双创工作的肯定和大力支持，也是科技部助推山东省新旧动能转换的重要举措。

为鼓励引导参赛企业落户山东省进行创新创业，促进区域产业快速发展，山东省科技厅与德州市人民政府会商出台了系列支持政策，对落户山东、德州的新能源及节能环保行业总决赛参赛企业给予支持。其中，省支持政策方面，参赛省外企业在总决赛结束一年内在山东省注册成立的企业，跟踪一年根据其转化参赛项目取得的成效，每个企业将获得总额度不超过100万元的科技计划项目经费和科技金融补助支持。此外，还将享受研发费用加计扣除、企业研究开发财政补助资金、创新券、高新技术企业科技保险财政补偿、技术合同登记税收优惠、“科技板”挂牌、知识产权质押融资和科技成果转化贷款风险补偿等普惠性政策。

创新汇聚发展强力引擎

德州市委书记陈勇表示，第六届中国创新创业大赛新能源及节能环保行业总决赛汇聚了新能源及节能环保领域的优秀企业和团队，为双方加深了解、互利合作开辟了新的路径，搭建了新的平台；为德州落实新发展理念，推进大众创业、万众创新，实现转型经济、动能转换发挥积极的作用。

近年来，德州市把“技术、资本、人才”作为推动创新创业的核心要素，积极构建全链条、闭合式的创新创业生态体系，大众创业、万众创新已经成为德州市经济发展的强力引擎。

德州既是一座历史悠久、底蕴深厚的文明古城，又是一座朝气蓬勃、充满活力的现代城市。德州自古就有“九达天衢、神京门户”的美誉，德州产业快速发展，积极培植高端装备制造业、新能源等战略性新兴产业和节能环保、体育器械、绿色食品等优势产业，特别是新能源及节能环保产业已经发展成为德州市的支柱产业，涉及太阳能综合利用、生物质能、风能、环保装备、新能源汽车等领域，规模以上企业达到260多家，预计到2017年年底，产业主营业务收入达到1400亿元。

抓创新就是抓未来、抓发展。德州深入践行新发展理念，把创新摆在全局发展的核心位置，出台人才政策“黄金30条”及28个配套文件，加快推进“三个一百”企业培育计划，常态化开展“进企业、解难题、促发展”活动，实施重点企业的“护航、远航、起航”培植计划，推动企业创新创业。2016年，德州高新技术产业产值达到1460亿元，增长了19.7%。与587家高校院所和570家投资机构建立密切的合作关系，引进高层次人才459人，创新创业团队53个。2015年7月，德州被纳入国家京津冀协调发展规划。这里是国家火炬新能源汽车特色产业基地、国家新能源示范城市，同时也是国家新型城镇化试点城市、国家现代农业示范区。

为推进创新创业，德州秉持政府创造环境、企业创造财富的理念，着力打造创新创业的政策环境、优质高效的服务环境，努力使德州真正成为让企业充满活力的城市。陈勇表示：“我们真诚地希望通过大赛让大家充分感受德州加快新旧动能转换、推进科技创新的强烈愿望和坚定决心。我们对落户德州的大赛总决赛参赛企业在项目、金融、土地等

各个方面给予最有利的支持。我们将抓住大赛的重要机遇，进一步营造更加开放、更加便利的投资环境，让更多广大创新创业者在德州投资安心、生活舒心、发展更有信心。”

（叶伟／文）

风从乌镇来　网促世界兴

第六届中国创新创业大赛互联网及移动互联网行业总决赛纪实

风从乌镇来，网促世界兴。

作为世界互联网大会的永久会址和连续 3 届中国创新创业大赛互联网及移动互联网行业总决赛的主办地，桐乡正在借着互联网的东风，演绎着互联网发展的“桐乡样本”。

2017 年 10 月 26—30 日，第六届中国创新创业大赛在党的十九大胜利闭幕之际继续出发，在“世界互联网大会·乌镇峰会”的永久举办城市——桐乡续写精彩。

登上决赛舞台的 18 位互联网领域创业者，是从全国 28 147 家参赛企业中脱颖而出的双创精英。他们从 6 月起始的地方赛，最终汇聚桐乡闯进全国“决赛圈”。据悉，第六届中国创新创业大赛互联网及移动互联网行业赛专场报名数量达到 9000 余个项目，占到总报名数量的 32.1%，是 6 个行业中参赛项目最多的一个行业。而通过大赛层层晋级上来的参赛项目，更是优中选优，将成为我国互联网行业的“风向标”。

浙江省桐乡市经济和信息化局副局长陈再飞表示，随着世界互联网大会落户乌镇，以及中国创新创业大赛互联网及移动互联网行业总决赛带来的溢出效应，三年来桐乡共引进各类互联网项目 265 个，总投资 346 亿元，不但给桐乡释放了不少红利，还给当地的互联网企业创造了蓬勃发展的契机。

大赛项目落户桐乡书写精彩

作为连续三届总决赛的落户之地，桐乡站在“互联网 +”的风口，互联网创新创业的氛围愈加浓厚。

在总决赛中，作为成长组企业——上海祺天文化发展有限公司的联合创始人和创作总监张笑帆，在大赛落幕前，就与桐乡签订了落户意向书，决定在桐乡科创园落户，成立子公司，把公司的舞台影像、AR 和 VR 技术研发转移过来，同时布局导演、编剧和演员的培训业务，并且把文化 IP(知识产权)导入旅游产业，与桐乡旅游产业发展衔接。

“虽然这是我们第一次参加创新创业大赛，但是因为多次参与乌镇戏剧节演出，所以我们对桐乡并不陌生。桐乡这几年文化氛围浓厚，互联网发展迅速，正契合我们的拓展需求。”张笑帆告诉记者，目前公司在做好线下演艺、演出的基础上，通过做 APP 和公众号，来推广自己的 IP，更好地实现线上的 IP 聚集。

“凤翱翔于千仞兮，非梧不栖”，桐乡这片沃土早已深深吸引创业者的目光。来过便不曾离开，天津极数科技有限公司首席技术官吴江林同样对这里一见钟情。这次参赛之余，吴江林仔细翻看地图研究了地理位置后说：“如果坐高铁，距离我们的客户群区域大概均半小时车程。这里的创业环境和互联网氛围都比较好，还有世界互联网大会·乌镇峰会所产生的品牌效应，我们计划把桐乡打造成覆盖长三角地区的营销中心。”

大赛现场，共有深圳市泰信通信息技术有限公司、柳州慧龙智能科技发展有限公司、上海祺天文化发展有限公司和天津极数科技有限公司 4 家企业现场签订落户意向书，决定落户桐乡乌镇大道沿线的科创平台，栖身于桐

乡这棵梧桐树。

事实上，青睐桐乡创业环境的，远不止这4家企业。据记者了解，在总决赛上，桐乡市开辟了绿色通道，同步评审一批获奖项目。截至比赛结束，已有16家企业获得了桐乡市级创业领军人才项目。

据悉，通过评审的项目在未来一年内落户桐乡，可获得80万元奖金，获奖项目可直接认定为桐乡市级创业人才项目。通过嘉兴精英引领计划评审的项目，最高可以获得600万元的人才补助，并优先推荐参加世界互联网大会·乌镇峰会的相关论坛及展览。

陈再飞表示，桐乡是世界互联网大会永久举办地，这与承接中国创新创业大赛互联网及移动互联网行业总决赛是非常契合的。当前，桐乡正处于全面建成小康社会的关键期、世界互联网大会红利释放的窗口期、转型发展的加速期，桐乡的发展比以往任何时候都迫切需要互联网人才的加盟，也迫切需要更多互联网项目在桐乡落地生根、开花结果。

互联网经济发展“桐乡样本”

自首届世界互联网大会·乌镇峰会以来，桐乡市充分用好峰会溢出效应，全市共引进各类互联网项目265个，总投资346亿元。

陈再飞表示，2017年，桐乡市制定新一轮扶持政策，安排财政专项资金5亿元，聚焦经济转型升级，助力互联网经济，打造互联网经济强市。

找准转型“着力点”，打造传统产业新模式。2017年设立发展专项资金8000万用于支持“一业一网”，助推传统产业技术突破、产品升级，大力发展“电商换市”，建设电子商务桐乡产业带，将毛衫、蚕丝被、皮草等五大传统块状经济产业与互联网融合，推进桐乡市特色产业向规模化、集聚化发展，今年上半年，桐乡市网络零售额达114.60亿元，同比增长38.8%。

发挥资金“源动力”，增添龙头产业新动能。安排振兴实体经济1.5亿元促进龙头产业在生产制造、设计研发等环节融入互联网，2017年实现制造业与互联网融合发展项目56个，获批浙江省示范、试点企业5家。鼓励和支持企业自主创新，以“一带一路”为机遇，拓展海外发展空间，稳步推进国际化战略，助推中国巨石在100多个国家和地区建立销售网络，提升财政资金扶持质量。

用好政策“组合拳”，谋划新兴产业新布局。依托国家级科技孵化器、互联网虚拟产业园、众创空间等互联网经济发展平台，积极培养经济增长点。联合多部门组建服务协调小组，助力项目落地“最多跑一次”，2017年新引进互联网项目119个。创新资金投入方式，设立总规模10亿元的“互联网+”政府产业母基金，完善种子基金、PE等全套金融政策服务，撬动社会资本投向七大新兴产业。

如今桐乡市人民政府设立了10亿规模的“互联网+”政府产业引导基金，已引入了申万新成长等5个子基金，共同为桐乡互联网电子信息产业发展提供资金保障。在乌镇大道上，中国·乌镇互联网产业园已有注册企业56家。在乌镇大道的南端，国家级科技企业孵化器桐乡市科技创业园快速发展，成为互联网等新兴产业孵化成长的摇篮。

陈再飞表示，未来，桐乡将围绕信息产业基地建设目标，重点从夯实基础设施、构建产业生态、推动转型升级、完善配套服务方面，大力发展信息经济。到“十三五”末，实现产值250亿元以上，形成“一核一带多点”互联网电子信息产业发展格局。

孵化互联网发展的好苗

位于桐乡南大门的桐乡市科技创业园，是桐乡规模最大、功能最全的国家级科技企业孵化器，园区拥有孵化面积12.3万平方米，紧邻沪杭高速口和高铁站，不仅是往来沪杭的必经之地，更是桐乡创新创业的一颗明珠。

桐乡市科技创业园总经理倪勤华告诉记者，科创园作为第四、第五、第六届中国创新创业大赛互联网及移动互联网行业总决赛的分赛场，先后共有近3000余名业内精英在此同台较量。这将进一步扩大桐乡及科创园在

全国的知名度和影响力，并为桐乡互联网产业的集聚发展持续带来新的契机，成为桐乡继世界互联网永久落户地之后的又一张金名片。

“十三年倾心培育，四代场地变迁，桐乡市科技创业园已成为桐乡市创新创业高地和人才高地，智能制造、互联网等智慧产业初步集聚，具备明显创业优势。”倪勤华表示，桐乡是优越的交通区位，紧邻沪杭高速口和沪杭高铁站，往来沪杭的必经之地。

同时，创业园拥有“苗圃—孵化器—加速器—产业园”全孵化链条，会议中心、活动中心、人才公寓、餐饮中心配套完整；3年房租减免、5年收税奖励、20万种子资金支持、100万科技项目补助、800万人才项目补助、总规模10亿元的产业基金等全方位的政策扶持；贴心的创业服务更是让创业者交口称赞。据了解，创业园提供工商注册、政策咨询等六大基础服务，技术交易、知识产权托管等八大中介服务，创业主题沙龙、项目投融资对接等四大增值服务。

如今，科创园共有在孵企业86家、毕业企业63家、新三板挂牌企业

2 家、国家“千人计划”专家 6 人、省“千人计划”专家 2 人；培育新三板挂牌企业 2 家、国家高新技术企业 9 家、省科技型企业 36 家；获得国家级项目 9 项、省级项目 81 项。涌现出神州量子通信、驭光光电等多家明星企业。

“这些创业的项目绝大部分来自上海、江苏、杭州等地。”倪勤华表示，园内企业驭光光电继真格、联想之星基金天使轮投资后，获得顺为资本和百度风投近千万美元的 A 轮融资，企业估值约 3 亿元人民币，极具发展潜力。科瑞迪医疗、赫茨电气、恒诺环保等企业发展态势都不错，园内企业发展态势良好。引来凤凰只是成功的第一步，当来自五湖四海的贤良能安下心来、扎下根来，干出一番事业，取得双赢的效果才是我们园区的最终目标。

除了桐乡市科技创业园，乌镇的平安·凤岐茶社联合孵化器作为一个数字经济创新创业综合支撑体，通过创新的互联网技术，实现资本资源、产业资源、人才资源、技术资源的云端聚集，以局部导入的方式，将京沪广深等

一线城市的创业资源引入线下茶社，打破创业资源分布地域差距大、发展不平衡的局面，为广大创业者提供适合创业的微观环境和系统支撑。

创业除了在资金和技术上的支持之外，对于“创客”自身的知识培养也极其重要。凤岐茶社与北京大学等院校机构联合建立了“中国创新创业慕课平台”，将国内外优秀的创业教育课程引入至线下孵化器，为创业者们提供系统的创业教育，帮助创业者发展事业。

盛会落幕，亦是千帆竞渡之时。

而今，一个更大的互联网版图，一个互联互通的智慧桐乡正在呼之欲出。进入“桐乡时间”，量质并举的桐乡互联网产业发展群像，渐渐勾勒清晰：围绕三个“地”，桐乡将打造中国和世界互联网发展历程文化积淀地，让乌镇成为互联网变革的亲历者，成为互联网发展的改革者、记录者，也成为互联网文化的传播者；打造世界网络科技最新成果展示发布地，通过创造更多的条件和机会，让众多的新科技、黑科技能够在乌镇诞生、展示、发布和应用；打造高端产业孵化集聚地，推动建设以乌镇互联网创新试验区为核心，以乌镇大道科创大走廊为纽带，以运作资本的力量为支点，以形成完整的互联网产业生态链为目标，让更多的人和高端项目在桐乡集聚，在乌镇出发。

（李争粉／文）

八方英才聚首深圳　奏响时代最强音

第六届中国创新创业大赛电子信息行业总决赛纪实

2017 年 11 月 13—16 日，第六届中国创新创业大赛电子信息行业总决赛在深圳宝安完美落幕。大赛由深圳市科技创新委员会、深圳市宝安区政府承办，260 多家来自全国各地的科技型企业同场竞技、展示自我。

锦上添花　大赛同期举行多项配套活动

作为第六届中国创新创业大赛电子信息行业总决赛承办方的深圳市科技创新委员会和深圳市宝安区人民政府，在大赛同期还举办了电子信息行业高峰论坛、创赛训练营、大企业对接、龙头企业参观考察、电子信息产业展等活动。

其中，在电子信息行业高峰论坛上，松禾资本创始合伙人厉伟、深圳市三诺集团董事长刘志雄、香港大学教授陈冠华 3 位嘉宾，从创新创业所具备的素质、电子信息产业发展趋势，以及芯片设计软件的未来做了精彩分享。

创赛训练营则通过模拟演练传授参赛技巧，提高参赛能力，促进投融资互动

与技术交流，树立团队精神与合作意识，营造友好互信、团结竞争的赛事氛围。

在大企业对接活动上，博世、万向、三诺等7家大企业进行了创新需求发布，在各自领域发布了关于人工智能、AR/VR、生物识别、电力无线专网设备及系统、传感器、芯片等创新需求。西门子、美亚柏科和其他龙头企业，与参赛企业代表进行了“一对一”对接，为创新技术能够融入行业生态、注入“龙头”资源，迈向商业市场，提供了有力帮扶。

同时，大赛组委会还组织了参赛企业代表前往龙头企业华为和华星光电进行参观考察，为参赛企业带来了学习先进管理经验、了解知名企业发展历程的机会。

此外，作为第六届中国创新创业大赛电子信息行业总决赛的配套活动之一，深圳市宝安区科技创新局举办了宝安区电子信息行业展。该展会旨在依托宝安区电子信息产业链优势，展示宝安区电子信息优秀创新成果，发布电子信息行业需求，促进行业交流与发展。

宝安区作为电子信息制造业重镇，在电子信息产业规模、创新能力、企

业和产品竞争力3项指标位居全国前列。此次展览面积为300平方米，设有宝安区电子信息产业概况和总览区、创新活力企业展示区、龙头企业展示区共三大展示区。

此次电子信息行业展邀请40家电子信息产业优秀企业参与现场展品展出和业务对接，展示宝安本地成熟的电子产业链；同时，还邀请曾在宝安创新创业大赛中获奖的企业参展。主要展品有：智能机器人、智能照明设备、无人机、电子通信设备、汽车电子设备、潜水电子设备、海水净化电子设备七大类别。

“四创联动”科技创新持续发力

深圳是一座因创新而生的城市，是首个国家创新型城市和全市域国家自主创新示范区，深圳坚持创新、创业、创投、创客“四创联动”，努力打造成一个现代化国际化创新型城市。

长期以来，深圳市高度重视科技创新工作，紧扣创新发展要求，以加快建设现代化国际化创新型城市和国际科技、产业创新中心为目标，不断强化技术、资本、人才、服务等创新资源的深度融合和优化配置，全面激发创新活力，取得了一个“领先”、两个“第一”、三个“最”的优异成绩：深圳市石墨烯太赫兹芯片、无人机、柔性显示等技术全球领先；深圳市是第一个国家创新型城市、第一个全市域国家自主创新示范区；深圳市PCT国际发明专利申请量连续13年全国最多，2016年达1.96万件，约占全国专利总件数的46.6%；2016年国内大中城市中，深圳市每万人有效发明专利拥有量最多，达80.1件；2016年，深圳国家基因库投入运营，成为全球很大的基因库之一。

此外，深圳还拥有丰富的高新技术企业、金融机构、创业孵化载体和不断壮大的创客人才队伍。经过多年努力，深圳已成为名副其实的创新之都、创投之都、创业之都和创客之都。

电子信息是我国重点发展的战略性新兴产业，深圳市一直大力推动电子信息产业发展，并走在全国前列。由中国电子信息行业联合会发布的2016年中国电子信息百强企业中，深圳市共有18家企业入围，占全国的1/5，在排名前十的企业名单中，华为、中兴、比亚迪占了3席，其中华为技术有限公司连续9年位居榜首。

深圳市科技创新委员会副主任黄臻表示，中国创新创业大赛是激发全社会创新潜力和创新活力的有效平台，是科技成果转移转化的推动器和中小微创新企业发展的加速器，为创新驱动发展提供了源动力。2017年，深圳市主动发挥深圳电子信息产业优势，依托中国创新创业大赛这一全国性创业盛事，承办本届电子信息行业总决赛，希望能够为大家提供一个走进深圳、认识深圳，互相交流、互相学习的机会，同时，更希望借此机遇，以优惠的科技和人才政策欢迎广大创新创业者选择深圳、落户深圳。

多措并举　夯基础保持续发展

党的十九大报告指出，创新是引领发展的第一动力，是建设现代化经济体系的战略支撑。宝安作为深圳市的产业大区、智创高地，又位于粤港澳大湾区、广深科技创新走廊的核心区域，更有这个责任、使命和担当，拿出更硬、更有力度、更有针对性的支持创新的措施，不断培育出新业态、新模式、新技术、新动能，让发展的后劲、潜力更加强劲。

近年来，宝安坚持创新驱动，出台科技创新、企业发展、人才引进“三大政策”和《深圳质量、宝安智造三年行动计划》，成立中德产业基金、智慧产业基金等政府引导基金，打造了“一门一窗一网一号”政务服务体系，多措并举、多端发力全力支持创新创业。

据了解，宝安是深圳的经济大区、工业大区和电子信息产业的制造大区，产业基础雄厚，外向型的特征很明显，形成了以战略性新兴产业为先导，电子信息产业为龙头，装备制造业和传统制造业为支撑的产业结构。在宝安产业结构中，电子信息产业占了半壁江山。数据统计，宝安工业生产总值中的56%来自于电子信息产业，18%左右的产值来自智能制造。

深圳市宝安区科技创新局局长于剑锋表示，宝安电子信息产业链非常完整，“如果宝安的电子信息产业停产一天，可能全球的很多企业就要停产一周”。

在智能制造产业，特别是急速发展的机器人产业，宝安已经形成了70%的产业链。可以预见，在不远的将来，电子信息产业和智能制造产业在宝安将会紧密结合。

2017年1—9月，宝安高新技术产业实现产值已经达到2980.3亿元，占整个宝安规模以上企业总产值的62%。在传统的工业园区向科技创新园区升级的过程中，政府大力打造科技创新载体的建设。宝安通过对传统工业区、老旧工业区进行了升级改造，打造了一批科技创新园，吸引了众多创新型企业及年轻人的创新团队落户。

宝安区一边大力扶持企业创新，一边加速创新载体的建设，扶持中小型科技创新企业和团队的发展，为其提供人才服务、融资服务、资源共享平台等。此外，还依托重点科技企业加大重点实验室等创新平台建设，建成研发机构786家，其中省市区级重点实验室164家。

越来越多的创业团队和项目被宝安良好的创新创业环境吸引。2017年以来，宝安区引入3个高级创新团队（孔雀团队），新增高层次人才71人，宝安区高层次科技创新人才总数达到563人，高级创新团队总数达到25个。第四届深圳宝安创新创业大赛，报名项目1623个，其中，宝安区内项目968个、宝安区外项目655个、国际项目103个。

良好的创新创造氛围正在形成集群效应，吸引着资金、技术、人才的流入。2017年上半年，宝安区科技创新局通过“走出去引进来”等方式，积极跟进科技项目招引，总进驻园区的企业450家，包括321家区外科技企业和129家新成立企业。进驻园区的450家企业包括：电子信息185家、互联网及软件108家、先进制造业63家、新材料新能源27家、生物医药31家、检验检测13家、机器人14家、科技服务9家。

深圳市宝安区区委副书记郑永刚表示，中国创新创业大赛是为有冲劲、有情怀、有梦想的创新者、创业家搭建的大展台，为科技转化、人才聚集、创新交流创造了很好的环境。希望参与竞赛的好项目、好企业、好团队能筑巢宝安，扎根宝安，在宝安这片热土开创出广阔天地。

接下来，宝安也将开启新的征程，继续坚持创新驱动的发展战略，努力营造更好的创新创业环境，以更开放、更包容的胸怀，来拥抱和欢迎更多有激情、有干劲的团队和个人，来宝安创业。

（罗晓燕 / 文）

“中国好材料”聚首甬城　双创明星放飞梦想

第六届中国创新创业大赛新材料行业总决赛纪实

双创者引领变革，新材料重塑世界。

2017 年 11 月 20 日，第六届中国创新创业大赛新材料行业总决赛在宁波擂响隆隆战鼓。这是继 2016 年之后，宁波第二次承办新材料行业总决赛。从全国各地分赛区脱颖而出的 160 家新材料精英与投资机构、创业导师在宁波激荡头脑风暴，共襄新材料产业创新创业。

宁波市科技局党组书记、局长励永惠在大赛开幕式上致辞时表示，今年，新材料行业总决赛再次选择宁波，将进一步促进大赛平台优势与宁波区域产业优势的深度融合。本届赛事以“科技创新、成就大业”为主题，汇聚了来自全国各地的优秀企业和团队，吸引了一大批国内著名的创投、创业服务机构。“希望大家借大赛平台及时了解和掌握产业发展的新趋势，学习借鉴产业发展的新技术、新理念。宁波也将抓住这次家门口的学习、交流、合作机会，主动与全国创新创业精英们对接，为新材料产业创新发展注入新动力，进一步提升产业发展能级。”

营造新材料创新创业生态环境

新材料被称为“工业魔术”，是先进制造业发展和创新设计的关键和基础，也是宁波发展战略性新兴产业的强劲“引擎”。近年来，宁波市委、市政府高度重视新材料产业的发展，将新材料列入重中之重优先发展的产业。目前，宁波新材料产业发展蹄疾步稳，取得明显成效。2017年前三季度，宁波市规上新材料产业企业实现工业总产值1078亿元，同比增长超过30%。

作为全国首批新材料产业国家高技术产业基地之一，宁波虽然在磁性材料、高性能金属材料、合成新材料三大细分领域已形成全球影响，但与世界先进国家相比，宁波市新材料产业还存在较大差距，主要包括关键材料保障能力不足、新材料的自主创新能力薄弱等问题。

励永惠坦言，把中国创新创业大赛新材料行业总决赛连续争取到宁波来举办，就是为了抢抓新时代新材料产业发展重大机遇，吸引全国新材料领域优秀的创业者和投资人关注宁波，落户宁波；同时以大赛为切入点，营造浓厚的新材料创新创业生态环境，有效聚集、打通和共享各类创新创业资源，打造有利于创业者快速成长、风投资金人加速集聚的社会化融资融智平台，助力宁波新材料创新创业企业快速成长和科技型中小企业集群发展，推动宁波加速向世界一流的新材料产业基地和先进制造业基地挺进。

发现双创明星的"奥斯卡"

与往年有所不同的是，本届新材料行业参赛企业展现出技术高度密集、产品附加值高等突出特点。新型膜材料、纳米材料、涂层材料是本届参赛项目中较为集中的领域。报名企业中既有惠之星、中物力拓等较为成熟的企业，也有不少崭露头角的新星。

最终登上决赛舞台的18个新材料领域创业者，是从全国2.8万多家参赛企业中脱颖而出的双创"中国好材料"。他们从网络海选开始，历经各地方赛事的区域竞赛和培育，最终汇聚宁波闯进全国决赛。决赛由6家初创企业和12家成长组成，每个选手均有8分钟项目演讲和7分钟评委问答环节，他们共同接受7位创投专家的评审。创业者们表现出的"双创"精神和项目本身所占据的技术高地，无不让观众折服。

参赛企业代表在15分钟的时间里，向评委详述自己的创新成果和创业规划，是一次自我展示的机会，更是一次交流分享、对接资本、接受点拨的重要"对话"。由重量级投资人组成的评委"天团"，从技术、市场、财务、团队、运营等角度综合考评参赛企业的发展潜力和市场走向，是一次评审过程，更是一次投资好项目的开端。

在每个光鲜亮丽的企业数据背后，都饱含了艰辛的创业历程和伟大的人生梦想。参赛选手在赛场上的意气风发，很好地体现了"双创"赋予人们的拼搏奋斗精神。

"创业本就是孤单的人生，不要在意喝彩声有多少，要注重你的坚定目标和执着心态。"一位参赛选手在新材料行业总决赛的比赛过程中，分享着这样的参赛感悟。

许多参赛企业表示，交流学习、寻求合作、对接资源是参加此次大赛的重要目的。15 分钟有限的时间里，一张投资“邀约卡”比一个最终得分显得更加“实惠”。

此次大赛的终极目的，也不是为了一张“企业实力排行榜”，更重要的是进行资本、政策、技术、人才的有效链接，构建良性的双创生态体系，能够最大限度地服务企业，促进企业快速成长。大赛已然成为发现双创明星的“奥斯卡”和检验大众创新创业成果的“奥运会”。

最终，浙江欧仁新材料有限公司和厦门钜瓷科技有限公司在近 160 多个入围新材料行业总决赛项目中脱颖而出，分获成长组和初创组一等奖。大赛同时评出成长组二等奖 2 名、三等奖 3 名，初创组二等奖、三等奖各 1 名，有 64 家参赛企业获得“优秀企业”称号。

打造全国最强“众扶平台”

此次新材料行业总决赛继续打造全国最强“众扶平台”，由政府部门搭设舞台，吸引龙头企业、创投机构、产业研究机构、创业服务机构、创新创业企业参与其中，是一次优质双创资源的整合，更为各机构带来了共创共赢的机会。

众多新材料领域的资深投资人担纲评委，他们从技术、市场、财务、团队、运营等角度综合考评参赛企业的发展潜力和市场走向，是一次评审过程，更是一次投资好项目的“开端”。

本届新材料行业总决赛期间，组委会邀请了招行银行、新材料在线、合生创展等多家知名机构助力，为参赛选手进行免费创业诊断，提供企业管理、知识产权管理、投融资等全方位创业服务，协助解决创业项目在营销推广、融资渠道、市场公关、技术对接等方面存在的棘手问题。

大赛期间举办了丰富多彩的活动，包括新材料行业高峰论坛、参观考察、大企业对接会、公益大讲堂、融资路演等。其中，在主题论坛中邀请华东理工大学原校长、中国工程院院士钱旭红等重量级嘉宾，以“改变思维”等主题，为创业者们提供精彩分享。大企业对接会上，引入海尔、万向、宁波敏实、宁波中芯国际、索尔维、美的等龙头企业资源，为参赛项目提供技术合作、采购并购、融资对接等服务。公益大讲堂则邀请深交所、海科集团、支点投资等机构嘉宾，以“新材料企业上市要点”“锂电材料”“培养企业核心竞争力”等主体，为创业者提供专业知识的“头脑风暴”。

创新创业共创美好明天

宁波市科技局相关负责人介绍，经过数年摸索，宁波已建立大赛线上线下联动的服务机制，构建起政府部门、创业企业、投资机构、金融机构及各类创业服务机构联动的服务网络，全面提高创新创业服务工作的效率和质量。

除此之外，宁波构建了大赛天使投资机构和天使投资人数据库、投融资项目数据库等，吸引各类科技金融服务机构近500家，可全面对接人才、技术、财税、法律、场地、政策等要素资源。

作为本年度中国创新创业大赛的“收官之战”，宁波市积极筹备此次盛会，为来到宁波的参赛企业提供落地后的多项优惠扶持政策。此次新材料行业总决赛中获奖的1～5名，在宁波高新区（新材料科技城）落户的，可不需评审直接享受30～50万元的创业资助经费。在2017年刚出台的《宁波市优秀创业创新项目落地奖励实施办法》中明确写到，对入围总决赛的项目，落户宁波且带动就业达2人及以上的，将给予不超过10万元资金奖励。对总决赛中获奖项目（包含一、二、三等奖，优胜奖或同等级奖项），落户宁波且带动就业达2人及以上的，给予不超过20万元资金奖励。

“宁波作为省级的独立赛区，已连续举办了六届中国创新创业大赛地方赛事，承办了两届新材料行业总决赛，得到了科技部火炬中心的大力支持和关心指导，取得了很好成效。” 宁波市科技局副巡视员杨建艇表示。宁波承办中国创新创业大赛新材料行业总决赛，旨在发挥大赛平台优势，提

高新材料产业创新创业水平，促进新材料产业发展，推动科技与金融深度融合，激发全社会创新热情和创业动力。“诚挚邀请各位专家、创业者们多来宁波考察交流，亲身感受新材料产业发展和新材料科技城的活力氛围，衷心希望各位企业家们早日在宁波这片创新创业的热土上生根发芽，携手共创宁波美好的明天。”

（李辉 / 文）

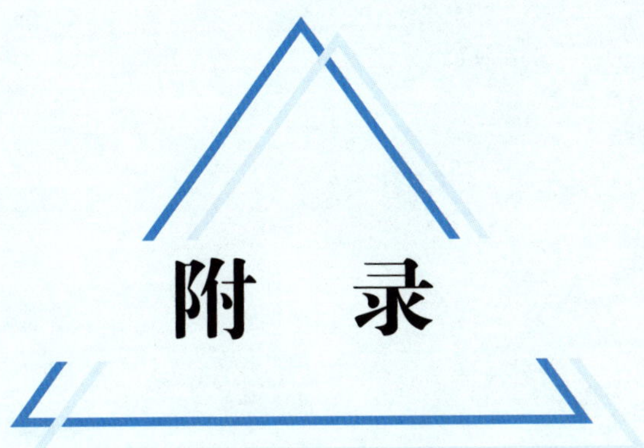

附　录

第六届中国创新创业大赛

新材料 new materials

先进制造

节能环保 Clean energy and low-carbon technology

电子信息

互联网及移动互联网 Internet and mobile internet

生物医药

Advanced manufacturing

附录一

第六届中国创新创业大赛组委会

指导单位

科技部　财政部　教育部　国家网信办　全国工商联

支持单位

共青团中央　致公党中央　国家外国专家局　招商银行

承办单位

科技部火炬高技术产业开发中心

科技部科技型中小企业技术创新基金管理中心

科技日报社

中国互联网投资基金

陕西省现代科技创业基金会

北京国科中小企业科技创新发展基金会

特别支持单位

招商银行创新创业公益基金

合生创展集团有限公司

上海三盛宏业投资（集团）有限责任公司

附录二

第六届中国创新创业大赛行业总决赛承办协办单位

生物医药行业总决赛

地方承办单位

南京市人民政府

江苏省科学技术厅

地方协办单位

南京市江宁区人民政府

先进制造行业总决赛

地方承办单位

河南省科学技术厅

洛阳市人民政府

地方协办单位

洛阳国家高新区管委会

洛阳市科学技术局

新能源及节能环保行业总决赛

地方承办单位

山东省科学技术厅

德州市人民政府

互联网及移动互联网行业总决赛

地方承办单位

浙江省科学技术厅

地方协办单位

浙江火炬生产力促进中心

桐乡市人民政府

电子信息行业总决赛

地方承办单位

深圳市科技创新委员会

深圳市宝安区人民政府

地方协办单位

深圳市技术转移促进中心

宝安区科技创新局

深圳市科技服务业协会

深圳市创意投资集团有限公司（F518 创意园）

新材料行业总决赛

地方承办单位

宁波市人民政府

地方协办单位

宁波市科学技术局

宁波新材料科技城管委会

附录三

第六届中国创新创业大赛合作机构

大企业

宝马（中国）服务有限公司

博世（中国）投资有限公司

美年大健康产业控股股份有限公司

海尔集团

万向集团

美的集团

三星电子中国通信研究院

江苏奥赛康药业股份有限公司

金斯瑞生物科技有限公司

游族网络股份有限公司

厦门市美亚柏科信息股份有限公司

德州富路车业有限公司

山东宝雅新能源汽车股份有限公司

景津环保股份有限公司

洛阳轴研科技股份有限公司

洛阳北方玻璃技术股份有限公司

山东龙力生物科技股份有限公司

宁波敏实汽车零部件技术研发有限公司

服务机构

北京科创嘉亿科技服务有限公司

中国高新区科技金融信息服务平台（深圳证券信息有限公司）

新材料在线（深圳市赛瑞产业研究有限公司）

人力窝［仁励窝网络科技（上海）有限公司］

附录四

第六届中国创新创业大赛总决赛
获奖企业名单

生物医药行业总决赛

成长组获奖企业		
一等奖	浙江	歌礼生物科技（杭州）有限公司
二等奖	浙江	浙江归创医疗器械有限公司
	江苏	前沿生物药业（南京）股份有限公司
三等奖	浙江	嘉兴太美医疗科技有限公司
	江苏	苏州圣诺生物医药技术有限公司
	江苏	南京沃福曼医疗科技有限公司
初创组获奖企业		
一等奖	上海	上海岸迈生物科技有限公司
二等奖	安徽	博生吉安科细胞技术有限公司
三等奖	浙江	杭州妙手机器人有限公司

先进制造行业总决赛

成长组获奖企业		
一等奖	北京	北京升哲科技有限公司
二等奖	浙江	杭州乔戈里科技有限公司
	福建	福州福耀模具科技有限公司
三等奖	大连	大连创为电机有限公司
	宁波	宁波健信核磁技术有限公司
	上海	赛赫智能设备（上海）股份有限公司

续表

初创组获奖企业		
一等奖	浙江	浙江科比特科技有限公司
二等奖	广东	珠海先达科技有限公司
三等奖	陕西	陕西智拓固相增材制造技术有限公司

新能源及节能环保行业总决赛

成长组获奖企业		
一等奖	深圳	深圳市依思普林科技有限公司
二等奖	江西	格丰科技材料有限公司
	北京	北京众清科技有限公司
三等奖	江苏	江苏兰丰环保科技有限公司
	云南	云南合续环境科技有限公司
	广东	广州华钻电子科技有限公司
初创组获奖企业		
一等奖	宁波	威隼汽车科技（宁波）有限公司
二等奖	深圳	深圳市一窗科技有限责任公司
三等奖	广东	东莞市光能环保科技有限公司

互联网及移动互联网行业总决赛

成长组获奖企业		
一等奖	北京	北京九天微星科技发展有限公司
二等奖	浙江	浙江仟和网络科技有限公司
	上海	上海云砺信息科技有限公司
三等奖	广东	广州有好戏网络科技有限公司
	陕西	陕西维纳传媒股份有限公司
	广东	广东翼卡车联网服务有限公司
初创组获奖企业		
一等奖	四川	成都明镜视觉科技有限公司
二等奖	上海	上海子丑六合网络科技有限公司
三等奖	海南	海口点石瑞达科技有限公司

电子信息行业总决赛

成长组获奖企业		
一等奖	江苏	无锡睿思凯科技股份有限公司
二等奖	浙江	杭州东尚光电科技有限公司
	厦门	厦门变格新材料科技有限公司
三等奖	深圳	深圳岚锋创视网络科技有限公司
	青岛	青岛国数信息科技有限公司
	北京	北京钛方科技有限责任公司
初创组获奖企业		
一等奖	陕西	西安中科阿尔法电子科技有限公司
二等奖	深圳	深圳术康医疗科技有限公司
三等奖	上海	上海肇观电子科技有限公司

新材料行业总决赛

成长组获奖企业		
一等奖	浙江	浙江欧仁新材料有限公司
二等奖	宁波	宁波惠之星新材料科技有限公司
	吉林	长春永固科技有限公司
三等奖	广东	广州市德百顺电气科技有限公司
	宁波	宁波中物力拓超微材料有限公司
	广东	广东盛瑞科技股份有限公司
初创组获奖企业		
一等奖	厦门	厦门钜瓷科技有限公司
二等奖	江苏	江苏华兴激光科技有限公司
三等奖	新疆	新疆科鼎环保科技有限公司

附录五

第六届中国创新创业大赛优秀组织单位名单

1. 北京市创业孵育协会
2. 天津市科学技术委员会
3. 河北省科技型中小企业技术创新资金管理中心
4. 山西省高新技术创业中心
5. 鄂尔多斯高新技术产业开发区管理委员会
6. 辽宁省科学技术厅
7. 大连市科学技术局
8. 吉林省科学技术厅
9. 黑龙江省计算中心
10. 上海市科学技术委员会
11. 江苏省科学技术厅
12. 江宁高新技术产业园管理委员会
13. 浙江火炬生产力促进中心有限公司
14. 桐乡市科学技术局
15. 宁波市生产力促进中心
16. 宁波市天使投资俱乐部
17. 安徽省科技成果转化服务中心
18. 福建省科技型中小企业技术创新资金管理中心
19. 厦门科技产业化集团有限公司
20. 南昌市科学技术局
21. 德州市科学技术局
22. 济宁市科学技术局
23. 青岛市科学技术局

24. 河南省科学技术厅
25. 洛阳高新技术产业开发区管理委员会
26. 湖北省高新技术发展促进中心
27. 湖南省科学技术厅
28. 广东省生产力促进中心
29. 深圳市技术转移促进中心
30. 深圳市宝安区科技创新局
31. 南宁海蓝信息产业孵化器有限公司
32. 海南省科学技术厅
33. 重庆高新技术产业开发区创新服务中心
34. 四川省科技厅高新技术发展及产业化处
35. 贵州省生产力促进中心
36. 昆明理工大学科技园有限公司
37. 陕西省科技资源统筹中心
38. 甘肃省高新技术创业服务中心
39. 宁夏生产力促进中心
40. 青海省生产力促进中心
41. 新疆科技项目服务中心
42. 新疆生产建设兵团第六师科学技术局
43. 北京国联万众半导体科技有限公司
44. 北京科创嘉亿科技服务有限公司
45. 青岛海创汇创业服务有限公司
46. 湖北省军民融合研究院
47. 东莞市科学技术局
48. 惠州仲恺高新技术产业开发区管理委员会
49. 深圳市龙华区科技创新局
50. 绵阳市科学技术和知识产权局
51. 陕西军民融合创新研究院

附录六

第六届中国创新创业大赛
企业数据统计报告

大赛概况

第六届中国创新创业大赛，报名参赛企业共 28 147 家，分为初创组与成长组，其中初创组［工商注册于 2016 年 1 月 1 日（含）以后］9243 家，成长组［工商注册于 2015 年 12 月 31 日（含）前，且注册时间小于 10 年］18 904 家。参赛行业分类为：互联网及移动互联网、先进制造、新材料、新能源及节能环保、生物医药、电子信息，共 6 类。

报告数据统计范围

本报告统计大赛报名参赛企业所填写的数据共 15 项，主要分为企业基本情况、企业技术水平、企业产品和核心团队。

分类	统计项目
企业基本情况	行政区域、行业领域、成立时间、参赛目的
企业技术水平	高新技术企业、核心技术、核心技术来源
企业产品	关键词
核心团队	核心团队人数、年龄构成、最高学历、留学经历、国家“千人计划”、大学生科技企业经历、创业次数

主要结论

1．本届大赛参赛企业共 28 147 家，其中初创组 9243 家，占比 33%，成长组18904家，占比67%。

2. 按参赛企业来源地划分，参赛企业数量前6名分别是上海、广东、江苏、深圳、云南、浙江，均超过1000家企业，其中，上海5599家，广东4199家。

3. 按行业领域划分，参赛企业数排名前3的是互联网及移动互联网、电子信息和先进制造，分别占比32%、21%和16%。新材料参赛企业占比最小，仅为7%。

4. 成长组企业平均成立年限在4～5年。其中，新材料最高，为5.4年，互联网及移动互联网最低，为3.8年。除互联网及移动互联网外，其他行业成立5年及以上的企业占比最高。

5. 参赛企业平均人数，成长组各行业在30～60人，初创组各行业均为20人左右。行业方面，先进制造和新材料人数较多，成长组分别为56.3人和59.4人，电子信息和互联网及移动互联网行业平均人数较少，成长组分别为33.2人和31.5人。

6. 六大行业领域直接从事研发的人员比例在20%～50%，初创组比成长组高7%，电子信息和互联网及移动互联网领域的比例较其他领域高。

7. 核心技术情况，参赛企业共有专利67 653件，成长组56 439件，初创组11 214件，技术来源最多是独立知识产权，其次是合作研发，二者占比70%以上，显示参赛企业具有很强的研发能力。

8. 参赛企业中，共有3321家高新技术企业，占比17.6%。电子信息行业高新技术企业的数量最多，为812家，占比19.20%；新材料高新技术企业占比最高，为27%，互联网及移动互联网高新技术企业占比最低，仅为9.7%。

9. 参赛目的前3位分别是寻求政府政策支持、竞争大赛优胜荣誉及寻求股权融资机会。相对于成长组，初创组对寻求股权融资机会的需求更强。

10. 核心团队年龄情况，六大行业领域平均年龄在30～40岁，其中互联网及移动互联网平均年龄最小，比总体平均年龄小4岁。

11. 核心团队最高学历情况，从学历构成来看，最高学历为本科的比例最高，为 49%。从行业来看，生物医药硕士和博士的比例最高，达 43%；互联网及移动互联网本科学历比例最高，为 56%。

12. 核心团队留学经历情况，核心团队中共有 8876 人有留学经历，占比为 8.6%。

13. 核心团队共有国家“千人计划”509 人，生物医药行业国家“千人计划”人数最多，达 144 人。

14. 核心团队中共有 6342 人有创办大学生科技企业的经历，占比 6.0%；互联网及移动互联网比例最高，占比 9.8%。

15. 核心团队中首次创业的人数最多，除互联网及移动互联网外，其他 5 个行业比例均在 45% 以上。其次是二次创业，比例在 35% 左右。互联网及移动互联网二次创业的人数超过首次创业人数。

详细报告如下：

第一部分：参赛企业基本情况分析

一、参赛企业来源地情况

按行政区域划分，本次参赛企业数量的前 6 名分别是上海、广东、江苏、深圳、云南、浙江，均超过 1000 家企业。其中，上海表现最为突出，达 5599 家企业，其次是广东（不含深圳），为 4199 家企业，二者占比接近 35%。

5 个计划单列市深圳、青岛、大连、厦门和宁波表现突出，共有 3262 家企业参赛，占总体参赛企业的 11.59%。其中，深圳参赛企业 1653 家，参赛企业数在所有赛区中排名第四；青岛、大连、厦门也有 450 多家企业参赛，排名第 15 ~ 17 位（附图 1）。

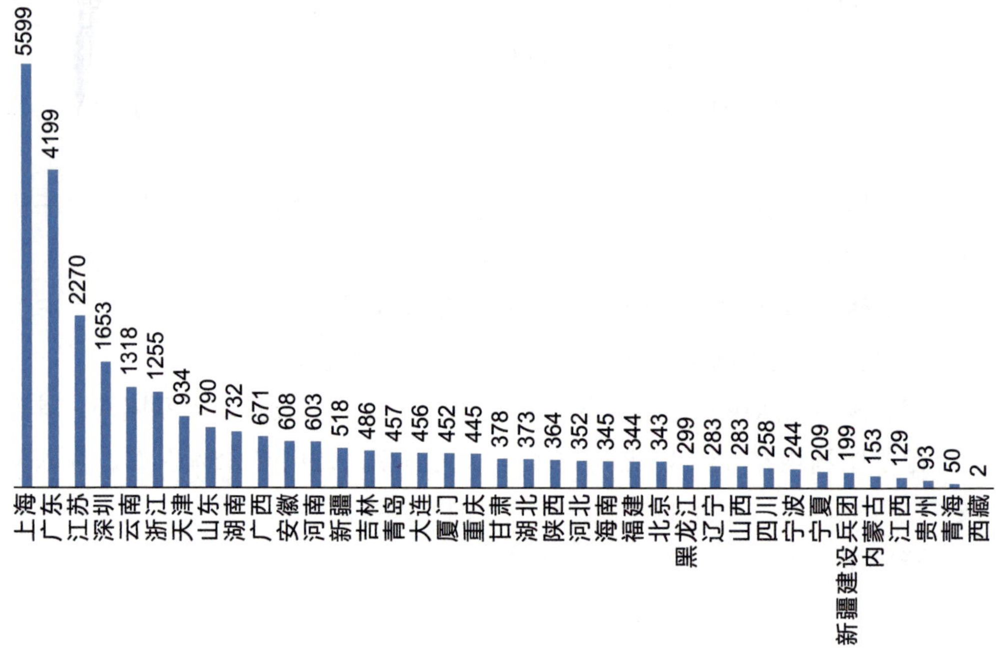

注：计划单列市单独列项，不包含在省行政区。

附图 1　参赛企业数量按来源地划分

参赛企业数量按来源地和分组划分的详细情况参见附表 1。

附表 1　参赛企业来源地、分组划分情况

地区	数量			占比		
	初创组	成长组	合计	初创组	成长组	合计
上海	1042	4557	5599	3.70%	16.19%	19.89%
广东	1312	2887	4199	4.66%	10.26%	14.92%
江苏	835	1435	2270	2.97%	5.10%	8.06%
深圳	480	1173	1653	1.71%	4.17%	5.87%
云南	296	1022	1318	1.05%	3.63%	4.68%
浙江	436	819	1255	1.55%	2.91%	4.46%
天津	417	517	934	1.48%	1.84%	3.32%
山东	231	559	790	0.82%	1.99%	2.81%
湖南	231	501	732	0.82%	1.78%	2.60%

续表

地区	数量			占比		
	初创组	成长组	合计	初创组	成长组	合计
广西	297	374	671	1.06%	1.33%	2.38%
安徽	280	328	608	0.99%	1.17%	2.16%
河南	268	335	603	0.95%	1.19%	2.14%
新疆	183	335	518	0.65%	1.19%	1.84%
吉林	160	326	486	0.57%	1.16%	1.73%
青岛	216	241	457	0.77%	0.86%	1.62%
大连	228	228	456	0.81%	0.81%	1.62%
厦门	224	228	452	0.80%	0.81%	1.61%
重庆	210	235	445	0.75%	0.83%	1.58%
甘肃	166	212	378	0.59%	0.75%	1.34%
湖北	104	269	373	0.37%	0.96%	1.33%
陕西	148	216	364	0.53%	0.77%	1.29%
河北	132	220	352	0.47%	0.78%	1.25%
海南	203	142	345	0.72%	0.50%	1.23%
福建	108	236	344	0.38%	0.84%	1.22%
北京	115	228	343	0.41%	0.81%	1.22%
黑龙江	172	127	299	0.61%	0.45%	1.06%
辽宁	78	205	283	0.28%	0.73%	1.01%
山西	91	192	283	0.32%	0.68%	1.01%
四川	118	140	258	0.42%	0.50%	0.92%
宁波	88	156	244	0.31%	0.55%	0.87%
宁夏	85	124	209	0.30%	0.44%	0.74%
新疆建设兵团	85	114	199	0.30%	0.41%	0.71%
内蒙古	63	90	153	0.22%	0.32%	0.54%
江西	60	69	129	0.21%	0.25%	0.46%
贵州	48	45	93	0.17%	0.16%	0.33%
青海	32	18	50	0.11%	0.06%	0.18%
西藏	1	1	2	0.00%	0.00%	0.00%
合计	9243	18904	28147	32.84%	67.16%	100.00%

注：计划单列市单独列项，不包含在省行政区。

二、参赛企业行业领域

成长组和初创组参赛企业数排名前 3 位的行业领域相同，都是互联网及移动互联网、电子信息和先进制造，其中，互联网及移动互联网参赛企业最多，成长组占比 27.92%，初创组占比高达 40.93%；新材料领域参赛企业最少，成长组和初创组分别为 7.77% 和 5.38%，详细信息见附图 2。

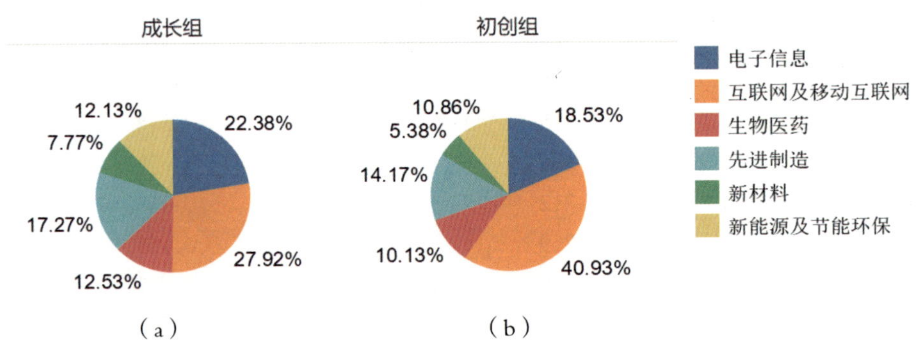

附图 2　参赛企业行业分布占比

参赛企业数最多的 5 个赛区行业分布差异比较明显，成长组中，云南生物医药行业参赛企业最多，占比达 51%，江苏先进制造行业参赛企业占比最高，达 23%，其他省份则是互联网及移动互联网占比最高；初创组中，互联网及移动互联网在 5 省中占比均为最高，详见附图 3。

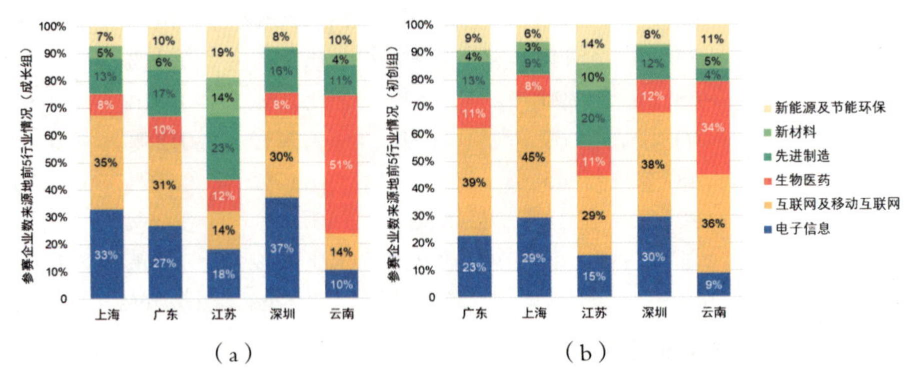

附图 3　参赛企业数最多的 5 个来源地行业分布占比

三、参赛企业成立年限

初创组参赛企业都是2016年1月1日（含）以后注册成立，企业成立时间都在0～2年，因此不做统计。附图4为成长组按行业领域划分成立年限情况。六大行业平均成立年限在4～5年，其中，新材料的平均成立年限最高，为5.4年，互联网及移动互联网的平均成立年限最低，为3.8年。按成立年限分类统计，互联网及移动互联网成立2年的企业最多，占比45%，而其他行业均为成立5年及以上的企业最多，新材料成立5年及以上的企业达50%。

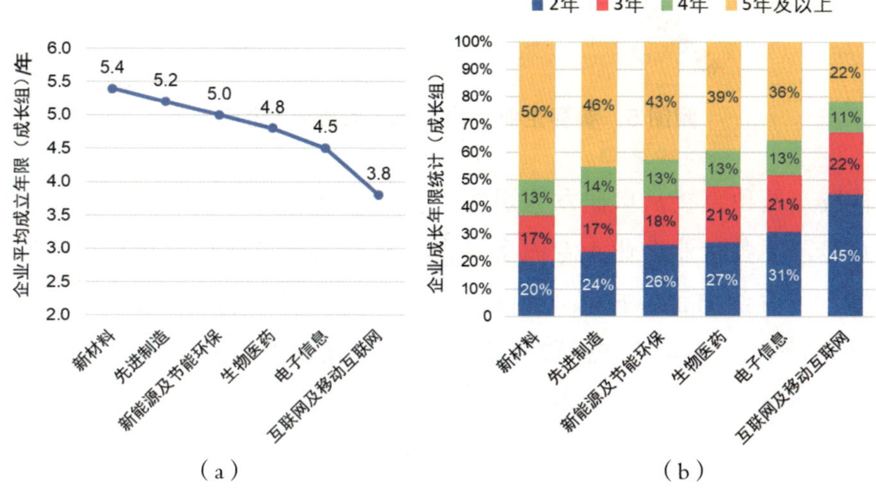

注：按年数分类，右图企业成立年限分组，2年代表2～3年，3年代表3～4年，4年代表4～5年。

附图4　参赛企业成立年情况（成长组）

四、参赛企业人数

参赛企业平均人数，成长组在30～60人，初创组在20人左右。行业领域方面，成长组中先进制造和新材料企业人数较多，分别为56.3人和59.4人，电子信息和互联网平均人数较少，分别为33.2和31.5人。初创组各行业参赛企业人数差别较小，但先进制造和新材料行业参赛企业人数仍然最多（附图5）。

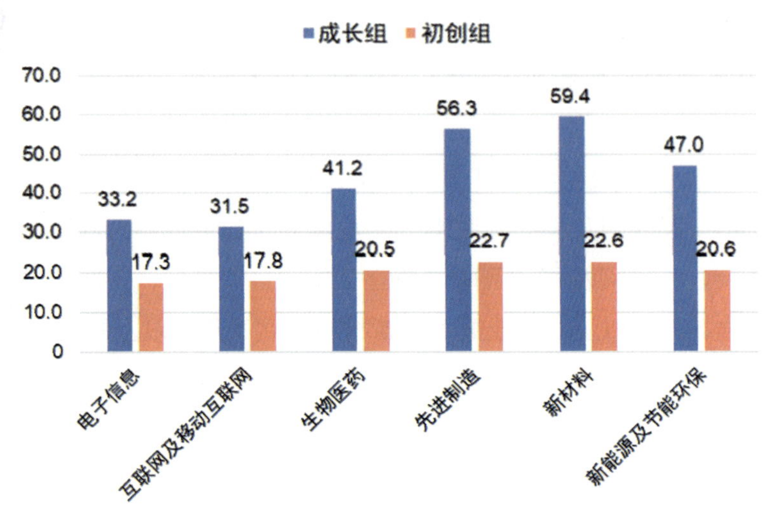

附图5　参赛企业平均人数（人员数/企业）

科技人员和直接从事研发人员的比例是衡量企业技术水平的重要指标。附图6显示了各行业企业大专以上（含）科技人员占比和直接从事研发人员占比情况。分组方面，成长组科技人员占比低于初创组，尤其在先进制造和新材料行业。在电子信息和互联网及移动互联网行业，成长组和初创组参赛企业科技人员占比差别不大。

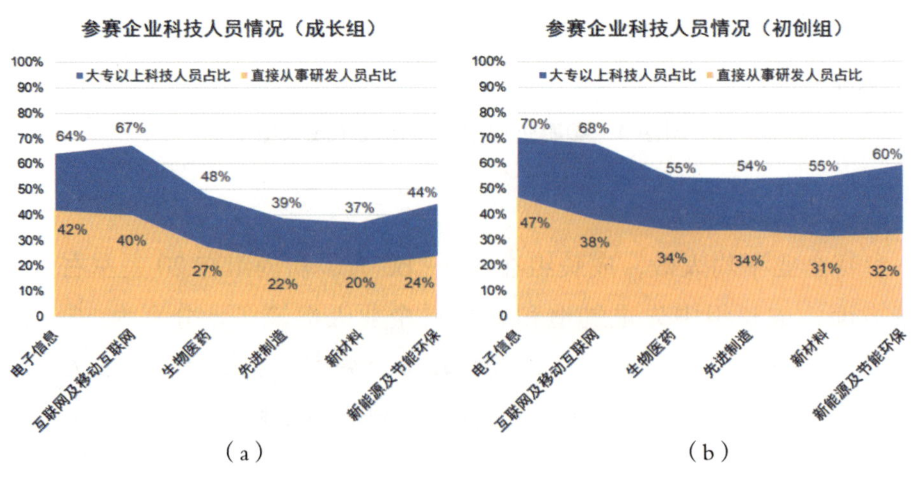

（a）　　（b）

附图6　参赛企业科技人员占比情况

五、参赛企业核心技术情况

参赛企业核心技术专利数量和来源情况见附图 7、附图 8、附图 9，这里仅统计了专利技术情况（本次数据除专利和集成电路布图外的其他核心技术数据缺失），共有专利数 67 653 件，其中成长组共有专利 56 439 件，初创组共有 11 214 件。分类型看，成长组实用新型专利数量明显高于发明专利和外观设计专利，特别是先进制造领域，占比 73%；分行业看，先进制造行业专利数量最多，成长组有 16 194 件，初创组有 3073 件，共有 19 267 件专利。

专利技术来源情况，占比最高的是独立知识产权，成长组在 65% ～ 75%，电子信息行业最高，达 75%；初创组独立知识产权占比稍低，在 52% ～ 63%。占比第二的是合作研发，成长组和初创组都在 20% 左右。独立知识产权 + 合作研发的占比，成长组达到 80% 以上，初创组也达到 70% 以上，显示参赛企业具有很强的研发能力。

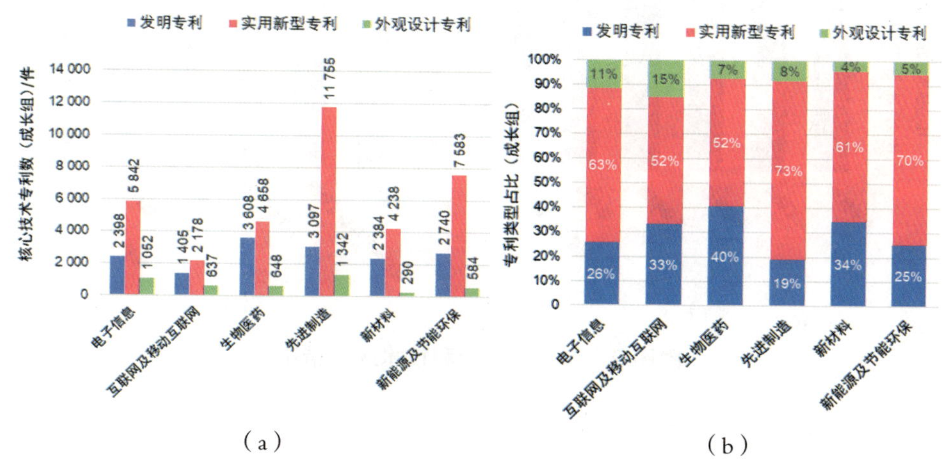

附图 7　参赛企业专利技术类型（成长组）

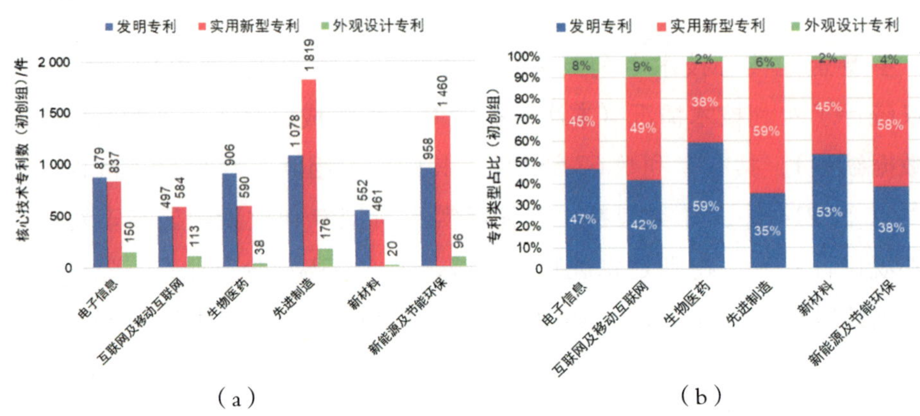

（a）（b）

附图 8　参赛企业专利技术类型（初创组）

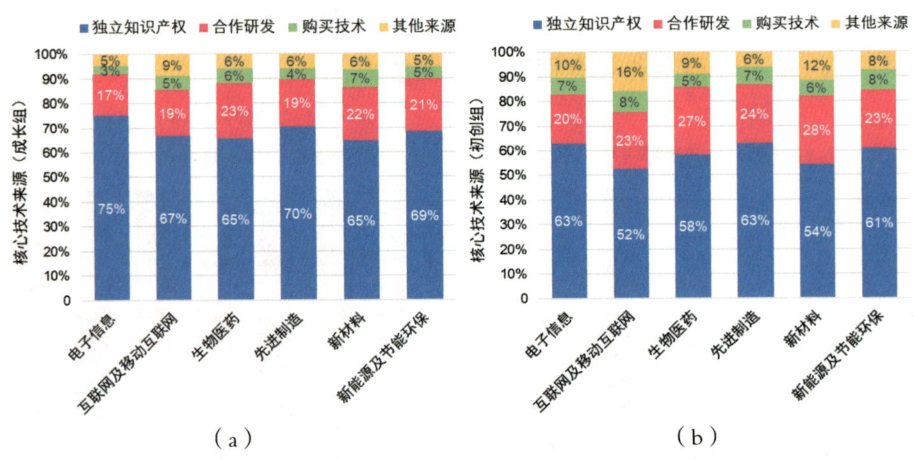

（a）（b）

附图 9　参赛企业专利技术来源情况

六、参赛企业为高新技术企业情况

由于初创组一般不具备高新技术企业认定的条件，这里仅对成长组进行统计，如附图 10。成长组参赛企业中共有高新技术企业 3321 家，比例达到 17.6%。分行业看，电子信息行业被认定为高新技术企业的数量最多，为 812 家，占比 19.2%；新材料是高新技术企业比例最高的行业，占比高达 27%；互联网及移动互联网高新技术企业占比最低，为 9.7%。

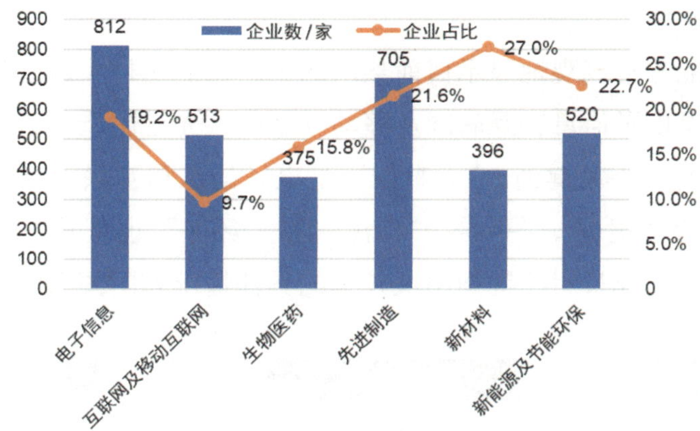

附图 10　参赛企业为高新技术企业情况（成长组）

七、企业参赛目的

经统计，成长组和初创组企业参赛目的前 3 位都是寻求政府政策支持、竞争大赛优胜荣誉及寻求股权融资机会。相对于成长组，初创组对寻求股权融资机会的需求较强，大于 20%。分行业看，电子信息对于竞争大赛优胜荣誉需求较强、互联网及移动互联网对于股权融资需求较强，其他 4 个行业参赛目的没有明显差别（附图 11）。

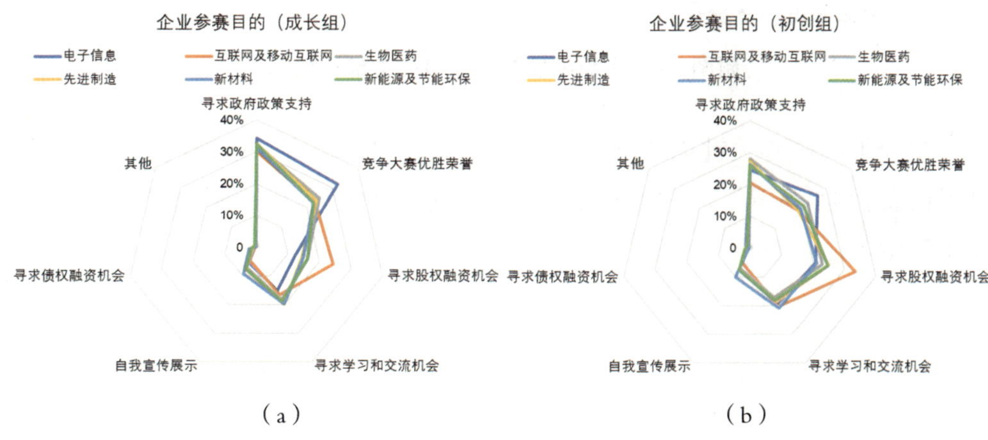

注：越靠近多边形的边，企业此参赛目的比例越高。

附图 11　企业参赛目的

八、关键词

关键词能非常直观地显示目前热门的创新创业题材，通过分析，成长组中“智能”是电子信息、互联网及移动互联网、先进制造及新能源及节能环保4个领域的核心关键词，“大数据”是电子信息和互联网及移动互联网两个领域的核心关键词，“平台”“检测”和“环保”也是其中两个行业领域的核心关键词。成长组关键词出现频率的具体情况如附图12。

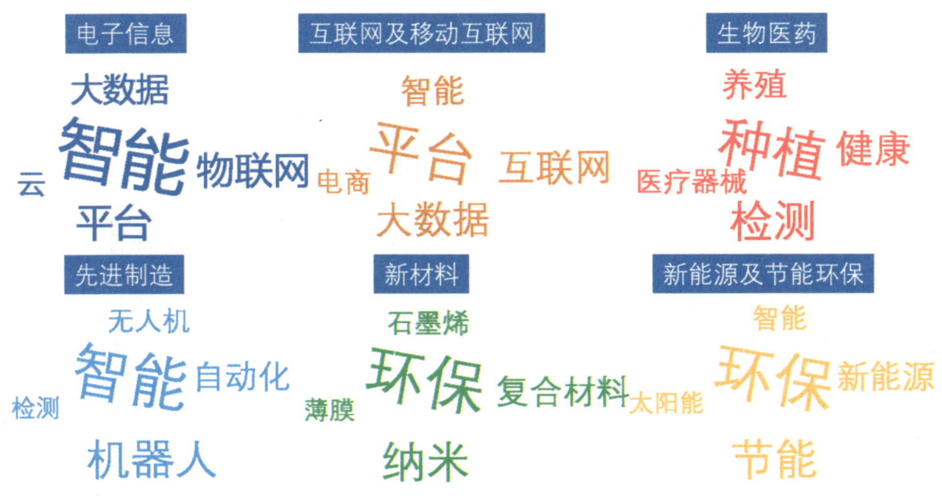

注：字体越大，关键词出现次数越多。

附图12　成长组参赛企业核心关键词情况

初创组的核心关键词情况和成长组相似，同时也有一些新的关键词，如电子信息行业“VR”，互联网及移动互联网“共享”，先进制造“3D打印”。详见附图13。

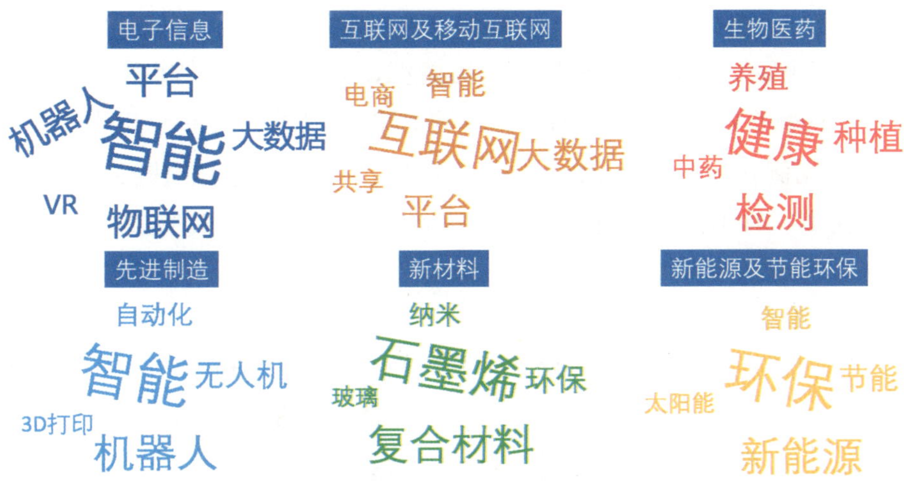

注：字体越大，关键词出现次数越多。

附图 13　初创组参赛企业关键词情况

第二部分：参赛企业核心团队基本情况分析

九、核心团队年龄

六大行业领域核心团队平均年龄在 30 ～ 40 岁，其中成长组平均年龄比初创组大 2 岁左右。互联网及移动互联网核心团队的平均年龄最小，成长组为 34 岁，初创组为 32 岁，比本组的平均年龄小 4 岁；其次是电子信息行业，成长组为 36 岁，初创组为 34 岁（附图 14）。

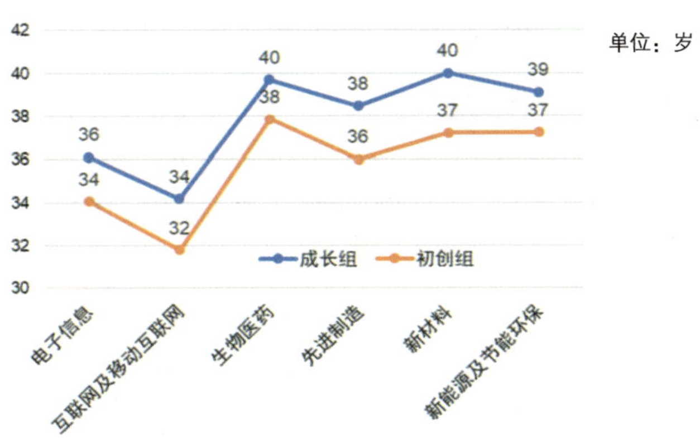

附图 14　核心团队的平均年龄

十、核心团队最高学历

附图15显示了核心团队最高学历情况，数据包括初创组和成长组数据（二者无显著差异，故合并分析）。从学历构成来看，最高学历为本科的比例最高，比例在36% ~ 56%。从行业来看，生物医药行业核心团队最高学历层次最高，其中硕士和博士的比例达43%，互联网及移动互联网本科学历比例最高为56%。

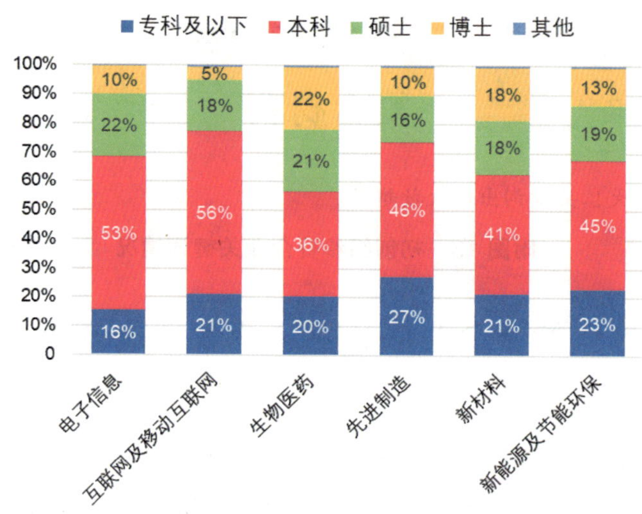

附图15 核心团队最高学历情况

十一、核心团队留学经历

核心团队中共有8876人有留学经历，其中成长组5550人，初创组3326人。从分组来看，初创组有留学经历的比例较成长组更高一些，平均要高出4%，但互联网及移动互联网行业则差不多。从行业来看，生物医药行业有留学经历的比例最高，初创组达到19%（附图16）。

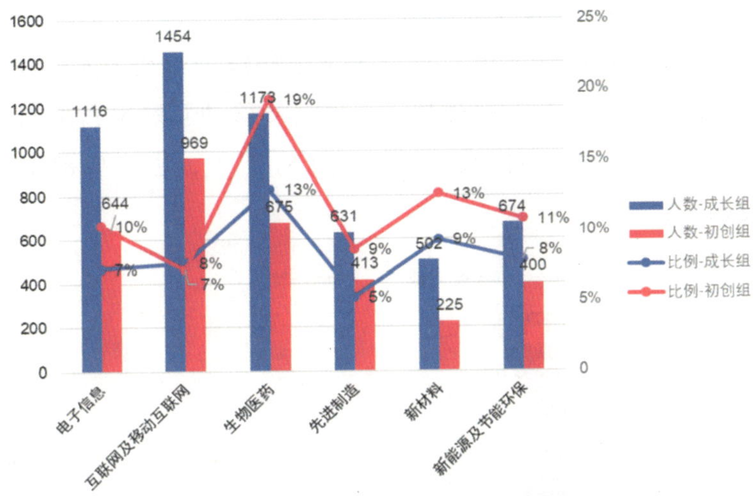

附图 16　核心团队留学经历情况

十二、核心团队国家“千人计划”情况

附图 17 显示了参赛企业核心团队国家“千人计划”人数情况，核心团队共有国家“千人计划”509 人。从行业来看，生物医药行业国家“千人计划”人数最多，达 144 人，其他行业不到 100 人。

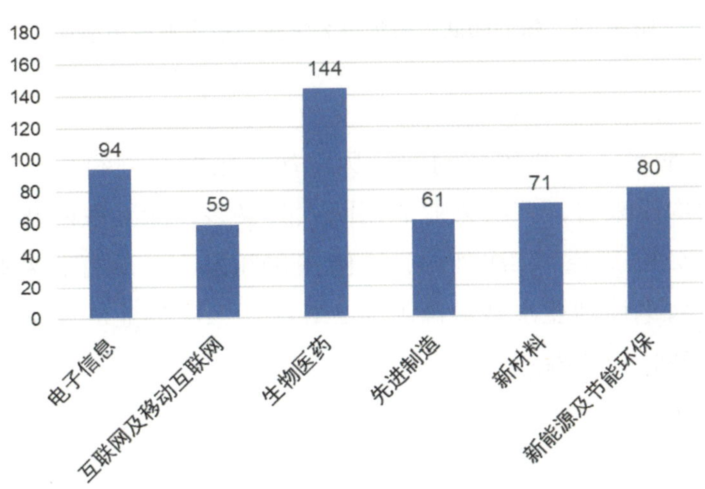

附图 17　核心团队中国家“千人计划”人数

十三、创办大学生科技企业经历

附图18显示了核心团队中有创办大学生科技企业经历人员情况，包括初创组和成长组数据。从行业来看，互联网及移动互联网行业有大学生科技企业创办经历的人数最多且比例最高，为3176人，占比9.8%，其他行业都在5%及以下。

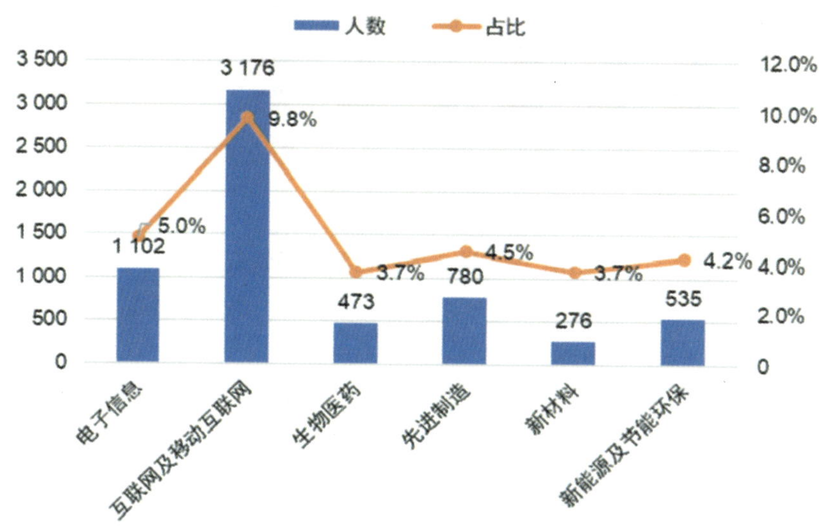

附图18　核心团队中有创办大学生科技企业经历情况

十四、核心团队创业经历情况

附图19显示了核心团队创业经历情况，包括初创组和成长组数据。从创业次数构成来看，首次创业的团队人数最多，除互联网及移动互联网外，比例在45%以上。二次创业，比例在35%左右。从行业来看，互联网及移动互联网平均创业次数最高，为2.0次，二次创业的比率超过首次创业，分别是38%和35%。

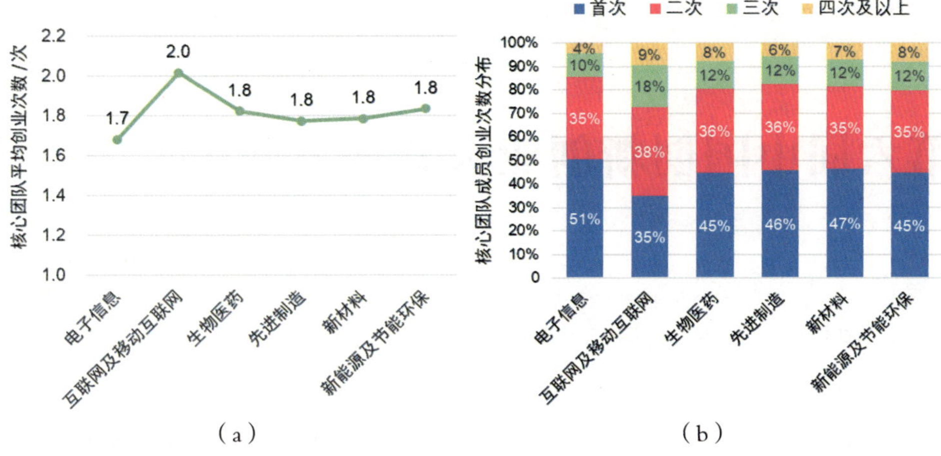

注：首次创业为1次，二次创业为2次。

附图19　核心团队创业次数情况

附录七

第六届中国创新创业大赛地方政策汇编摘要

北京市

1. 申报北京市积分落户政策创新创业指标加分。

2. 申报北京市科技型中小企业技术创新资金专项优先支持。

3. 申报认定北京市新技术新产品（服务）的，可享受政府采购和推广应用等政策支持。

天津市

1. 按初创组和成长组分别设立一、二、三等奖及优秀奖，获奖项目将获得相应资金奖励。

2. 对大赛获奖企业开展无抵押、无担保信用贷款（打包贷款），对有需求的获奖企业发放不少于 40 万元的信用贷款。同时对落实贷款的企业给予 5 万元的补贴（贴息奖励）政策支持。

河北省

1. 大赛前三名企业颁发专项奖金 100 万元、90 万元、80 万元。

2. 设立河北省创新创业大赛奖励专项经费 1000 万元，采用公开透明的评审方式、以赛代评的立项机制支持优秀项目落地。

山西省

1. 山西省人民政府出台的《山西省支持科技创新的若干政策》，对获得中国创新创业大赛优秀奖和山西赛区一、二等奖的项目分别奖励 20 万元、10 万元和 5 万元。

2. 对选择在国家级孵化器山西高创落户的初创企业，免费获得创业导师的创业辅导；并为获奖优秀企业提供免费培训、金融支持等服务。

内蒙古自治区

1. 大赛团队组、初创组、成长组分设一等奖 1 名，二等奖 2 名，三等奖 3 名。其中，团队组：一等奖 5 万元、二等奖 3 万元、三等奖 1 万元；初创组：一等奖 10 万元、二等奖 5 万元、三等奖 3 万元；成长业组：一等奖 15 万元、二等奖 7 万元、三等奖 5 万元。

2. 优秀企业优先推荐入高企培育库，并给予银行授信、股权投资、创业政策、商业模式等政策扶持。

3. 获奖团队于 2018 年 6 月前在自治区级以上高新区、孵化器等园区基地落户，将获得一定额度的创业支持（或创新券补贴）。

辽宁省

1. 部分地市予以奖补资金 148 万元支持获奖企业 39 家。

2. 提供 1 ~ 2 年免租办公用房、高新技术企业培育辅导等服务。

大连市

1. 决赛获奖企业可获得资金支持：一等奖 10 万元，二等奖 5 万元，三等奖 3 万元。部分区市县根据大连市资金奖励给予资金配套。

2. 决赛获奖企业可获得大连市相关创新创业优惠政策支持。

3. 优秀企业可获得合作银行的授信、创投基金的投资及股改和上市等方面培训。

4. 优秀企业可获得部分孵化器、众创空间提供的 1 年免租办公用房。

吉林省

1. 成长组一等奖奖励 10 万元，二等奖奖励 5 万，三等奖奖励 2 万元；初创组一等奖奖励 6 万元，二等奖奖励 3 万，三等奖奖励 1 万元。

2. 符合科技型中小企业技术创新资金及其他类科技创新专项要求的，纳入项目库，给予优先支持。

3. 获奖企业均可优先入驻净月区各孵化载体，获得全国行业赛名次的企业，享5年房租全额补贴；获得吉林赛区名次的企业，享2年房租全额补贴；获得优秀奖的企业，享1年房租全额补贴；可优先推荐银行授信、融资等。

黑龙江省

1. 晋级黑龙江省决赛的企业可获60万元的资金奖励，分赛区共提供46.5万元资金奖励及价值30万元的腾讯云服务。

2. 为优秀企业提供新四板挂牌服务、为期半年的“龙江企业家培训”机会及总价值100万元的京东云服务等。

上海市

一、创业团队组

对接“科技创业计划项目”，优秀团队可获得最高不超过5万元／项的支持，并提供入驻创业苗圃孵化服务。另外，对符合上海市大学生科技创业基金雏鹰计划申报要求的创业团队，给予不超过20万元／项的无息贷款支持。

二、科技企业小微组

营收少于3000万的企业划分为科技企业小微组，直接对接上海市“科技型中小企业技术创新资金”，通过支持技术创新、创投联动的方式可获得创新资金10万～30万元不等的资金支持。

三、科技企业成长组

营收大于3000万元的企业划分为科技企业成长组，将对接上海市“科技小巨人工程”项目，可获得科技小巨人工程项目支持，本届大赛共推荐79项获得科技小巨人立项支持，在实施周期结束后按要求进行评估，择优进行补贴。

江苏省

1. 对总决赛团队组、初创组和成长组一、二、三等奖，分别给予5万元、3万元、1万元的奖励。

2. 对总决赛获奖企业及获奖团队（获奖后6个月内在江苏省科技园区注册成立企业并实际运营）项目，其参赛获奖项目未列入往年度省级科技计划支持且符合省级科技计划立项管理有关规定的，纳入下年度省级相关科技计划立项支持。

浙江省

一、资金支持

1. 初创组：一等奖给予50万元奖励；二等奖给予30万元奖励；三等奖给予20万元奖励；优胜奖给予10万元奖励。

2. 成长组：一等奖给予100万元奖励；二等奖给予50万元奖励；三等奖给予30万元奖励；优胜奖给予10万元奖励。

二、政策支持

获奖企业将享受浙江省相关奖励政策，并优先向政府基金、天使投资、风险投资机构等推荐支持。

宁波市

1. 大赛设立专项奖金200万元，其中，特等奖奖励50万元，一等奖各奖励20万元，二等奖各奖励10万元，三等奖各奖励3万元。

2. 大赛设贷款授信额度5000万元，天使投资资本2亿元；获奖企业可优先获得融资支持、免费培训等配套措施服务。

安徽省

1. 对符合相关科技计划要求的、安徽省青年创业引导资金的大赛获奖企业，可予以优先支持。

2. 选择在科技企业孵化器、大学科技园以及众创空间（苗圃、创业咖啡）落户的，享受一定期限免收房租等相关优惠政策支持；并提供创业政策、融资支持等服务。

福建省

1. 本届大赛一、二、三等奖及优胜奖的企业将分别获得15万元、10万元、5万元及2万元的奖金。

2. 晋级决赛的企业还将获得省科技厅1项省创新资金项目直接支持，每项资金预计30万元。

3. 对参赛优秀企业制订了孵化器入驻、银行信贷等一系列的配套政策扶持。

厦门市

一、资金支持

1. 团队组：一等奖给予30万元，二等奖给予20万元，三等奖给予10万元，优胜奖给予5万元。

2. 初创组：一等奖给予30万元，二等奖给予20万元，三等奖给予10万元，优胜奖给予5万元。

3. 成长组：一等奖给予50万元，二等奖给予40万元，三等奖给予20万元，优胜奖给予10万元。

二、政策扶持

1. 厦门市种子暨天使基金对大赛优秀项目给予跟进扶持。

2. 在厦门创办企业并符合厦门产业扶持政策的，可获得各区资金、场地等配套政策支持（参照各区相关政策执行）。

3. 留学人员创业的可获得留学人员创业引导基金扶持。

4. 优先推荐参评“双百人才”计划。

江西省

1. 初创组：一等奖给予20万元奖金，二等奖给予13万元奖金，三等奖给予 8 万元奖金，优胜奖给予 3 万元奖金。

2. 成长组：一等奖给予 30 万元奖金，二等奖给予 20 万元奖金，三等奖给予 10 万元奖金，优胜奖给予 3 万元奖金。

山东省

一、支持企业政策

1. 对获奖且符合山东省科技计划项目申报要求的企业，新锐类企业给予不超过 30 万元的科技计划项目经费支持，精英类企业给予不超过 50 万元的科技计划项目经费支持。

2. 在大赛结束一年内，对所有参加现场晋级的新锐类企业首次获得风投基金、产业基金等创业资本支持的，按投资金额的 10% 给予跟进支持；获得首笔银行贷款的，按当年中国人民银行同期贷款基准利率给予最长两年的贴息支持。

3. 每个企业获得科技计划项目经费与科技金融补助支持两项相加的总额度不超过 100 万元。

4. 对获得国赛资金奖励的企业，按奖励额度 1∶1 比例给予科技计划项目经费配套支持。

5. 所有参赛企业均享受以下普惠性政策：

（1）落实研发费用加计扣除、企业研究开发财政补助资金、创新券、高新技术企业科技保险财政补偿、技术合同登记税收优惠等普惠性政策；

（2）列入山东省高新技术企业培育计划，对符合《山东省小微企业升级高新技术企业财政补助资金管理办法》规定的企业给予一次性 10 万元补助；

（3）优先推荐到齐鲁股权交易中心“科技板”挂牌，作为批量转板的重点企业，推动进入“新三板”；

（4）优先推荐到合作银行给予知识产权质押融资、科技成果转化贷款和利率优惠等贷款支持，纳入知识产权质押融资风险补偿和科技成果转化贷款风险补偿范围；

（5）优先推荐给省级天使投资基金、引导基金，活动合作投资基金和创业投资机构。

二、支持团队政策

1. 对获奖的创业团队大赛结束一年内在山东省注册成立企业进行跟踪，根据其转化参赛项目取得的成效，对符合山东省科技计划项目申报要求的，给予不超过50万元科技计划项目经费后补助支持。由省技术市场管理服务中心对企业跟踪，落实技术合同登记税收优惠政策。

2. 对参加现场晋级的所有创业团队活动结束一年内在山东省注册成立的企业，可享受新锐类企业的科技金融补助支持。

3. 每个企业获得跟踪后补助与科技金融补助支持两项相加的总额度不超过100万元。

4. 对晋级的所有创业团队：

（1）优先推荐优秀创业导师进行创业辅导；

（2）优先推荐省级以上科技企业孵化器和众创空间落地；

（3）优先推荐到中国高新区科技金融信息服务平台；

（4）活动结束一年内在山东省注册成立的企业，均享受企业组的普惠性政策支持。

青岛市

一、资金支持

1. 对获得青岛赛区行业赛一、二、三等奖的企业，分别给予50万元、30万元和20万元创新创业奖励资金支持。

2. 对获得优秀奖企业和孵化器、众创空间在孵企业获奖的，给予10万元科技创新券支持。

二、政策扶持

1. 对获奖企业，纳入高创资本投资尽调项目范围，对尽调合格的予以最高500万元股权投资支持。

2. 获得大赛一等奖的企业直接纳入科技信贷担保范围给予支持；获得二、三等奖的企业优先给予科技信贷担保支持。

3. 获得大赛一等奖的企业直接享受科技金融投保贷联动业务服务支持。获得二、三等奖的企业优先纳入科技金融投保贷联动业务服务范围。

4. 获奖企业创始合伙人获得一期千帆成长营免费培训机会。

5. 孵化器和众创空间推荐在孵企业参赛并获得大赛一、二、三等奖的，可优先获得设立孵化器种子基金支持。

河南省

一、资金支持

1. 对符合条件的获奖企业上年度研发投入给予奖补。

2. 获奖企业列为“科技贷”业务优先支持对象。

二、政策扶持

1. 符合条件的获奖企业优先作为高新技术企业后备企业和河南省“科技小巨人（培育）”企业进行管理和服务。

2. 符合各类科技计划条件的，给予优先支持。

3. 获得创业政策、创业融资、商业模式、并购、股改和上市等方面的由创业导师免费辅导培训。

4. 选择在河南省国家大学科技园落户的企业，河南省国家大学科技园给予一定时期免收房租等优惠政策支持。

5. 进入全国总决赛的获奖企业同时享受全国赛的各项支持政策。

湖北省

1. 对获奖企业给予一定的创业扶持资金：一等奖 20 万，二等奖 15 万，三等奖 10 万。

2. 把总决赛安排在第十届中国中部（湖北）创业投资大会期间，搭建企业与投资机构的沟通平台，充分促进资本向科技型中小企业的流动。

湖南省

一、项目支持

对所有获奖企业，其参赛项目未列入省级科技计划在研项目的，给予省科技计划立项支持，按一等奖50万元、二等奖40万元、三等奖30万元和优秀奖20万元的标准进行支持。

二、资金奖励

对所有获奖团队按一等奖3万元、二等奖2万元、三等奖1万元和优秀奖0.5万元的标准进行奖励；对最具人气奖获奖单位，按1万元的标准进行奖励；对优秀组织奖获奖单位，按4万元/个或2万元/个的标准进行奖励。

广东省

一、资金支持

1. 对获得一等奖、二等奖、三等奖、优胜奖的参赛企业给予相应额度的创新创业补贴支持，总金额达6000万元。

2. 地市配套：

广州市对大赛成长组各行业按名次分别补助200万元、150万元、100万元，其余晋级决赛企业按比例选分别补助20万元，初创组按名次分别补助100万元、60万元、30万元，其余晋级决赛企业按比例分别补助10万元。

中山市对获得市赛一、二、三等奖的企业，最高补助分别为30万元、20万元、10万元，同时对获得省赛一、二、三等奖企业最高补助分别为50万、30万、20万元，对获得国赛一、二、三都能企业最高补助分别200万、100万、50万元，补助按照“就高不就低”原则，不重复补助。

江门市对获奖市赛奖项成长组的企业给予30万元至100万元不等的资助，初创组的企业给予10万～40万元不等的资助。

肇庆市对获得市赛一、二、三等奖的成长组企业，分别补助15万元、10万元、5万元，获得市赛一、二、三等奖的初创组企业，分别补助10万元、6万元、3万元。

阳江市对获得市赛一、二、三等奖企业分别补助10万元、6万元、3万元，优胜奖补助 1 万元。

二、政策扶持

1. 项目立项支持：中山市对获得市级奖项的企业可申报 100 万元的中山科技重大专项；江门市科技部门对参赛企业提供研究开发经费财政补助、研发经费加计扣除、产学研合作平台和专业镇技术创新支持、帮扶专利申请等支持。

2. 科技贷款支持：中山市给予参赛企业科技贷款额度最高可达 2000 万元，并享受科技贷款贴息；江门市设立小微企业科技信贷风险准备金，向科技型小微企业提供 3 亿元的“邑科贷”，单户企业最多可获得 500 万元科技贷款。

三、科技服务支持

1. 对落地项目给予相应的减免房租、首次贷款风险补偿等优惠政策。

2. 为参赛企业提供法律、宣传、人才、培训等服务，优先提供股权投资。

深圳市

大赛的奖励金额共 620 万元：

总决赛企业组及团队组一、二、三等奖奖金分别是：50 万元、30 万元、20 万元。

行业决赛企业组和团队组一、二、三等奖奖金分别是 15 万元、10 万元、5 万元。

广西壮族自治区

1. 企业组入围全国行业总决赛、广西赛区决赛的获奖项目及全区优胜项目分别给予项目资助经费 50 万元、40 万元及 30 万元。

2. 在国赛中获奖的企业及广西赛区决赛一、二、三等奖的企业申报 2018 年度广西科技计划的“创新创业大赛获奖项目资助”优先获得资助。

海南省

共设立奖金150万元：

初创组一等奖设一名，每名15万元；二等奖共设两名，每名10万元；三等奖共设三名，每名5万元。

成长组一等奖设一名，每名30万元；二等奖共设两名，每名20万元；三等奖共设三名，每名10万元。

重庆市

一、市级配套政策

1. 对参赛项目优先推荐创业基地，协调给予房租减免等政策支持，并享受相关扶持政策。

2. 对进入重庆赛区决赛的项目，重庆市创业种子基金按有关规定给予以50万元免息贷款或30万元公益参股支持（已获创业种子基金支持的除外）。

3. 参赛企业符合贷款相关条件，可按规定申请创业担保贷款，并享受财政贴息支持。

4. 参赛企业吸纳高校毕业生、就业困难人员等重点群体就业，符合相关条件的可按规定享受社保补贴。

5. 所有获奖项目，申报市级科技计划时给予优先支持，申报国家科技项目时给予优先推荐。

6. 所有获奖项目，优先入选重庆市科技型企业库，优先享受科技型企业的各项支持政策，并重点向高新技术企业培育。

二、区级支持举措

1. 获得重庆赛区决赛或者全国行业总决赛一、二、三等奖的企业，比赛结束后六个月内在重庆高新区注册的，给予100万～500万元的政策资金资助。

2. 重庆高新区进入决赛的项目，重庆高新区创业种子基金予以50万元免息贷款或30万元公益参股支持（已获创业种子基金支持的除外），并通过重庆高新区科技金融平台授信50万～500万元优惠贷款。

3. 重庆高新区进入复赛的项目，优先推荐科技型中小企业技术创新基金和科技型中小企业创业投资引导基金支持。

4. 重庆赛区所有参赛项目，优先推荐市内外投资基金和创业投资机构进行股权投资支持。

5. 重庆赛区所有参赛选手，免费享受高新区举办的创业培训。

三、其他支持举措

1. 由大赛合作创投机构共同出资组建规模为 1 亿元创新创业大赛专属基金，专项用于参赛项目的投融资支持；

2. 申报重庆市积分落户政策创新创业指标加分。

四川省

1. 符合四川省科技型中小企业技术创新资金支持条件的，优先给予立项支持。

2. 符合四川省科技厅相关科技计划支持条件的，纳入备选项目库，优先给予立项支持。

3. 推荐给全国投资基金和创业投资机构进行支持。

4. 优先推荐给大赛合作商业银行给予企业授信支持。

贵州省

一、资金支持

1. 贵州赛区决赛优胜企业，符合贵州省科技厅（省知识产权局）科技型企业成长梯队扶持计划相关标准的，将优先获得该扶持资金支持。

2. 符合贷款贴息补助标准的企业，可享受科技金融融资平台贷款优惠利率及贵州省科技厅（省知识产权局）贷款贴息补助。

二、政策支持

大赛优胜企业可享受创新平台创业孵化的优惠措施、免费创业培训及辅导培训。

云南省

一、团队支持政策

1. 获奖团队可获得创新创业扶持。获奖团队创办的企业通过备案的方式认定为云南省科技型中小企业。

2. 获奖团队优先落户国家级、省级科技孵化器、大学科技园、众创空间创新创业园区，园区将协助申请享受相关创新创业政策。

3. 优先向投资基金推荐。获奖创新团队（一、二、三等奖）申报省创新团队，同等条件下优先支持。

4. 获奖团队在一年内落地云南创办企业的可列入省科技型中小企业技术创新资金专项支持，获得10万元科技计划项目经费支持。

二、企业支持政策

1. 企业成长组一、二、三等奖分别获得50万元、30万元、20万元的科技计划项目经费支持，企业初创组一、二、三等奖获得10万元的科技计划项目经费支持。

2. 获奖企业申报科技计划项目，符合要求的，纳入备选项目库，给予优先支持。未获奖的优秀项目，申报省科技计划项目，同等条件给予优先支持。

3. 获奖企业可以通过备案的方式认定为云南省科技型中小企业。获奖企业满足云南省科技金融结合专项补助资金（科技创业投资风险补助、科技贷款补助、科技贷款担保补助和科技型中小企业科技保险保费补助）申报条件的，以备案的方式给予支持。获奖企业符合高新技术企业认定要求的，优先推荐。获奖企业优先向投资基金和创业投资机构推荐。

4. 企业组织奖将获得2～4万元的经费奖励（上述1～3类奖项不重复支持）。

陕西省

获奖企业以省级科技计划项目的形式给予支持，其中，一等奖50万元，二等奖40万元，三等奖30万元。

甘肃省

一、资金支持

分设初创组和成长组一、二、三等奖，一、二、三等奖奖励分别为10万元、6万元和3万元。

二、政策扶持

1. 获奖项目省科技计划优先给予支持。

2. 优先推荐给大赛投资基金和创业投资机构进行支持。

3. 兰白科技创新改革试验区内获奖企业可优先获得兰白科技创新改革试验区技术创新驱动基金支持。

4. 优先推荐入驻国家级、省级孵化器或众创空间。

5. 在"甘肃省创新创业服务平台"优先给予展示推介与创投对接支持。

宁夏回族自治区

一、资金支持

以专项资金的形式设置总额170万元的奖金：

1. 成长组一等奖奖金15万元，二等奖奖金10万元，三等奖奖金5万元，优胜奖奖金3万元。

2. 初创组一等奖奖金10万元，二等奖奖金5万元，三等奖奖金3万元，优胜奖奖金1万元。

3. 最佳人气奖成长组和初创组奖金1万元，可与其他奖项同时获得。

二、政策扶持

1. 符合自治区企业科技创新后补助支持条件的，待项目完成并经财政厅专项审计后直接给予后补助支持，符合自治区企业科技创新后补助引导项目条件的，给予立项支持。

2. 符合宁夏科技型中小微企业风险补偿专项、科技金融贷款贴息专项及其他宁夏科技金融专项支持条件的，优先给予立项支持。

3. 优先给予授信支持、申报科技厅各类科技计划项目支持。

4. 大赛获奖企业优先入住自治区各高新区、众创空间、孵化器、创业基地，并减免入驻费用；并优先给予其他创新创业优惠政策立项。

青海省

1. 对获奖企业和团队设立25万元的奖励资金支持。

2. 每年安排5000万元资金，设立“青海省大学生创新创业投资引导资金”，专门支持青海省大学生创新创业及提供创业服务的专业机构。对优秀创业企业提供优先孵化、对接融资、重点培育、创业辅导、知识产权交易等服务。

3. 对于获得中国创新创业大赛青海赛区奖项的优秀企业，在申报青海省科技厅相关科技计划项目并符合计划要求的，给予优先支持政策。

新疆维吾尔自治区

1. 共设奖励资金1495万元，其中，初创组365万元，成长组1130万元。

2. 优先推荐创业投资机构，并优先给予银行贷款授信支持。

3. 鼓励各地州市科技管理部门和创业服务机构给予配套政策支持。

新疆生产建设兵团

1. 依据第六届中国创新创业大赛（兵团赛区）暨火炬杯第三届兵团创新创业大赛实施方案，兵团及各师、院校科技计划项目优先支持创新创业大赛获奖项目。

2. 对于获得2017第六届中国创新创业大赛奖项的企业和团队，兵团科技局将列入下年度科技计划，将奖励资金以项目的形式用以支持企业创业。

3. 通过大赛引进落地兵团的众创空间、创业投资机构、技术创新联盟等将列入兵团双创平台计划予以支持。

编后语

辞旧迎新之际，《创业英雄——2017年第六届中国创新创业大赛纪实》一书，终于和广大读者见面了。这既是2017年第六届中国创新创业大赛的回顾与总结，也是带给全国创新创业者的一份新春礼物，更是对所有参与大赛的相关机构、组织和人员的最好馈赠。

第六届中国创新创业大赛自2017年4月正式启动以来，为充分展示在本届大赛中脱颖而出的优秀企业和创业者的风采，创投机构、服务机构、龙头企业、行业专家等部门及个人在创业企业发展过程中起到的重要作用，以及大赛承办单位在大赛举办过程中所付出的努力和辛劳，中国创新创业大赛组委会办公室决定编辑出版《创业英雄——2017年第六届中国创新创业大赛纪实》。

《创业英雄——2017年第六届中国创新创业大赛纪实》从5月份开始筹划，7月份开始相关内容的收集和整理，并在行业总决赛期间进行重点采访，分为创业英雄篇、创业伯乐篇和创业服务篇。由于时间紧张，加之篇幅所限，我们只选取了在行业总决赛期间涌现出来的部分企业和创业者，每个行业总决赛选取5家，总共30家；邀请了部分创投机构、服务机构、龙头企业、行业专家介绍了参与大赛的收获、感受，以及对大赛的建议和意见；同时对行业赛的承办过程、大赛特色及取得的效果进行了介绍。

本书在大赛组委会相关单位的关心和指导下，得到了专家指导委员会、各地科技主管部门、各赛区组委会，以及招商银行创新创业公益基金、合生创展集团有限公司、上海三盛宏业投资（集团）有限责任公司等相关部门的大力支持，中国高新技术产业导报社承担了采访、撰稿、编辑、统稿等工作，科学技术文献出版社克服了时间紧、任务重等困难，承担了具体的编印工作，在此表示衷心感谢。

我们相信，在党的十九大精神指引下，在新时代创新创业大路上，中国的创新创业者会越来越多，中国的创新创业氛围会越来越浓厚，中国的创新创业环境会越来越美，中国创新创业大赛会越办越好。

最后，谨以此书，向奋战在一线的创新创业者致敬。

本书编委会